Zhongguo Qiye Touzi Dongmeng Guojia

中国企业投资东盟国家

Jichu Sheshi Jianshe Yanjiu

基础设施建设研究

张协奎 等 著

武汉理工大学出版社
·武　汉·

图书在版编目(CIP)数据

中国企业投资东盟国家基础设施建设研究/张协奎等著.—武汉:武汉理工大学出版社,2021.4

ISBN 978-7-5629-6341-7

Ⅰ.①中… Ⅱ.①张… Ⅲ.①企业-对外投资-研究-中国 ②基础设施建设-投资-研究-东南亚 Ⅳ.①F279.23 ②F299.334

中国版本图书馆CIP数据核字(2021)第019293号

项目负责人:高 英　　**责任编辑**:高 英

责任校对:张明华　　**版面设计**:正风图文

出版发行:武汉理工大学出版社(武汉市洪山区珞狮路122号 邮编:430070)

网　　址:http://www.wutp.com.cn 理工图书网

经 销 者:各地新华书店

印 刷 者:广东虎彩云印刷有限公司

开　　本:787×960 1/16

印　　张:18.75

字　　数:378千字

版　　次:2021年4月第1版

印　　次:2021年4月第1次印刷

定　　价:68.00元

凡购本书,如有缺页、倒页、脱页等印装质量问题,请向出版社发行部调换。

本社购书热线电话:027-87515778 87515848 87785758 87165708(传真)

中国—东盟区域发展省部共建协同创新中心科研专项和教育部长江学者和创新团队发展计划联合资助——中国-东盟国家互联互通建设研究(编号:CWZD201510)

广西壮族自治区社会科学界联合会重点课题——中国企业投资东盟国家基础设施建设研究(编号:GXSKL201904)

广西第七批特聘专家科研专项——“一带一路”与北部湾城市群协同发展研究(桂财社函〔2018〕190 号)

广西文化名家暨“四个一批”人才项目——中国-东盟国家互联互通建设研究(桂宣发〔2015〕30 号)

前　言

中国提出的“一带一路”倡议与《东盟互联互通总体规划 2025》高度契合,中国投资东盟基础设施建设,有力推动了中国-东盟互联互通总体进展。在 2019 年 7 月 31 日举行的东盟外长会议上,中国与东盟就“一带一路”倡议与《东盟互联互通总体规划 2025》对接达成一致,标志着中国与东盟高质量共建“一带一路”又向前迈进了一步。预计未来为支持社会经济发展,东盟国家每年将至少投入 1100 亿美元到基础设施建设中。此外,中国-东盟信息港建设进程也在加快推进,2018—2025 年将重点建设 90 多个项目,总投资超过 750 亿元人民币,其中五大平台是目前中国与东盟国家互联互通建设的重点,分别为基础建设平台、技术合作平台、经贸服务平台、信息共享平台和人文交流平台。这五大平台为中国企业投资东盟国家基础设施建设拓宽了合作渠道。在此合作背景下,中国与东盟各国通过平等磋商不断将良好政治关系、地缘优势、经济产业互补向务实合作、共赢发展转化。2019 年也是全面落实《中国-东盟战略伙伴关系 2030 愿景》开局之年,各项政策、机制的落地为中国企业规划好宏伟蓝图,创造了良好投资环境,为中国企业投资东盟国家基础设施建设带来新契机。“一带一路”将“五通”(即政策沟通、设施联通、贸易畅通、资金融通、民心相通)作为合作重点,其中设施联通作为优先领域是“五通”的纽带,主要涉及交通、能源及通信三个方面;基础设施互联互通为政策沟通、贸易畅通、资金融通、民心相通提供有力的基础性支撑。本研究将从政治、经济、社会、环境、文化等方面拓展分析中国企业投资东盟国家基础设施建设情况,梳理企业投资建设现状,通过对重点项目建设情况以及现状分析发现并剖析存在的问题,针对问题提出对策建议,以期为中国企业投资东盟国家基础设施建设提供借鉴及参考。

张协奎

2020.6

目　录

1 中国企业投资东盟国家基础设施建设现状分析

1.1 中国企业投资东盟国家基础设施建设概况

在“一带一路”与东盟互联互通规划大背景下，中国与东盟国家投资合作发展迅速，东南亚也逐渐成为中国企业“走出去”投资的重点地区。2018年，中国对东盟直接投资达102亿美元，成为东盟第三大外国直接投资来源地[1]。2019年上半年，东盟取代美国成为中国第二大贸易伙伴，且中国与东盟正大力推进的发展战略均能使双方向利好方向迈进，可见中国与东盟间投资合作发展潜力巨大。

中国企业对东盟基础设施投资覆盖交通、能源及通信等领域。表1-1为中国企业投资东盟国家基础设施部分重点项目，通过梳理我们可以发现，中国企业根据不同东盟国家的发展情况及资源优势，其投资偏好有所区别。例如交通领域中，中国企业在泰国、马来西亚、缅甸、老挝、越南、印度尼西亚等均有重点投资的铁路项目和部分国家城市轨道交通项目；在泰国、马来西亚、老挝、越南、柬埔寨、文莱、菲律宾均有投资建设公路及桥梁项目；在马来西亚及印度尼西亚有合作建设港口项目。能源领域中，中国企业主要在马来西亚、缅甸、老挝、越南、印度尼西亚、柬埔寨投资电力基础设施；在泰国、马来西亚、缅甸、文莱重点投资石油、天然气；在泰国、越南、缅甸、印度尼西亚、新加坡重点投资可再生能源，尤其是光伏发电项目。在通信领域，根据不同国家通信领域的发展现状、政策差异及开放性程度，中国企业不同程度参与投资建设其通信领域。

表 1-1　中国企业投资东盟国家基础设施领域重点项目

国家	交通领域	能源领域	通信领域
泰国	(1)中泰铁路 (2)泰国北柳—十九溪—景溪铁路复线工程 (3)大众捷运(MRT) (4)泰国邦芭茵至呵叻 6 号高速公路 (5)曼谷素万那普机场 1 号候机楼 2～4 层和南端连接通道	(1)EGAT(115 千伏)输变电线路 EPC 项目 (2)EGAT 太阳能光伏示范项目 (3)萨吉光伏发电项目 (4)那空沙旺天然气管道项目 (5)泰国北部及东北部成品油管道项目 (6)泰国 NPP9 生物质电站工程项目 (7)清迈 BanKhunpae 微网工程	(1) 泰国 True 骨干网波分超 100G 项目 (2) 偏远农村网络覆盖项目 (3) “北斗”CORS 示范站 (4) Tier Ⅲ 高等级数据中心
马来西亚	(1)马来西亚东海岸铁路项目 (2)金马士—新山双线电气化铁路改建项目 (3)吉隆坡 MRT 地铁 2 号线 (4)马来西亚槟城第二跨海大桥 (5)马六甲皇京港深水港项目 (6)关丹港深水码头项目	(1)中广核集团收购 Edra 电站及其 13 个电力项目 (2)巴林基安 2×300 兆瓦燃煤电站工程 (3)巴贡水电站 (4)沙巴天然气管道(TSGP)项目和多介质管道(MPP)项目 (5)边佳兰炼化一体化项目(RAPID)	中国全通收购位于马来西亚吉隆坡巴生谷基于以太网标准的城域网
缅甸	(1)中缅铁路 (2)内比都国际机场	(1)中缅油气管道 (2)塔桑水电水坝工程 (3)耶涯水电站 (4)密松水电站 (5)仰光达吉达天然气联合循环 (6)羌达风电项目 (7)莱比塘铜矿项目	中国公司投资的缅甸光纤通信网络有限公司在曼德勒敷设 180 千米的城域网

续表1-1

国家	交通领域	能源领域	通信领域
老挝	(1)昆曼国际公路 (2)波里坎塞至巴色高速公路 (3)万象至万荣高速公路 (4)老挝 13 号公路 (5)中老铁路	(1)南欧江全流域梯级电站开发项目 (2)南俄 5 号水电站项目 (3)老挝南法水电站项目 (4)老挝 500 千伏纳帕变电站项目 (5)色贡煤电一体化项目 (6)南乌江水电项目开发	(1)老挝国家电视台三频道改造 (2)老挝扶贫示范村项目可行性研究
越南	(1)胡志明市城轨 1 号、2 号、3 号、6 号线 (2)胡志明市沿河路 5 号 (3)河内—荣市铁路项目 (4)芽庄—胡志明市铁路项目 (5)22 号国道泛亚公路扩建项目 (6)老街—河内—海防铁路项目 (7)以安—禄宁铁路项目 (8)海防国际港口铁路项目 (9)Vinhang—Tanap—Mu Gia 铁路项目	(1)越南福泰一期 50 兆瓦光伏项目 (2)越南海阳燃煤电厂 (3)海防一期热电项目一号机组 (4)锦普热电厂一、二期 (5)“三线一枢”一期 (6)永新燃煤电厂一期项目 (7)越南平安光伏项目 (8)越南永新 2(42.65 兆瓦)光伏电站 EPC 总承包项目 (9)越南富安华会 257 兆瓦光伏项目	中国联通(越南)运营有限公司 2018 年 10 月 9 日在河内正式开业
印度尼西亚	(1)印度尼西亚加里曼丹铁路项目 (2)印度尼西亚巨港轻轨 (3)雅加达—万隆高铁 (4)勿里洞丹戎克拉洋(Tanjung・Kelayang)经济特区港口工程 (5)印度尼西亚丹戎不碌港(Tanjung Priok)的卡里布鲁港扩建项目	(1)印度尼西亚 Pelangai 河 P2 水电站项目 (2)印度尼西亚米拉务 2×225 兆瓦燃煤发电项目 (3)印度尼西亚棉兰城市垃圾焚烧发电厂项目 (4)爪哇 7 号燃煤电站项目	中国智慧旅游控股集团的“智慧全域”旅游系统已经在巴厘岛努萨公园(Taman Nusa)开始试运营

续表1-1

国家	交通领域	能源领域	通信领域
柬埔寨	(1)76 号、57 号、3763 号、57B、41 号国道和 257D 号路 (2)7 号、8 号、62 号、210 号、62 号、78 号、8.1 号和 8.2 号、59 号、61 号、9 号国道和连接大金欧大桥的道路 (3)首条高速公路——金边至西哈努克省 (4)西公大桥、百克丹大桥、湄公上丁大桥、大金欧大桥 (5)暹粒新国际机场	(1)柬埔寨双燃料电站项目 (2)甘再水电站项目 (3)斯登沃代水电站项目 (4)西哈努克港燃煤电厂项目 (5)桑河二级水电站项目(2017 年 9 月完成截流)	(1)海底光纤电缆 (2)首个 4.5G 网络
文莱	(1)大摩拉岛大桥 (2)淡布隆跨海大桥 (3)特里赛—鲁木高速公路	(1)PMB 石油化工项目西部罐区和东部罐区施工总承包项目 (2)大摩拉岛综合炼油和芳烃裂解厂项目 (3)乌鲁都东水坝	3G 网络改造项目
菲律宾	(1) Panay-Guimaras-Negros 桥梁项目 (2)达沃市高速公路项目	(1)石油产业链 (2)垃圾发电厂	(1)合资电信运营商 (2)电信发射塔安装
新加坡	(1)新加坡深隧道阴沟系统 (2)新民道与宏茂桥 3 道间三车道双向公路隧道	新加坡生物质能光电一体化项目	敦豪供应链高级区域中心

交通领域包括公路、铁路、港口及航空，尤其在铁路和公路方面，是中国企业投资东盟国家的重中之重，如中泰铁路、马来西亚东海岸铁路、中缅铁路、中老铁路、海防国际港口铁路、芽庄—胡志明市铁路、印度尼西亚加里曼丹铁路、雅加达—万隆高铁、昆曼国际公路、老挝 13 号公路、22 号国道泛亚公路扩建等项目，均是中国企业“走出去”投资东盟的重点项目，助推泛亚铁路网和泛亚公路网的连通及完善。港口方面，从表 1-1 可以看出中国

与马来西亚、印度尼西亚在港口方面合作较为紧密，中国企业分别投资建设了马六甲皇京港深水港项目、关丹港深水码头项目、印度尼西亚丹戎不碌港的卡里布鲁港扩建项目，2017 年，中马港口联盟成员由 16 个增加到 21 个。

能源领域包括电力基础设施、石油天然气等不可再生能源、光伏等可再生能源，也是中国企业投资东盟国家的重点领域。据统计，2006—2018 年，东盟地区的能源消耗几乎翻了一番，年增长率为 3.4%[2]，其中文莱、柬埔寨和越南的需求增长最快。其中电力基础设施的投资建设极大地改善了当地用电情况，较具代表性的项目有巴贡水电站、耶淮水电站、密松水电站、老挝南法水电站、越南海阳燃煤电厂、印度尼西亚 Pelangai 河 P2 水电站、柬埔寨双燃料电站、西哈努克港燃煤电厂；东盟国家拥有丰富的油气资源，最具代表性的项目为中缅油气管道，于 2013 年竣工，作为我国第四大能源进口通道，可使原油和天然气运输不经过马六甲海峡直接到达我国西南地区，为我国油气进口在西南方向上开辟了一条重要的陆上通道[3]；可再生能源方面，众多中国光伏企业已前往越南、马来西亚等几个国家投资建厂，且东盟国家陆续推出光伏上网电价鼓励政策吸引投资来推动国内光伏的发展[4]。

通信领域，东盟各国通信基础设施发展水平差异较大，新加坡、马来西亚、菲律宾发展较快，4G 网络畅行，而老挝、缅甸、柬埔寨等发展空间较大，存在通信基础设施不完善、覆盖率低、通信成本高等问题。东盟国家对通信领域基础设施建设的需求给中国企业带来投资潜力。

随着“一带一路”倡议不断推进，中国与东盟各国贸易额不断增加，2013—2017 年中国与东盟贸易额整体呈上升趋势，中国与东盟贸易额如表 1-2 所示。

表 1-2　2013—2017 年中国与东盟贸易数据

年份	双边贸易额（亿美元）	同比增长	中方出口额（亿美元）	同比增长	中方进口额（亿美元）	同比增长	贸易顺差（亿美元）
2013	4436.10	10.90%	2440.70	19.50%	1995.40	1.90%	445.30
2014	4803.90	8.30%	2720.70	11.50%	2083.20	4.40%	637.50
2015	4721.70	−1.71%	2774.90	2.00%	1946.80	−6.60%	828.10
2016	4522.10	−4.23%	2559.90	−7.75%	1962.20	0.79%	597.70
2017	5148.20	13.85%	2791.20	9.04%	2357.00	20.12%	434.20

数据来源：根据中国海关数据整理。

在投资方面，中国和东盟互为重要的外资来源地。截至 2017 年 5 月底，中国与东盟双向投资累计已超过 1830 亿美元，其中东盟国家在中国累计投资达 1080 亿美元；至 2018 年底，中国与东盟双向累计投资额达 2057.1 亿美元。2013—2017 年中国对东盟直接投资情况见表 1-3。

表 1-3　2013—2017 年中国对东盟直接投资(单位：亿美元)

国家	2013 年		2014 年		2015 年		2016 年		2017 年	
	流量	存量	流量	存量	流量	存量	流量	存量	流量	存量
泰国	7.6	24.7	8.4	30.8	4.1	34.4	11.2	45.3	10.6	53.6
马来西亚	6.2	16.7	5.2	17.9	4.9	22.3	18.3	36.3	17.2	49.1
缅甸	4.8	35.7	3.4	39.3	3.3	42.6	2.9	46.2	4.3	55.2
老挝	7.8	27.7	10.3	44.9	5.2	48.4	3.3	55.0	12.2	66.5
越南	4.8	21.7	3.3	28.7	5.6	33.7	12.8	49.8	7.6	49.7
印度尼西亚	15.6	46.6	12.7	67.9	14.5	81.3	14.6	95.5	16.8	105.4
柬埔寨	5.0	28.5	4.4	32.2	4.2	36.8	6.3	43.7	7.4	54.5
文莱	0.1	0.7	0.0	0.7	0.1	0.7	1.4	2.0	0.7	2.2
菲律宾	0.5	6.9	2.2	7.6	—0.3	7.1	0.3	7.2	1.1	8.2
新加坡	20.3	147.5	28.1	206.4	104.5	319.8	31.7	334.5	63.2	445.7
合计	72.7	356.7	78.0	476.4	146.1	627.1	102.8	715.5	141.1	890.1

数据来源：中国商务部。

随着我国“一带一路”倡议的推进，我国工程承包企业“走出去”的步伐也随之加快。中国企业对东盟各国工程承包业务营业额 2015—2017 年达 838.8 亿美元，若基础设施投资需求与中国剩余资本和优势产业有机结合，将有效促进中国与东盟设施连通，贸易顺畅。2015—2017 年中国对东盟各国工程承包当年营业额见表 1-4。

表 1-4　2015—2017 年中国对东盟各国工程承包当年营业额(单位：亿美元)

国家	当年营业额		
	2015 年	2016 年	2017 年
菲律宾	20.4	16.6	18.9
柬埔寨	12.1	16.5	17.6

续表1-4

国家	当年营业额		
	2015 年	2016 年	2017 年
老挝	32.2	29.5	42.3
马来西亚	35.6	47.5	81.5
缅甸	18.9	19.2	16.1
泰国	28.1	29.3	33.8
文莱	0.9	5.5	7.1
新加坡	35.4	37.6	34.4
印度尼西亚	48.1	40.9	55.6
越南	35.2	33.2	28.8
合计	266.9	275.8	336.1

数据来源:根据中国国家统计局整理。

2017 年底,中国企业累计在东盟国家签订承包工程合同总金额 3527 亿美元,完成营业额 2284.5 亿美元。其中,2017 年新签合同额 709.96 亿美元,同比增长 51.9%;完成营业额 336.1 亿美元,同比增长 21.9%[5]。中国企业完成承包工程营业额增幅最大为 71.6%,降幅最大为 15.8%,分别在马来西亚和缅甸。

从表 1-5 可知,2017 年中国企业新签工程合同额最多的东盟国家为马来西亚,其次为印度尼西亚、越南、老挝、泰国;完成合同额最多的东盟国家

表 1-5 2017 年中国对东盟承包工程及劳务合作统计

国家	新签合同额(亿美元)	完成营业额(亿美元)	当年派出劳务数量(人)	年末在外劳务数量(人)
马来西亚	248.53	81.46	18339	9247
印度尼西亚	172.04	55.62	11569	17734
越南	60.98	28.79	4168	5843
老挝	52.11	42.29	16728	19787

续表1-5

国家	新签合同额（亿美元）	完成营业额（亿美元）	当年派出劳务数量(人)	年末在外劳务数量(人)
泰国	37.26	33.84	1689	1889
菲律宾	36.86	18.85	3188	3772
新加坡	35.17	34.37	42409	95488
柬埔寨	33.01	17.64	2604	5877
缅甸	19.89	16.14	2343	4682
文莱	14.11	7.10	3892	4028

数据来源:中国商务部。

也为马来西亚,其次为印度尼西亚、老挝、新加坡、泰国。当年派出劳务人员集中在马来西亚、印度尼西亚、老挝、新加坡。可见中国企业近年来与上述国家在工程领域合作较为密切。

自“一带一路”倡议和中国-东盟互联互通概念提出至今,中国与东盟各国在政治安全、经贸往来、人文交流等方面达成合作共识,各类基础设施共建意向的达成为中国与东盟大中小企业创造了历史性的新机遇及巨大的发展空间,也为东盟各国探寻社会发展及经济多元化提供了新的路径。中国-东盟互联互通尚处于起步阶段,中国与东盟国家基础设施合作必将是一个长期性、跨国性的目标,这就要求上至政府首脑下至基层民众以加深了解、增进信任为前提,以基建项目合作为契机,逐步探寻可持续发展的合作模式,以期实现中国与东盟各国和平、稳定、发展和共同繁荣。

1.2　中国企业投资东盟国家基础设施建设的优劣势及支持分析

近年来,依托“一带一路”倡议、中国-东盟自由贸易区升级版的建立,中国与东盟各国大力发展基础设施建设,基建市场发展潜力巨大,为我国企业带来大量投资机会。如何将中国企业投资方向与东盟各国需求实现有效对接,在实践过程中化解矛盾与分歧,不断深化互信程度、扩大利益交汇点,成为中国与东盟国家在基础设施领域合作共赢道路上亟待解决的问题。因此,需要剖析中国企业投资东盟国家基础设施建设的优劣势及现有支持,使中国企业明确自身定位,针对目前国内支持政策做出动态方案,以期推动中国企业投资东盟国家基础设施建设向成熟、稳定方向迈进。

1.2.1 中国企业投资东盟国家基础设施建设的优势分析

(1) 地理相邻

首先,初始直接对外投资一般遵循“就近原则”及“地区渐进原则”[6],我国与东盟具有天然地理优势,与越南、老挝、缅甸毗邻,是中国直接面向东盟的重要通道。其次,中国与东盟国家历史交往过程也奠定了友好基础。最后,东盟也是海外华人华侨聚集地,他们了解当地风俗习惯、法律政策、市场情况、投资渠道等,是我国企业投资东盟国家、了解动态信息的桥梁。地理相邻、拥有海外华人华侨优势,可降低中国企业在东盟投资的交易成本,为中国企业“走出去”营造便利条件,能更快适应当地投资市场。

(2) 技术优势

我国在学习和吸收先进技术的基础上,结合自身特点通过自主研发形成具有中国特色的技术和管理标准且符合国际标准,并向世界推广应用。“中国高铁”作为中国的新名片向世界展示中国铁路的高速发展,而东盟地区绝大部分国家基础设施相对落后,中国企业的技术及管理水平则具备相对优势,可将基础设施领域的技术应用到东盟国家基础设施建设中,推动东盟地区基础设施实现高质量快速发展,满足社会经济发展需要。

(3) 资源、产业及经济互补优势

中国与东盟国家在矿产、油气等能源方面存在互补性,中国拥有巨大矿产市场,同时也需要进口油气等资源,东盟国家能源资源丰富,柬埔寨、老挝、马来西亚均存在待开发的能源资源,由于技术、人才匮乏,资源未能得到合理开发及有效利用,而中国企业可在技术、设备、人才及资金等方面支持东盟国家[7]。若产能技术、资金等向东盟国家转移,不仅可以优化我国产业结构,还能促使东盟国家的资源优势转化为经济优势,推动社会经济发展[8]。

(4) 中国经济增速势头良好

中国目前已成为世界第二大经济体，经济持续稳定增长是我国综合实力提升的直观表现。中国企业对东盟国家投资步伐加快。据 2018 年统计，中国是柬埔寨、老挝、缅甸第一大外资来源国，是马来西亚、泰国的第二大外资来源国，是印度尼西亚第三大投资来源国。2017 年，中国企业对菲律宾投资增长 67%[9]。中国对新加坡的投资占中国对“一带一路”沿线国家投资总额的 1/3，而这些资金最终多数被投入其他亚洲国家[10]。当前在文莱的境外投资者中，中资企业是生力军。中国企业的投资有利于拉动东盟经济增长。

1.2.2 中国企业投资东盟国家基础设施建设的劣势分析

(1) 海外投资资金匮乏

基础设施建设投资具有周期长、资金需求量大、资金回收慢、融资难、社会效益与经济效益在项目运营期才得以逐渐显现等特点。而基础设施建设需要大量前期成本投入，企业无法向东盟市场投入巨额资金，中小企业普遍也无法承担高额资金风险，而国家信贷支持跟不上投资发展的速度，其他融资渠道开拓难度较大。因此，资金匮乏一定程度上制约着中国企业投资东盟国家基础设施的规模和能力。

(2) 中国企业海外管理体制不健全，人才短缺

中国企业在东盟市场的投资较其他发达国家起步相对较晚，随着中国-东盟自贸区建立、中国-东盟互联互通及“一带一路”倡议提出，基础设施投资迎来快速发展时期，海外基建项目管理仍习惯性沿用国内体制，管理方式不足以适应国际化竞争和国际化项目经营理念的需求。企业普遍缺乏国际化高级复合型人才，即不仅要懂技术还要熟悉国际法及当地投资政策并加以运用，且缺乏完善的海外人才管理机制，人才培养、薪酬、晋升、归国、安全等机制有待健全。

(3) 国内外信息不对称，中国企业全面搜集信息难度大

中国投资东盟国家的相关信息大部分是从政府或相关机构获取，而东盟部分国家信息统计并不完善，且对外商投资政策和法规各不相同，如文

莱对外商投资有准入限制，菲律宾每两年更新一次限制外资项目清单[11]，马来西亚暂未对中国开放普通劳务市场等，因此，易导致中国企业信息掌握不充分，缺乏对东盟市场准确深入分析，对投资环境及市场结构判断出现偏差，造成投资盲目性。

(4) 中国企业竞争压力较大

我国与东盟各国存在产业上的互补，但在某些领域也存在替代性，面临着美国、日本及部分东盟本土企业的强烈竞争，如中日在东南亚都大力推行高铁外交，中国“一带一路”倡议和日本“经济成长战略”恰好对应东盟国家在交通基础设施方面发展的需要；中国在投资马来西亚基建项目中与本地实力雄厚承包商的竞争等。因此，我国企业投资具有替代性基础设施领域前应充分分析不同市场，谨慎选择投资国家，做好政府、社会、民心、环境等全面建设工作。

(5) 中国企业盈利目标难以实现，缺乏长期发展战略

在高风险国家，地区武装冲突、政策变动等不可抗力因素加大了项目被迫停工或延误的风险，中国海外投资亏损难以避免。对项目技术人员的人身安全也造成了一定的威胁，部分援建项目无法满足中方建筑企业的盈利性目标，从而极大地削弱了相关企业“走出去”的积极性。

1.2.3 中国企业投资东盟国家基础设施建设的支持分析

中国企业“走出去”的竞争力在国内相关部门支持下正逐渐增强，包括机制支撑、资金支持、部门协作等。机制支持方面，从东盟整体层面出发建立有各种对话机制、合作机制、协调机制，以及综合涵盖中国与东盟国家互联互通建设发展各个方面的机制。对话机制包含各种领导人会晤，国家层面会议、会谈等，如“一带一路”国际合作高峰论坛圆桌峰会、中国-东盟基础设施建设合作对话会、中国-东盟博览会等；合作机制包括“10+1”合作机制、“2+7”合作框架、国际陆海贸易新通道、中国-东盟自由贸易区等；协调机制包括中国-东盟中心、东盟峰会、东盟协调理事会等。资金支持方面，包括亚洲基础设施投资银行、丝路基金等为中国企业投资东盟国家基础设施建设提供一定程度资金支持。部门协作方面，商务部是负责对外投

资促进和监督的牵头部门，中国银监会负责对银行业的监督，中国国家机构和行业组织制定和发布了适用于海外水电、林业、矿业和环境保护等特定行业的一般准则和标准。我国国内也在积极构建海外投资监管体系、海外投资保险制度等保护企业“走出去”。

1.3 中国企业投资东盟国家基础设施建设的投资环境

1.3.1 中国企业投资东盟国家基础设施建设的政治环境

一是域外势力干预的影响。中国“一带一路”倡议与日本“经济成长战略”、美国“重返亚太战略”均将拓展东南亚基础设施建设市场作为着重点，为降低大国战略博弈对本国的影响，保障话语权，多数东南亚国家多采取“等距离式”外交策略，加大了中泰基建合作谈判协商一致的难度。二是与中国的主权争端。三是政权更迭风险。如马来西亚前总理纳吉布执政时期，与中国企业达成并签订了多项合作协议，2018 年 5 月马哈蒂尔执政后，以“马来西亚利益优先”为原则，叫停了多个中马大型基础设施合作，对项目推进造成了负面影响。四是贪污腐败风险。以老挝为例，贪污腐败现象的长期存在严重影响了市场的公平公正竞争，中国企业难以通过正常的招投标途径获得大型项目。政权更迭、政策反复、贪污腐败等问题会给中国企业投资的基础设施项目造成风险和损失，重新谈判的过程将会给未完工项目带来额外的成本，影响项目整体进度及投资回报率。

1.3.2 中国企业投资东盟国家基础设施建设的营商环境

表 1-6 为东盟十国营商环境情况表。

表 1-6 东盟十国营商环境情况

国家	营商便利程度	便利度变化情况	排名(共 190 个国家)
新加坡	85.24	±0.27	2
马来西亚	80.60	±2.57	15
泰国	78.45	±1.06	27

续表 1-6

国家	营商便利程度	便利度变化情况	排名(共 190 个国家)
文莱	72.03	±1.85	55
越南	68.83	±1.59	69
印度尼西亚	67.96	±1.42	73
菲律宾	57.68	±1.36	124
柬埔寨	54.80	±0.41	138
老挝	51.26	±0.11	154
缅甸	44.72	±0.51	171

数据来源：世界银行《2019 年营商环境报告》。排名截止日期为 2018 年 5 月 1 日。

便利度变化情况："+"为有所改善，"−"为恶化。

根据世界银行《2019 年营商环境报告》，东盟十国整体营商环境有所改善，但个别国家排名较往年有所下降，如柬埔寨从 2018 年的 135 名下降至 2019 年的 138 名，且排名连续三年均为下降趋势，说明柬埔寨近年来的营商改革措施效果不明显[12]。根据报告，文莱、缅甸、泰国、越南简化了企业登记注册手续；马来西亚简化了建筑许可和电力审批办理程序，缩短了申请许可时间。东盟各国均在积极改善本国营商环境，但改革力度仍待加强。

大型基础设施工程技术含量高，复合型人才稀缺，东盟国家面临行业发展落后、团队实力有限的严峻困境，工程建设市场材料、技术型人才供需矛盾突出，一定程度上影响了项目进展和质量要求。以泰国为例，泰国工业水平较为落后，建筑资源不够全面，仅能提供施工所需的部分物资，且泰国使用的工程机械大多属于日本的二手产品，现有的大宗设备供应无法与基础设施建设标准相匹配，需由中方提供高质量的重型设备、机具、水暖五金等物资。如高铁建设中单是高分子减震、降噪材料就多达十几种，需由中方及时填补部分新型建材的缺口。以马来西亚为例，东海岸铁路项目对隧道施工方案和施工组织设计、安全救援设计、通风排水设计等提出了极高的要求[13]，采用的标准为马来西亚、英国复合标准，其国内自由实力与项目技术难度的复杂性不相匹配，增大了项目推进难度。基础设施项目建设周期长，体量大，资金回收期较长，风险较高。近年来，泰国、越南、印度尼西亚、缅甸等国针对基础设施领域均制定了大规模的总体规划，若仅靠中国企业带资建设，则会加剧中国企业的资金压力，若由中国提供贷款，则又使东南亚国家的债务压力雪上加霜，融资需求和难度也成为中国企业亟待解决的重大难题。

1.3.3 中国企业投资东盟国家基础设施建设的社会环境

一是文化信仰上的差异。以文莱为例，作为东南亚唯一政教合一的伊斯兰国家，文莱具有较独特的宗教文化和风俗习惯，宗教节日多、宗教礼节烦琐，这对中国企业在文莱投资产生了不利影响。二是劳动力缺口突出。虽然近年来泰国、越南、印度尼西亚、老挝、新加坡等国的经济迅速发展，但农业仍占有较大比重，参与正式劳务市场的劳动力比例较低，劳动力质量、结构不足日渐突出，作为传统劳务输出国，东盟国家工程承包市场多属有条件开放状态，即外来劳工人数及工种受到了严格的限制[14]。由于教育事业不发达，东盟国家当地极其缺乏熟练劳动力和高级技术人员，既有劳工工作效率普遍较低，加之工会的施压和干预，制约着中国对东盟地区的基础设施投资。三是社会制度引发的阻碍。东盟国家的经济社会体制、法律和政策体系、政府办公效率等与中国均存在较大差异，如东南亚国家土地制度相对复杂，项目前期工作必然会涉及征地及拆迁赔偿问题，在土地私有为主的国家，通过拆迁解决基础设施建设用地问题可实施性较差。四是本地化程度不高引发的纠纷。中国企业投资的大型基础设施项目能为东盟地区的经济发展注入新动力，但与其他发达国家和本土实力雄厚的承包商相比，中国企业并未采取有效举措与当地政府、民众和宣传媒体沟通往来，导致中国企业投资建设的项目在当地受重视程度不高，企业本地化效果不显著。

1.3.4 中国企业投资东盟国家基础设施建设的人文环境

一方面，东盟大部分地区为多民族、多宗教并存地区，社会人文环境错综复杂。另一方面，不同的文化背景也增加了投资风险，虽然近年来我国企业在不同文化适应性上有了很大提高，但项目投资周期较长，过程中涉及的佛教文化、风俗礼仪较为繁复，这些都给我国企业投资东盟国家基础设施建设带来重重困难。

1.3.5　中国企业投资东盟国家基础设施建设的生态环境

一方面，多数东南亚国家岛屿众多，海岸线漫长，虽坐拥海陆优势，但极端恶劣天气频发。以菲律宾为例，2018 年其受极端气候影响度位居世界第二。以印度尼西亚为例，2017 年印度尼西亚受极端气候影响度位居世界第一，其位于环太平洋地震带和欧亚地震带的交界处，大地震、火山喷发、海啸和热带气旋等自然灾害频发。自然灾害影响范围广、破坏威力大、传染疾病极易蔓延，给基础设施建设施工及人员安全带来巨大威胁。另一方面，东南亚国家对当地环境保护的重视和关切成为双边合作项目频繁陷入低谷的重要原因，在项目建设过程中需要十分重视环境保护，否则极有可能造成生态破坏，招致当地政府和民众的反感和抗议，造成其他难以挽回的负面影响。以印度尼西亚为例，其生态多样性仅次于巴西，自然资源丰富，开采潜力大，但生态环境较为脆弱。以缅甸为例，缅甸当地民众认为密松水电站和莱比塘铜矿项目带来空气污染、水污染等环境隐患，从项目开始建设到投产，多数民众始终持反对态度，项目历经波折，使中国企业蒙受高额资金损失[15]。

1.4　中国企业投资东盟国家基础设施建设的战略布局

1.4.1　“市场互补型”基础设施建设投资战略

自中国-东盟自由贸易区建立以来，双边贸易规模和数量不断扩大，中国在东盟地区的竞争力进一步提升。中国与东盟在生产效率、自然资源和产业结构等方面存在差异，双边具有自己的产业或技术优势，因此，中国与东盟在市场产业内外形成互补性特征[16]。

中国自然资源不如东盟国家丰富，而越南、缅甸、老挝、柬埔寨等东盟国家则将能源出口作为国家财政的主要收入，因此，中国与东盟国家资源互补性明显。中国通过共同或协助开发自然资源的形式与东盟国家合作，既能适当缓解中国能源压力，又可以改善当地基础设施条件，提高能源利用效率。就产业结构而言，新加坡与中国则可开展服务业方面的合作，打开中国的市场；对于印度尼西亚等处于工业初级阶段的东盟国家以及柬埔寨等欠发达东盟国家，则需要与中国合作进行资源开发，需要中国的先进技术和产品改善其基础设施条件[17]。产业间互补性为双边贸易和相互投资提速提供了条件。中国和东盟在产业转移和产业调整中，逐步从传统产业间贸易走向产业内贸易，形成互补性分工。

1.4.2 “产能转移型”基础设施建设投资战略

中国鼓励有能力的企业以投资基础设施建设、建立海外工业园区等方式“走出去”，同时也欢迎东盟地区有优势的企业来华投资，巩固加强与新兴国家以及周边地区国家进行投资合作开发。东盟地区作为世界新兴市场，是海上互联互通和亚洲地区主要经济聚集地，可作为我国产能合作与产能转移的首选区域[18]。中国-东盟基础设施互联互通正在稳步推进，中国企业可以主动承接东盟地区基础设施工程，加强工业、能源、通信等产业合作，同时带动钢铁、水泥等基础设施原材料走出去，实现产能的转移[19]。

中国确立了与东盟地区产能合作的三大原则：一是双向开放，中国将本土优势的技术和产能转移至东盟地区，同时欢迎东盟地区国家将优势的产能、技术向中国输出[20]。二是以企业主导为主。我国与东盟地区产能合作采用“企业为主，政府为辅”的运作方式，政府通过协调为企业营造一个良好的营商环境，引导企业走出去，充分发挥市场主体的能动性作用。三是绿色与可持续发展。中国与东盟地区的产能合作是将优势产业进行转移，而非将落后、污染产业引向国外，绿色发展和环境保护是产能合作的基础[21]。

目前，我国与东盟国家在建重点产业园区有西哈努克港经济特区、泰中罗勇工业园区、中马钦州产业园和马中关丹产业园等。产业园区作为中国与东盟产能合作的重要基础平台，产业集群效应通过产业园区实现，使我国企业能够实现“抱团出海”。产业园区模式对我国中小企业走向东盟地区有重要意义。

1.4.3 “建筑市场扩张型”基础设施建设投资战略

我国建筑施工企业对外承包工程已遍布世界各地，东盟地区则凭借地理优势和当下政策优势成为我国企业投资的重点区域。自中国-东盟自贸区建成以来，中国-东盟双边人员、货物和资金的流动加速，承包东盟地区基础设施工程迎来重要机遇[22]。中国设立的亚投行、中国-东盟投资合作基金、丝路基金等，用于双方基础设施、能源资源、信息通信等领域重大投资合作项目，为中国企业投资东盟国家基础设施建设提供多元化融资渠道。中国对外承包工程商会与由印度尼西亚、新加坡、马来西亚、泰国、越南、菲律宾六国建筑承包企业行业组织组成的东盟建筑商联合会签署了《中国对外承包工程商会-东盟建筑商联合会合作备忘录》，根据此合作备忘录，中国与东盟六家承包商协会将定期联络，以增进互访，加强对涉及共同利益事项的交流与沟通，通过有效措施推进全面合作；中国企业可充分利用商会渠道拓展东盟基础设施资源，加强信息交流，推进各协会会员间建筑工程、项目开发方面的合作。

1.4.4 投资战略归纳与空间布局分析

当前中国对东盟的投资战略可以从以下几个方面看：一是提升东盟地区在我国海外投资版图中的战略地位，加强互联互通的投资。东盟是我国区域经济贸易往来的重要合作伙伴，是我国向南发展“21 世纪海上丝绸之路”的重要区域[23]。二是充分发挥我国工程建设能力强的优势，打造基础设施互联互通。我国工程建设能力在全球范围内都具有较强竞争力优势，可利用这一优势，努力促进我国与东盟国家在基础设施项目的合作，包括公路、港口、机场、水利水电等基础设施项目。三是强化制造业对东盟的市场开拓型与效率寻求型投资，增强中国与东盟经贸的关系。我国政府积极引导相关企业“走出去”，开拓东盟市场，这些中国企业给当地创造大量就业机会，改善当地基础设施状况，发展壮大各类供应商，促进中国与东盟的经贸关系[24]。

在投资空间布局上，中国对东盟地区投资分布不均衡。在投资产业结构上，中国对东盟十国的投资产业结构也有不同的分布[25]。近几年来，中国在互联互通建设中成为最大的投资国，中国对东盟投资存量行业分布特点如下：电力、热力、天然气、水及交通运输、采矿、农林渔业等非制造业呈现出显著下降趋势；计算机、租赁等服务业和商务服务业比重明显上升；制造业由升转稳；金融业和房地产业相对停滞不前。中国投资东盟地区的资金中50%流向电力、采矿、天然气等能源领域。从具体国家的产业分布来看，缅甸、泰国、老挝、印度尼西亚等成为中国制造业投资的重点对象，而新加坡、柬埔寨、老挝等国的金融业、批发和零售、租赁等服务业吸收的中国投资明显增加。

本章小结

本章首先通过中国与东盟贸易数据、直接投资数据、工程承包营业额和工程及劳务合作统计数据，从整体层面分析中国企业投资东盟国家基础设施建设现状，明确基础设施范围包括交通、能源及通信三大领域，并就此展开分析。通过梳理中国企业投资东盟十国基础设施领域的重点项目，比较分析发现中国企业对东盟各国的投资侧重有所不同。其次，对中国企业投资东盟国家基础设施建设优劣势进行分析，其中优势包括地理相邻、技术优势、互补优势及中国经济增速优势；劣势包括海外投资资金匮乏、海外管理体制不健全、国内外信息不对称、中国企业竞争压力较大、中国企业缺乏长期发展战略。现阶段中国企业"走出去"的竞争力在国内的机制支撑、资金支持及部门协作下逐渐增强，国内也在积极构建海外投资监管体系、海外投资保险制度等保护企业"走出去"。再次，从中国企业投资东盟国家基础设施建设的政治环境、营商环境、社会环境、人文环境、生态环境五方面对投资环境进行分析。最后，从市场互补型、产能转移型、建筑市场扩张型方面剖析了中国企业投资东盟国家的投资战略布局。本章从宏观建设现状、投资优劣势、投资环境、投资战略布局四个方面较为全面地完成了对中国企业投资东盟国家基础设施建设的现状分析。

2 中国企业投资东盟国家基础设施建设存在的主要问题

2.1 政治方面

2.1.1 域内外国家多方博弈,阻碍中国企业投资项目持续推进

就战略层面,“互联互通”不仅是对外经贸战略,也是新时期的安全发展战略[26]。于美国而言,随着中国与东盟互联互通纵深推进,世界经济出现东移倾向,美国也意图将其重心东移至“重返亚太战略”上,美国暗地资助一些组织或者地方武装对中国投资建设项目进行抗议,试图挑起当地民族武装冲突,并将中国卷入其中,目的是为了遏制中国快速发展。于日本而言,中国与日本在与东盟合作关系中处于竞争状态,且日本先于中国在东盟展开投资合作。20 世纪 60 年代日本就已经开始对东盟国家进行大规模投资,而我国对东盟的投资则在 2005 年后才出现较快增长。中国在基础设施建设方面经验丰富,中国企业也是东盟基础设施建设最活跃的投资者,日本也因此在交通基础设施、能源领域与中国展开激烈竞争。“中国高铁”已成为中国的新名片,中日在东南亚都大力推行高铁外交,中国“一带一路”倡议和日本“经济成长战略”恰好对应马来西亚东盟国家在轨道交通基础设施方面发展的需要[27]。出于对中国影响力扩大的担心,日本在 2015 年提出“高质量基础设施伙伴关系”,旨在强调其在东南亚的基础设施建设朝着高质量型方向发展[28]。虽然中国与东盟合作日益广泛深入,但东盟一定程度上也要依赖美、日等大国的援助实现发展,为降低大国战略博弈对其本国的影响,东盟国家保留话语权,如泰国、马来西亚、缅甸等多采取“等距离式”外交或大国平衡外交策略,加大了中国企业投资基建合作谈

判协商一致的难度。于新加坡而言,其在南海问题中亲美的立场,使得其国内亲美遏华气势高涨。

2.1.2 政治互信不足,猜疑中国企业投资目的

中国-东盟互联互通在政治、经济、安全等领域的美好愿景不被一些国家认可,认为中国的崛起、中国对东盟国家的合作投资是掠夺东盟经济、资源的手段,对中国投资政策的持久度以及投资的稳定性存在一定担忧,甚至认为跨境基建是中国为了寻求战略腹地及扩张势力范围,以此制衡美日等大国对中国的打压。另外,随着合作深入推进,东盟国家对中国的依赖程度不断提高,可能也会引发东盟国家的紧迫感,加剧对中国投资合作的猜疑。

2.1.3 部分东盟国家政治环境不稳定,基建项目进展缓慢

部分东盟国家政治环境动荡,多势力冲突严重影响地区稳定以及合作项目的切实开展。如泰国自古以来就是多民族、多宗教并存地区,民族宗教冲突导致地区分离主义、恐怖主义、极端主义泛滥,此外,泰国国内保守派和改革派之间长期存在分歧和矛盾,政府频繁更迭影响到其对外政策的稳定性和连续性,导致某些共建项目进展缓慢。如马来西亚新总理马哈蒂尔执政以来以"马来西亚利益优先"为原则,重审马来西亚与外国合作的大型基础设施项目,直接叫停中国企业在马来西亚投资的几大项目,其中包括马来西亚东海岸铁路项目。项目的重新谈判不仅影响项目整体进度,还会给投资的企业造成巨大损失,严重者甚至会造成项目无限期停工,从而影响中国企业投资东盟国家基础设施的信心。以缅甸为例,一是缅甸国内政治局势不稳定。缅甸民主改革不断推进,各种政治势力获得了相对自由的空间,基础设施的发展也存在很大的风险,中国企业投资缅甸部分项目举步维艰,绝大多数都有地方武装或少数民族的抗议阻挠。二是 NGO 的恶意煽动。NGO 是缅甸具有西方背景的反华的非政府组织,常通过制造不利舆论的方式引导当地的排华情绪,激化当地民众的不满和排斥情绪,以达到阻止中资向海外输出的目的。

2.1.4 东盟各国法律政策体系各异，行政审批繁杂

东盟十国法律政策体系存在差异，虽然东盟整体法律体系较完善，但仍存在一些法律规定界定模糊、可操作性低等问题，不同法律政策之间存在矛盾与冲突时中国企业难以做出正确判断，且实施过程中存在有法不依、执法不严的问题。如老挝，其政府承诺对外国投资者的特许经营期、经营范围、税收优惠政策等事宜没有相关法律进行规范及约束，中国企业在投资基础设施建设时若出现问题则无法可依。老挝作为社会主义国家，其诸多制度却依照西方资本主义标准制定，不符合国情，特别在老挝的水电开发领域，导致中国企业投资建设时诸多内容难以落实，与老挝政府产生争议。再如越南海洋发电厂项目，在施工三个月后越南政府单方面宣布若中国企业工程进度延误一天就罚款 45 万元；外国投资者投资越南时还需面对"附带许可"问题，这种"附带许可"是非法的，但是却与特定群体的利益密切相关。政策的不稳定性和模糊性致使中国企业承受巨大风险。随着中国企业投资东盟国家进程加快，各国对外商投资法均在不断修改完善中，因此中国企业需持续关注东盟国家最新出台及修订的法律法规。

行政审批方面，中国企业到东盟投资办理证照存在文件手续繁杂、申请程序繁多、审批时间较长、涉及事务部门众多等问题，若未对当地相关政策做充分了解、未寻求专业律师协助，则极易出现审批材料缺漏、耽误审批事宜等问题。

2.2 经济方面

2.2.1 中方贷款优势不明显，投资合作协调难度大

基础设施建设合作投资需要大量持续资金支持，而中国企业无法投入巨额自有资金，对象国财政压力亦无力填补资金缺口，因此东盟国家在基建投资合作中会尝试以低息贷款的形式获得资金，而这也成为中日等竞争国在基建合作中脱颖而出的重要方式，已成为东道国寻求优惠政策的博弈手段。随着投资项目增多，可能造成对象国债务持续的问题，存在一定债

务危机风险，而当前经济依赖性强，持续的债务问题会影响其汇率波动。如在中泰铁路合作中，中国铁路报价低，贷款利率高，对泰国贷款利率由2.5%降至2%；而日本铁路报价高，贷款利率低，对泰国贷款利率仅为0.1%[29]。泰国就融资贷款利率与中国一再周旋并频繁推翻已达成的贷款协议，严重影响了合作进展。在新马高铁竞标中，新加坡政府也倾向于日本新干线技术。日本政府还宣布将发行利息0.65%、偿还期为十年的"武士债券"帮助马来西亚政府处理国家债务问题。因此，竞争国优惠的贷款政策也是中国企业投资东盟国家基础设施建设所面临的挑战。

2.2.2 财务风险高，融资难度大

一是就基础设施项目本身而言，对于重大项目，其资金需求量在几亿到几十亿美元不等，融资需求和难度均在提升。2018年以来，通货膨胀和加息预期升温，全球融资条件日益收紧，东盟部分国家债务压力加剧，政府注资更谨慎。基础设施建设具有周期长、体量大、资金回收期较长、风险较高等特点，项目若靠中国企业带资建设，则极大增加中国企业资金压力，若由中国提供贷款，则又增加了东盟国家政府的债务压力。因此，资金来源渠道的多元性、充足性、稳定性，以及基础设施建成后在特许经营期内是否能收回预计的资金，都是中国企业投资东盟国家基础设施建设时需要面对的重大问题。如皇京港项目，因发展商拖欠承包商数千万令吉工程款而暂停，承包商给予发展商三个月时间以解决工程资金及其他相关问题。资金供应的不稳定性造成项目暂停，除影响项目进度、增加窝工费用外，还给承发包双方互信造成损失。如在密松水电站遭搁置事件中，不仅前期投入的70亿元人民币无法收回，且还面临后期巨额索赔，给中国企业带来巨大损失。

二是融资方面，中国企业投资东盟国家基础设施建设的资金来源包括银行贷款、融资等方式，利率水平的波动可能会使企业支付更高的利息，同时外币融资也使中国企业在财务上面临更高的不确定性。东盟部分国家资本市场发展滞后，金融服务业落后，如老挝甚至没有形成良性循环的市场融资机制，依然是政府控制整个融资市场。因此，从东道国获取资金变得十分困难，致使我国企业投资基础设施的融资相对艰难。另外，我国企业投资东盟过程中还要特别注意市场环境，防范商业欺诈。

2.2.3 人民币结算占比较低

目前人民币结算主要用于新加坡、越南、缅甸及老挝的边境贸易中，中国企业在投资东盟国家基础设施建设时多数通过美元作为中间货币来完成投资结算，这就势必加剧汇率波动对投资的影响，中国企业极易在此过程中承担汇率损失风险。

2.3 社会文化方面

2.3.1 社会舆论对中国企业投资基建项目存在偏颇

基础设施建设周期长，辐射范围广，必然产生国际文化风俗交融，稍有不慎会违背当地风俗习惯，引起当地民众产生抵触情绪[30]，主观看法一经投资对象国国内媒体舆论、党派集团的误导和歪曲，难以理性及客观地判断基建合作的红利[31]。国际社会将“一带一路”倡议过度政治化，认为中国在进行政治渗透而非纯粹的经济建设。还有舆论认为中国企业在东盟国家的贸易和投资环境的公平性、透明性存在不确定因素，担心本国中小企业利益受损。如中泰铁路合作期间，泰国媒体对铁路沿线土地开发的报道就引发了泰国民众诸多疑虑。因此，如何正确宣传基础设施建设合作，及时疏导民众的不解情绪，使中国企业跨境投资带来的红利具象化仍是一大难点。

2.3.2 腐败问题严重

泰国、缅甸、印度尼西亚、马来西亚、越南、老挝等东盟国家腐败问题较为突出，中国企业投资东盟国家基础设施建设已有因腐败问题而严重影响进度造成经济损失的先例。如马来西亚东海铁路项目和沙巴天然气管道项目及多介质管道项目，因新政府上台彻查前政府腐败问题而将项目暂停。越南是腐败指数最高的国家之一，2017 年其清廉指数在全球 180 个国家中排名第 107 位，属于严重腐败国家。老挝贪腐问题也十分严重，且缺少反对商业贿赂的相关法律进行约束。因此，中国企业在东盟国家基础设施建设前期可能要承担因理顺与当地政府的关系而产生代理成本和无形成本。

2.3.3 中国企业在东盟国家本地化程度不高

本地化程度不高主要指两个方面：一方面是在当地民心建设力度不够。中国目前在泰国、缅甸、越南、老挝、马来西亚等东盟国家均投资了大型基础设施项目，建成后能为当地的经济发展注入新动力，但与其他发达国家和其本土实力雄厚的承包商相比，中国企业没有树立起良好的企业形象。中国积极参与互联互通建设，一些东盟国家担心中国将取代东盟在合作中的主导权[32]。另外，中国企业进行海外投资时向来较重视高层互动，却对当地民心建设重视程度不高，导致中国企业投资建设的项目在当地受重视程度不高，企业本地化效果不显著。如马来西亚水电示范项目——沐若水电站，建设过程中有媒体指出中国在基建行业的对外投资方式以成套项目输出为主，并没有大量雇用当地的劳动力和基建人才，没有对马来西亚国内的失业问题产生正面作用。其原因是：当地劳动力方面，项目周边是未开发的热带雨林，一般人并不愿意从事强度较大的工作，且马来西亚当地民众缺乏水电建设相关的技术知识；中国企业方面，未对当地民众切实需求做充分调研，有针对性的民心建设力度不足。

另一方面是中国企业对当地投资环境了解不充分。东盟各国制度、法律体系、对外商政策各不相同，而基础设施建设所涉及的合同类型多、数量大、合同主客体关系复杂，难免出现相关法律、合同谈判等问题，其中隐藏的法律风险是中国企业投资东盟国家基础设施建设时应当充分考虑的问题。另外，东盟一些国家，如马来西亚的税收体系较复杂、要求较高，还存在一定地方保护主义，对方可能会设置一些关税外的附加软性条款和“隐性壁垒”来保护本国企业的利益，给中国企业投资带来税收风险，影响项目成本[33]。

2.3.4 社会宗教文化差异及地区安全问题

一方面，东盟各国存在本国特色宗教文化差异，泰国、缅甸、老挝、柬埔寨信奉佛教，缅甸视摸头为不礼貌行为，在老挝不能触摸或评论佛像；马来西亚、文莱、印度尼西亚信奉伊斯兰教；越南、新加坡崇尚儒家思想，注重礼节；等等。不同国家存在风俗习惯差异，中国企业若不了解当地风俗，则会触犯当地禁忌，给中国企业形象带来负面影响，不利于中国企业融入当地社会，深入推进中国企业本地化。另一方面，当地工作生活习惯与中国迥异，我国工作者善于循规蹈矩按规章制度工作且抗压能力较强，而东盟部分国家如老挝、泰国等工作者崇尚自由，对中国企业制定的各项规章制度较难认可和遵循，因此当地员工离职率较高，给中国企业在人员管理上带来一定难度，增加人才成本。

另外，东盟部分国家地区安全问题较突出，如越南，中国企业在当地投资建设的基建项目可能遭遇当地黑恶势力的恶意破坏甚至偷盗；如菲律宾，在 2018 年受恐怖袭击影响的国家中排名第十。地区安全问题不理想极易给中国企业带来严重经济损失及人员安全风险。

2.4 资源环境方面

2.4.1 优质劳动力资源匮乏，复合型人才稀缺

根据世界银行相关调查，中国企业海外投资项目约三成是失败的。在中国企业“走出去”过程中所面临的严峻内部挑战是国际化人才稀缺（特别是既懂专业技术，又有跨文化管理经验的复合型人才）和缺乏“国际化人才管理机制”。“一带一路”倡议推进至今，部分东南亚国家由于劳动力专业技能欠缺、工作效率赶不上“中国速度”等问题频繁发生劳工冲突。为保证东盟国家本国就业，其工程承包市场对外来劳务工采用有条件开放政策，如泰国每输入一名外国人员需雇用四至五名当地劳工，外国输入一般工种劳务也受到严格的限制[34]；马来西亚还未对中国开放普通劳务市场；老挝规定，外国投资者使用外籍劳工长期工作，体力劳动者不能超过本企业劳工总数的 10%，脑力劳动者不能超过 20%；越南对外籍劳工劳动许可证及商务签证的申请办理难度较高、手续较复杂、办理总成本偏高，尤其是中国

籍劳务工人办理许可证问题较为突出，环节烦琐、办理时间需半年左右，劳动期限仅为2年，且为了限制中国籍劳务工人进入，越南还规定生产型企业雇用外籍劳工数量不得超过本地劳工的3%。因此，中国企业在东盟投资的基建项目通常会采用大量当地劳务工人，而东盟国家劳务工人普遍欠缺技术，施工效率较低，专业技术型人才匮乏，项目人员主要由中方外派技术骨干及当地建筑劳工构成。因文化习俗、语言、工作态度、业务能力等方面的差异给管理层、执行层人员在长期共事中产生了颇多阻碍，且在技术沟通上存在一定语言及理解障碍，使得项目建设面临着缺工断层的影响，工程建设市场用工供需矛盾突出。

2.4.2 东盟国家土地私有化程度高，土地政策不健全

基础设施建设一般规模较大，且铁路、公路等基础设施呈带状分布，辐射范围较广，而东盟国家土地私有化程度较高，土地制度相对复杂，致使项目前期征地困难。如马来西亚土地归各州政府管辖，联邦政府仅能起到协调作用；外商投资者在越南仅能够通过租赁获得土地使用权，且年限仅为50年；印度尼西亚雅万高铁项目2015年底签署融资合同，但2017年5月其征地进度仅为58%，征地问题严重影响工程进度。有不少企业在投资东南亚国家项目时由于土地问题得不到及时妥善的解决而导致项目进展缓慢或不了了之。征地、拆迁、改迁范围难免涉及私人土地，易影响当地居民的正常生活，通过拆迁解决基础建设用地问题可实施性较差，即使采取有偿征用土地，被征收土地居民也可能因补偿机制不可观而反对出让，且东盟国家普遍缺乏拆迁安置经验，拆改迁机制不健全导致拆改效率低，大型基础设施建设前期工作无法按期完成。因此，征地困难是中国企业投资东盟国家基础设施建设前期工作需要突破的障碍。

2.4.3 东盟国家基建产业链不完整，未形成有效协同

基础设施建设需要大量材料及设备，而东盟国家基建资源链不完整，给中国企业投资带来资源调度成本。东盟国家通常仅能提供施工所需的部分物资，工业水平较为落后，相关企业水平参差不齐，无法提供与目前基

础设施建设标准相适应的大型机械设备及维护维修工作，需由中方从国内或其他地区调配高质量的重型设备、机具、水暖五金、建筑材料等物资，在项目建设阶段庞大的进口物资费用无疑会增加建设成本，且物资供应效率也受到东盟国家货运条件的制约，物资时效性得不到保障。如吉隆坡MRT地铁项目，其资源供应采用代理商模式，代理商到国外临时组织货源，储备货源不足，造成短期内材料和设备供应紧张，影响施工进度。

2.4.4 自然灾害风险与环保问题

地震、海啸、洪水等自然灾害及疾病等卫生问题在东盟国家频发，自然灾害及卫生问题影响范围广、破坏威力大，给基建施工及人员安全带来巨大威胁。

东盟生态环境优越，社会经济发展绝不能以牺牲环境为代价。密松水电站曾因修建水坝会破坏下游的生态环境而遭到当地民众反对，使项目搁置；中泰铁路2017年曾因项目环评未批准通过而延期动工[35]。可见中国企业在投资东盟国家基础设施建设初期对当地环保问题的重视程度未能得到当地民众的认可，易招致当地政府和民众的反感和抗议。

2.5 其他方面

2.5.1 现有基础设施滞后，技术标准与国际标准不统一

部分东盟国家如泰国、缅甸、越南、老挝、柬埔寨、马来西亚、菲律宾的现有交通基础设施相对滞后，难以满足投资者的需求。铁路、公路网络密度不足且缺乏卓有成效的保养，以及交通系统运输效率甚微等现状削弱了其发挥连接通道的作用，不仅阻碍了其与周边邻国经济、文化等各方面的交流，也制约了其国内经济社会的发展，给中国企业在当地投资造成机械设备、人员、材料等运输困难、耗时长的问题。部分东盟国家的交通运输尤其是铁路运输干线布设及运营效率和现代社会需求格格不入，使交通运输失去了时间、成本、运量等竞争优势。另外，与我国直接相连的泰国、越南、

缅甸、老挝四个国家的铁路大部分仍使用“米轨”，且设施老旧，轨道宽度仅为1000毫米，与我国使用的国际标准轨1435毫米不统一，最高运行时速被限制，升级改造难度大。轨距的差异使得铁路网难以有效整合统一，削弱了以交通枢纽支撑其客运流量及经济发展的能力，不仅降低了高铁项目回收投资的能力，而且无法全面证明中国高铁所赋予的联动效益。技术标准面临着差异、空白、交叉、冲突等制约问题，项目推进及基础设施连、通、畅等后期整合规划、联动布局必将经历双方或多方协商、认同的瓶颈环节。港口方面，泰国曼谷和马来西亚槟城港、巴生港均随着国际贸易快速发展，其承运能力不足的问题逐渐显现，制约货物运输时效。缅甸仰光港要承运缅甸80%进出口货物，但港口周边交通基础设施配置不足，且水路运输极易受季节影响，严重阻碍港口运输发展。

2.5.2 我国涉外投资企业管理体系缺乏灵活性

东盟十国的投资环境各不相同，中国企业投资东盟国家基础设施建设过程中应当充分遵循当地市场经济规则。但我国企业常从短期内利润最大化的角度出发，在管理思维和管理方式上无法完全融入当地市场环境，且习惯于利用已有的建设管理经验来延续境外投资的管理，过于单一和固定的管理模式不利于在面对重大变动时做出快速反应和及时调整，管理缺乏灵活性。另外，组织结构的不完善或内部管控失效也容易导致决策失误或法律后果。

本章小结

本章针对中国企业投资东盟国家基础设施建设问题从政治、经济、社会文化、资源环境及其他方面展开剖析。政治方面，首先，中国企业投资东盟国家基础设施建设受到西方多国阻碍，且中国与东盟部分国家政治互信不足，加大了中国企业投资谈判的难度；其次，部分东盟国家政治环境不稳定，中国企业投资项目容易受到当地政局影响。经济方面，存在中方贷款利率优势不明显、基建项目财务风险较高等问题。社会文化方面，首先，随着中国企业在东盟投资的规模逐渐扩大，国际社会部分舆论认为中国在进行政治渗透而非纯粹的经济建设，难免会导致被投资国对中国企业投资的看法偏颇；其次，还存在中国企业在东盟国家本地化程度不高、地区安全等问题，致使中国企业跨境投资推进存在一定社会阻碍；再次，部分东盟国家腐败问题严重，中国企业在跨境投资前期可能要承担因理顺与当地政府关系而产生的代理成本和无形成本。资源环境方面，中国企业面临优质劳动力及人才资源匮乏、东盟基建产业链不完整以及自然灾害等问题。其他方面，首先，部分东盟国家现有基础设施滞后、与国际标准不统一，致使相关技术难以有效整合统一，原有基础设施无法满足中国企业在当地建设运营效率要求；其次，我国涉外投资企业管理体系也存在缺乏灵活性等问题。本章从多方面对中国企业投资东盟国家基础设施建设面临的问题进行归纳及提炼，这些问题是现阶段中国与东盟国家在基础设施领域投资合作亟待陆续突破的瓶颈。

3 中国企业投资东盟国家基础设施建设的策略探讨

根据本课题中期研究成果，即东盟十国的国别研究报告(见附录)，中国企业在东盟各国的基础设施投资普遍存在政治互信不足、域内外多方势力博弈、被投资国政策体系不健全、资金及人才缺口、本地化程度不高、原有基础设施运力不足等共同问题，但这些问题在不同国家的形成原因和关键症结有所不同。如越南、缅甸、泰国、马来西亚等国，属于竞争需求驱动类型，关键症结在于受域内外多方势力竞争影响较大，本地化效果不显著，因此需从政府推动、企业转变思维等方面重点应对和解决；老挝、柬埔寨、菲律宾、印度尼西亚、文莱等国，属于合作需求驱动类型，应结合当地需求去着重建立及完善基础设施建设。因此，本章从多维保障、企业融入及其他方面展开对中国企业投资东盟国家基础设施建设的策略探讨。

3.1 基于多维保障的投资策略分析

3.1.1 加强双边与多边政治互信，因地制宜制衡博弈

首先，中国企业可通过加强双边对话、多边交流、平等沟通的方式来推动中国与东盟互利合作，不断增强政治互信。平等的对话沟通是缓解矛盾、消除嫌隙的基础。中国与东盟不应将基建合作仅置于外交层面的周旋上，需通过开展多番真诚交流突破合作面临的各类瓶颈问题，避免由于语言、文化等差异及表达不充分造成对谈判成果的曲解。在合作过程中必然存在利益交集、利益冲突，战略互动是否良性就取决于合作方式是采取自由主义战略还是对冲战略。自由主义战略单纯强调合作的好处，遭遇他国制衡时唯一的方法就是向对方输送更多好处；而对冲战略则转而强调不合

作的坏处,通过向对方显示不合作的代价与利益损失,诱使对方合作[36]。中国应充分保持技术自信,坚守本国战略定力,针对东盟国家对硬件投资、软件和运营系统管理等方面的需求驱动合作意向,适时、适量向被投资国转让部分基础设施建造、维修等精良技术,培养专业型基建人才,使其意识到中国基础设施建设领域的优势及辐射面,并同时准备好与东盟国家合作冲突时的反制手段。

其次,对于中国企业在东盟投资大型基础设施建设,国际社会囿于中国的快速发展而抱有诸多猜测,对中国企业投资动机产生怀疑,此时中国应当充分体现大国担当。就日本而言,其在东南亚地区基础设施建设的目的首先是为了拉动日本经济复苏,然后才是实现与东盟共同繁荣;而中国则是在国际社会上践行大国责任,带动东南亚地区共同进步。日本在东盟国家的投资多为就项目论项目,缺少大思路、大格局[37]。日本大力推行新干线技术过程中着重向当地民众展现其技术的体验感和优越性,而中国则对整个亚洲的基础设施发展有长远的规划和担当,不仅考虑基础设施项目对于中国东盟互联互通的意义,还提出人类命运共同体的构想,体现了大国的大思路、大局意识和统筹意识。因此,面对域外势力干扰,中国在保持现有大格局的基础上深入各地,充分了解当地需求,因地制宜做好基础援建,必将带动中国与东盟合作朝高层次、高格局发展。

3.1.2 防范被投资国政治及贪腐风险

首先,中国企业应重视可行性研究,做好长远规划以应对政权更迭。在投资东盟国家项目前,中国企业应充分考虑项目是否跨越多届政府、现任政府能否连任等问题,对被投资国政治环境做全面分析,对自身承担政府更迭风险能力做出合理评估。若现任政府未连任,在签订项目合约时能否为项目提供继续建设的担保,或授权第三方为项目担保并承诺将项目损失降至最低。因此,投资项目前应建立风险评估、项目投保、及时止损和多元化机制,特别是做好项目投保和及时止损工作。根据被投资国投资环境、政治环境和市场环境的实际情况制定相关投资策略,避免随大流式投资,必要时引进国际专业咨询机构,全方位和有效地对被投资国政治和市场环境等进行调研与可行性分析,将损失的可能性或损失程度降至最低,提高投资回报率。

其次,中国企业应重视自省自查、接受监督,应对贪污腐败。基础设施建设领域具有投资额巨大、周期长的特点,在项目全周期的任何环节都可能滋生腐败,因此,投资涉外基础设施领域的企业,更要全力配合反腐行动,建立内部审查、外部监督机制。一是承发包双方分别成立反贪小组,将财产申报制度引入投资项目。保证反贪小组在项目中的地位,相互制约,以有效达到监督防范的效果和力度,且行贿、受贿双方谁先举报可将其视为受害人,只追究另一方责任,不仅利于及时掌握信息,还加大了贪污的风险,对预防腐败起到积极作用[38]。引入财产申报制度,将监督关口前移,依据项目总工期,按一定时间比例,项目所涉及人员均向对方反贪小组上报其财产情况,以确保其收入来源正常。企业做好反腐反贪的内部合规工作,以减少风险。二是严惩腐败。无论贪污程度轻重、数额大小均要受到严厉制裁,提高贪污犯罪成本。三是建立信息化平台,将工程建设整个过程公开,使资金的运行透明化。将项目建设计划、资金需求计划上传平台,使资金流向、资金用途、项目进展等均可在信息化平台上查询及跟踪,使整个项目资金动向公开、透明,保证社会的知情权和监督权,使教育、监督、惩罚机制有机结合并且有效贯穿工程建设的全过程。

3.1.3 建立投资保障与应急处理机制

基础设施建设项目具有建设周期长、资金投入大、辐射范围广等特点,因而更易遭受被投资国政治环境不稳定、地区安全问题、大国战略冲突、民间组织反对等非商业性风险,应从国家及企业两个层面为中国企业投资东盟国家基础设施建设提供保障。国家层面,一是加快对我国海外投资保险法律制度、《多边投资担保机构公约》担保制度、我国与东盟签订的投资条约以及外交保护法律制度的完善,推进国内外保障机制有效衔接。二是重视中国出口信用保险公司的作用,完善中国企业对东盟国家投资的保障制度,加大国家支持力度。三是加强同国际投资争端解决中心(ICSID)合作,建立符合中国企业投资特点的争端处理机制。四是将利益冲突纳入法制程序,制定《中国-东盟互联互通关于利益冲突共同决定法》,并建立各方席位、表决权相等的监督委员会,成立中立机构——争端协调中心,切实预防和解决利益冲突。企业层面,一是善于利用第三方机构对企业投资及应急事件处理进行全方位保障,分散和转移风险;二是提高自身投资风险预判能力及对外谈判能力,将风险端口前移并加以预防。

3.1.4 适应土地政策复杂性,妥善处理征地问题

加强与东盟国家及地方政府沟通。从政府层面,一是中国政府与东盟国家中央政府及地方政府共同建立征地协商机制及谈判机制。争取从政府层面为中国企业在东盟国家投资基础设施建设解决征地问题,与当地政府及拥有土地的民众进行有效谈判协商,平衡各方利益。二是建立多元化征地补偿安置机制。以货币及住房安置的形式对被征地者进行补偿且公示,建立相应补偿标准和动态调整机制。同时将土地上的附着物也纳入补偿评估范畴,形成立体化征地补偿机制。地方及项目运营方可根据基础设施后期运营状况,视土地出让者的合作程度划分层级,对其家庭成员的教育、医疗等开支进行必要的支持,或扩大福利范围,积极履行好对基础设施项目所在地区经济社会发展、就业及环境保护等社会责任。三是从政府层面招商引资,引入社会资金参与征地补偿,一方面减缓政府财政压力,另一方面使被征地者不花钱就能被合理且有发展地安置,增强被征地者对政府征地的信心。从企业层面,一是企业联系当地政府提前开展征地补偿前期工作,可先为有意愿被补偿安置的居民进行补偿及安置,做出表率及示范。二是对于公路、铁路这些呈带状分布的基础设施,若存在零散的拒绝征地者,则在项目规划允许的条件下对项目规划做出细微调整,这就需要项目在进行路线规划时充分调研征地情况,保留一定可优化空间,最大程度保证当地民众自身利益和项目进度。三是将征地补偿安置流程智能化,形成用户管理、数据管理、合同管理等功能,使征地补偿安置各方可实时查看征地补偿安置进度,系统依据征地面积、类型、片区综合定价等条件自动统筹计算征地补偿款,省去了资料由人工送审、批复等环节,提高征地补偿安置的效率,使被征地者尽快得到补偿,减少征地问题对项目进度所造成的影响。

3.1.5 拓宽融资渠道,探索利益联结机制创新

中国企业投资东盟国家基础设施建设在把握对外合作机遇的同时,应

坚持本国原则，避免因合作贷款利率分歧陷入被动局面，在友情援建的基础上以成本为底线，综合各方风险，保障本国合理利益。

拓宽资金来源渠道，保证资金供应。政府方面，采取适当政策激励民间资本参与：一是私募股权基金参与投资，让大型国有企业带头，加大政策支持力度，政府对其税收给予一定优惠，这样会降低部分私人资金所要承担的风险。二是采用设备租赁的多赢模式，将实用性强且便于收回的设备出租，既可以给中国制造“走出去”创造机会，同时缓解沿线国家引进中国设备的资金压力[39]。三是利用好银行等金融机构，将对回报率要求不高、融资成本较低、可融资性较高的资金盘活，投入基础设施建设中，如社保基金等。四是创新投融资模式，可发展易货型投融资，如“高铁换大米”式的投融资模式。另外，加快人民币离岸市场建设，建立多币种支付清算渠道，保障企业尽快完成清算工作。随着人民币加入 SDR，我们可在自贸区内加大开展对东盟跨境人民币流通业务，如人民币贷款、境外发债等业务，以推动人民币跨境投融资；利用亚洲基础设施投资银行等投资平台提供投资担保，为国家层面资金的融通运作提供支持与保障。企业方面，中国企业与被投资国当地有实力、有信誉的公司进行合作，共同为项目提供资金支持，拓宽资金来源。当地企业更熟悉当地营商环境、资金环境及市场环境，可为项目在资金计划上提供建设性意见，使项目资金用在刀刃上，提高资金的利用效率。

灵活集成现有投融资模式，平衡各方权责。中国企业可采用 PPP 与 EPC 相结合的模式开展基础设施建设。由中国建筑企业与被投资国企业共同出资成立联合体公司，负责项目部分融资、建设及特许期权限内的运营维护工作，规定其存续期及年固定收益，年固定收益以外的部分归属政府，各出资者按出资比例享有联合体公司股权并取得相应份额的运营收益。被投资国中央政府和地方政府也按比例承担融资责任，对建设费用资金筹措予以支持：对公益性较强的项目，中央政府融资比例大于地方政府；对商业性较强的项目，中央政府与地方政府可等比例融资。同时，提供资金补贴及部分政策性优惠：如铁路、公路基建项目可通过提高票价、公路通行费等加速投资回收；赋予联合体公司开发基建项目沿线土地的权利，如对高铁站配套商圈，高速公路服务区，港口码头物流园、产业园等进行合理布设与开发；为项目建设提供优惠的水、电价格，力求降低建设成本；在项目运营初期若未达年固定收益，则由政府财政资金给予差额补贴等优惠举措。指定政府机构负责监管相关基建项目资金使用状况，特许期满后，被投资国政府出资回购该基建项目。此方式缓解了政府的债务压力，最大限度发挥了中国与东盟国家企业在资金筹措、管理的优势，通过多方参与分散了基建项目投资大、建设期长、效益回收慢等风险，也充分调动被投资国对基础设施项目建设的积极性，使之保持参与感，被投资国在基建项目中做重大决策调整时也会充分考虑各方权益。

3.2 基于企业融入的投资策略分析

3.2.1 加强多层级往来，全面打通融入障碍

中国企业应积极承担社会责任，加强民心建设力度。积极寻求被投资国各级政府、民间组织以及大众的利益共同点，改变“自上而下”的习惯，应“上下并进”，使当地民众切实感受到项目建设带来的利益和发展。

企业应充分结合政府顶层设计，在平等的文化认同前提下实现“共赢”。帮助企业突破政策、文化、社会等差异束缚，使中国企业在当地立足。除领导人的首脑外交之外，还包括省部厅级的交流，为双边交流提供良好的前提和条件。如在当前经贸合作框架下不断寻求扩大零关税覆盖面、电子跨境出口等投资贸易便利化机制；中国与东盟各国外交部、出入境部门可就人员往来便利化举措进行政策协商，从简化劳工工作签证申请程序向人员免签通行逐步过渡。

从商界企业层面，中国企业在“走出去”的过程中要以企业素质、企业责任为依托，满足当地民众之需、解决当地民众之忧，转变“赢得工程项目就一味埋头施工”的理念，通过积极参与社会公益活动、为政府消化庞大的当地劳工群体等举措，切实承担起相应的社会责任。通过在外事工作长期相处中的交流互鉴，不断积累海外业务经验。

从媒体企业层面，要把握宣传报道自主权。双方媒体平台间可自由寻求合作，政府与国家以政策辅以支持，权威媒体可开展深度合作，在适当时

间推出宣传中国文化的纪录片、广告等，播放中国基建发展历程、基建成果、互联互通普惠性专题纪录片等宣传素材，同时充分利用研讨会、考察团等形式加强中国与东盟媒体人员往来交流，为中国道路和中国政策发声，矫正国家形象，对惠及民生的两国合作做好沟通、宣传工作，竭力化解矛盾。

从民众层面，加强民信建设，促进中国与东盟民心相通，以知识、学术交流为纽带加深中国与东盟国家青年学子互访交流。双方高等院校积极合作，以中国与东盟互联互通发展之所需为基础，灵活开设专业课程，扩大留学生招生比例。针对交通领域、电力领域、科技领域等相关专业开展合作办学，以留学交流为契机，使东盟国家学子的知识体系、价值认知与中国相契合[40]。中国单方面宣扬“一带一路”红利远达不到增信释疑的效果，如日本企业投资东盟国家基础设施建设在民心沟通方面颇有成效，他们会组织当地民众切身感受基建带来的红利。中国企业也可借鉴，通过中国与东盟相关部门牵头、民间组织协助，组织民众实地感受中国整体基建发展水平和随之而来的联动效益，参照实例说话、用发展数据宣传，使东盟民众对基础设施合作从观望到了解，从了解到理解，从理解到支持，逐步改观。还可借鉴中国企业在东盟国家的成功经验，在修建基建项目的同时帮助当地民众改善条件、增加就业，如中国在老挝投资的水电站一般位于老挝的贫穷地区，因此中国企业除了建设水电站，为当地建设道路、卫生所、学校、警务室等外，也会帮助移民修筑相应的寺庙。

3.2.2 提高本地化建营程度，实现多途径合作

中国企业应主动承担社会责任，提高当地民众对中国和中国企业的好感，积极回应本土需求，树立正面形象，最终使中国企业更好落地被投资国，缓解当地就业问题，实行本地化建设和经营，逐步推进建营一体化[41]。

用好当地华人资源。华人企业的作用在东南亚不容小觑，在金融、基建、能源、贸易等各领域具有较强实力[42]。中国企业应重视当地华人的桥梁作用，当地华人对东南亚市场的了解和应对能力，以及其长期积累的资源都有利于中国企业在当地进行投资建设。另外，中国企业还可选择专业咨询机构提供咨询服务，便捷高效完成当地证照办理和审批，向企业提供

最优投资及建设优化建议。

强化资源整合能力,减少调度成本。针对工程建设所需原材料、零配件、基础机具等资源,成本较低且需求量大,本地供应商具有价格优势且便于实地考察,可广泛征询中国驻当地使馆经商参处、中资企业商会、被投资国官方机构等各方意见,从当地招募物资供应商、建筑分包公司、工程咨询机构等,并建立长期合作关系。此外,联营体模式已成为我国建筑企业进入海外市场的有效途径,通过中国与被投资国优秀企业组成利益联合体,学习彼此的管理经验及发展模式。

突破劳工、技术壁垒。针对人力资源紧缺及专业化程度差异,一是可充分利用中国与东盟高等院校、职业技术学校等开设专业课程,帮助培养相关人才学习、掌握专业化知识、实操技术及应用能力,达到各梯度特殊人才跨境或属地培养;二是通过在职培训,按照岗位职能选择当地劳工传授关键工序的操作技术,随着工作经验的积累逐步升迁至技术管理层,选取能力突出的本地劳工担任培训老师,减少培训成本的同时也实现了技能团队的属地化培养;三是同时建立并实施海外项目人才机制,即在合适的项目、合理的期限内,以合理的成本支出派出合适的人才,达到最优效果。中国企业应与当地企业积极交流发展经验,基于当地社会文化环境共同探讨如何优化人才培养、管理模式,探寻出具有当地特色的工作激励机制。针对技术差异、被投资国技术水平不满足实际需求等问题,中国与被投资国可牵头建立基础设施领域研发中心或技术研究院,联合研究、信息共享,被投资国可充分借助中国完善的基建工程教育体系,在国内高校规划、建立、完善基建领域相关专业,打造人才聚集高地,提升基础设施建设自主权。另外,可通过中国与东盟国家双方共建产业园引进技术平台、制造平台,逐步形成重型设备、新型材料等相关基建产业链,实现由产品输出向技术输出的本地化经营转变,通过本地化制造,有效避免境外运输成本高、周期长、售后维护检修困难等问题。

3.2.3 发挥空间溢出与经济扩散效应

在区域经济发展中,所谓空间溢出与经济扩散效应是指某一区域的经济发展会在不同程度上对其他区域尤其是相邻区域的经济发展产生影响[43]，繁荣性的经济会带来聚集性经济，从而带来经济活动的外溢。随着"一带一路"倡议、中国-东盟互联互通、命运共同体等"共赢"理念从提出到逐步转化为现实，中国不断发挥负责任大国的作用，利用本国较大经济总量规模及发展优势辐射、带动及促进本国与东盟国家和地区的共同发展。因此，中国对东盟国家经济增长存在空间溢出与经济扩散效应，且纵观中国与东盟互联互通建设发展进程，其空间溢出效应主要通过外商直接投资(FDI)、进出口贸易、人文交往及其他交流活动表现出市场溢出、技术溢出、知识溢出及网络溢出效应等[44]。中国企业在投资东盟国家基础设施建设中往往会遇到材料、技术、人员等供应不足问题，因此企业应重视并利用好贸易、人文交流、竞争等渠道实现技术、人员溢出，填补技术及人才缺口。另外，中国企业还可以充分利用两国共建产业园的渠道优势在对应东盟国家产业园投资建厂，以构建生产聚集地，建立和完善基础设施领域相关产业链，一方面有利于填补基建材料缺口，另一方面可为当地提供大量就业机会。中国企业应当把握中国与东盟国家间的溢出及经济扩散效应，进一步推进在被投资国当地基建过程中的资源优化配置，促进项目建设。

3.2.4 以点带面、创新合作

中国企业投资东盟国家基础设施建设应以点带面，循序渐进，在企业对东盟国家投资发展战略制定中充分考虑近期、中期、长远期规划。在地区投资上，将重点区域、重点项目视为"点"，循序渐进全面盘活东盟基建投资市场。对于初入东盟市场的中国企业，可先在条件相对成熟的东盟国家或地区进行投资建设、创新投融资模式试点、试行管理与运营模式，获得早期收获后再对其他地区起到示范和借鉴作用，形成扩散效应，达到汇点成面深耕东盟市场的效果。在企业合作上，把企业视为"点"，探索小比例参股、投建营一体化等形式提高市场占有率，加强企业与企业间战略联盟，拓展创新合作型投资模式，将企业对外投资、拓展东盟市场与国家战略发展体系相结合，与外国企业和东盟国家企业合作，充分利用合作区的平台作用，对东盟市场做深入研究，取长补短，共同拓展东盟基建市场，也有助于实现本地化经营，但在合作过程中要充分注意竞合博弈才能实现共赢[45]。

3.3　基于其他方面的投资策略分析

3.3.1　以广西、云南等边境地区为地缘战略支点

中国云南省与老挝、越南、缅甸直接陆路相连，广西东兴是我国唯一与东盟陆海相连的城市，两地均在中国-东盟互联互通上拥有地缘优势。在政策及发展规划方面，2019 年我国新设云南和广西两个自由贸易试验区。其中云南战略定位为着力打造“一带一路”和长江经济带互联互通的重要通道，是建设连接南亚、东南亚大通道的重要节点，推动形成我国面向南亚、东南亚辐射中心、开放前沿。广西自贸区战略定位为着力建设西南中南西北出海口、面向东盟的国际陆海贸易新通道，形成“21 世纪海上丝绸之路”和“丝绸之路经济带”有机衔接的重要门户。在金融方面，云南、广西两地分别于 2016 年、2018 年推出面向东盟的跨境金融便利化服务，逐步推进人民币在边境贸易中结算比例及范围。地缘优势方面，云南与东盟 3 个国家接壤，侧重发展航空、铁路、公路等基础设施建设与东盟相连。2018 年云南昆明长水国际机场与南亚、东南亚通航点为 34 个，居全国首位；待(在)建的中缅、中老、中泰铁路建成后，昆明将成为泛亚铁路网的重点枢纽城市，有力推动中国与东盟互联互通发展。广西对国内则积极对接粤港澳大湾区发展，紧跟西南、中南地区发展，加快建设北部湾经济区，辐射东南亚、南亚经济发展；对外则把握西部陆海贸易新通道这条战略要道的发展契机，与东盟国家合作既侧重海上又兼顾陆上，并积极与重庆、四川、贵州、甘肃等地形成省际协同发展。

因此，我国西南区域的广西、云南两地应重视且发挥其门户作用，为企业“走出去”牵线搭桥、提供便利。中国企业尤其是广西及云南企业可充分利用两地地缘优势，由此通道直接面向东盟国家。中国企业在投资东盟国家基础设施建设前可充分将云南、广西两地地缘优势、政策优势与企业面向东盟国家的投资战略部署相结合。广西的“战略支点”则是依托广西地缘优势服务于我国中南、西南与东盟之间的合作交流及贸易往来，

广西企业则可借助地缘优势，依托战略支点作用与中南、西南地区优质企业合作拓展东盟市场，其他企业可利用地理毗邻优势就近调度在东盟国家基础设施建设过程中匮乏的建筑材料、重型设备等，也能够依托长期边贸往来优势更快融入当地文化。如广西柳工机械股份有限公司借助广西地缘优势将大型重型机械设备销至东盟国家并建立起成熟的销售及服务网络，其压路机在越南市场占有率靠前，装载机在马来西亚等地占有率遥遥领先。另外，中国企业需重视云南面向南亚东南亚金融服务中心建设和广西面向东盟金融开放门户，关注投资利好及利益相融政策，最大程度缓解投资压力。

3.3.2 分阶段、分领域深化投资合作

自"一带一路"倡议提出以来，我国不断促进与东盟国家的互利合作，充分利用资源和发挥了中国与东盟的优势。近年来大力发展的国际陆海贸易新通道、"两国双园"、中国-东盟信息港等，更是加速了中国与东盟合作发展，双方基础设施投资合作也迎来关键阶段。此阶段在基础设施领域已从最初的投资兴建到如今向高质量与可持续发展方向迈进。现阶段在东盟国家投资兴建、承包基础设施项目的多为大型央企、国企，下一步中国企业可组成企业联合体，形成以龙头企业优势带领、中小企业经验积累的发展局面，带动更多中小企业"走出去"，同时带动并加强与当地私营部门的合作，拓展东盟市场，积累符合企业自身优势的管理经验，为后续中小企业在东盟市场自力更生奠定坚实基础。

此外，东盟各国基础设施领域整体发展需求大，但各有侧重，中国企业应根据不同国家侧重的优先领域制定不同的投资战略规划。先重点投资优先领域，待中国企业熟悉当地投资环境，更好融入当地社会，在当地树立良好企业形象，形成符合本地的管理模式及运营方式时，再逐渐从该领域周边配套辐射，从而向其他领域重点辐射，逐渐将集中投资的资金分散。如在交通基础设施方面，与我国毗连的越南、老挝、缅甸的铁路、公路配置均阻碍中国与东盟互联互通进程，因此与这些国家首先要在物理上完成连通，构建完整且保证时效的铁路、公路网。马来西亚公布"第十一个马来西

亚计划(2016—2020)”,其中加强基础设施建设,支援经济扩张是该计划中的六大策略之一[46];加强公共交通网络及其他基础设施建设是带动未来五年经济增长的主要动力,特别是在沙巴州和沙捞越州等地的高速公路网建设将极大改善这些地区的基础设施,带动当地经济发展。根据东盟各国在能源方面的政策规划,柬埔寨对电力需求较大,国家承诺保证2030年70%的柬埔寨人能用上电[47];印度尼西亚、马来西亚、菲律宾、泰国、越南将大力发展可再生能源中的光伏产业;印度尼西亚、缅甸、新加坡、越南也出台了各项新能源政策,发展太阳能;菲律宾、越南则重点在风能方面有所投入,菲律宾将计划成为东南亚第一大风能生产国。现阶段东盟国家的可再生能源资源量比较丰富但整体开发程度较低,尤其是风能、光伏等新能源,亟须技术、设备、人才及电力基础设施支持,发展空间较大。因此,中国企业在投资东盟国家基础设施时应关注对应国家的相关政策及重点领域,结合中老、中缅、中文、泰国东部、印度尼西亚区域综合经济走廊,越南“两廊一圈”发展规划等,有针对性地进行投资建设。

3.3.3 生态环境可持续发展

我国在生态可持续发展方面拥有丰富经验。从政府方面,中国与东盟国家政府可围绕基础设施建设,加强利用科技手段建立有效生态环境检测与防范机制,可合作共建环境研究院,加强对生态环境可持续领域的研究。从中国企业方面,可将保护当地生态环境考虑到项目规划中,围绕项目建立有机融合的项目经济生态圈,保障基建项目所处区域生态环境可持续发展,民众享受项目建设发展红利。尽可能采用更为环保有效的新型施工工艺和技术,加强建设队伍生态环保意识,将环境破坏程度降至最低。另外加强与当地环保机构、部门沟通交流,及时悉知当地对环保的规划与要求,积极配合有关部门的环保举措。中国企业要时刻以最高标准严格要求,在投资中更加注重绿色环保才能提供最好的产品和服务,同时塑造出中国企业的海外品牌和形象,实现长久发展。

本章小结

本章针对中国企业投资东盟国家基础设施建设存在的问题从多维保障、企业融入及其他方面展开，进行策略探讨。本章通过分析得出，为使中国企业投资东盟国家基础设施建设得以顺利开展，就需加强双边与多边政治互信，制衡域内外势力干扰，防范被投资国政治及贪腐风险，建立投资保障与应急处理机制，建立多元化征地补偿安置机制，拓宽融资渠道，探索利益联结机制创新；需加强多层级往来，全面打通融入障碍、提高本地化建营程度、实现多途径合作、发挥空间溢出与经济扩散效应、以点带面、创新合作；需以广西、云南等边境地区为地缘战略支点，分阶段分领域深化投资合作，保障生态环境可持续发展。

4 结　论

本书从现状分析、问题剖析、对策探讨三大方面展开对中国企业投资东盟国家基础设施建设的研究。

(1) 针对中国企业投资东盟国家基础设施建设现状，从宏观建设现状、投资优劣势、投资环境、投资战略布局四方面展开梳理分析，并明确基础设施范围包含交通、能源及通信领域。首先，中国企业对东盟各国投资每年均有一定比例增加，但由于东盟国家发展水平、政策及开放性程度各有差异，因此中国企业对东盟各国投资比例及投资领域均有侧重。其次，中国企业投资东盟国家基础设施建设存在地理相邻、资源互补及中国发展势头良好的优势；同样也存在海外投资资金匮乏，优质劳动力及人才短缺、中国企业全面搜集信息难度大、部分中小企业缺乏长期发展战略等劣势。现阶段中国企业“走出去”的竞争力在国内机制支撑、资金支持及部门协作下逐渐增强，国内也在积极构建海外投资监管体系、海外投资保险制度等保护企业“走出去”。再次，对中国企业投资东盟国家基础设施建设投资环境进行分析。政治环境，存在域内外势力干扰、领土主权争端及被投资国政治环境不稳定的现象；营商环境，东盟各国均在积极改善本国营商环境，但改革力度仍待加强；社会环境，经济社会体制、法律和政策体系、劳工制度、行政办公效率等与中国均存在较大差异；人文环境，东盟大部分地区多为多民族、多宗教并存地区，社会人文环境错综复杂；生态环境，东盟部分地区易受自然灾害和传染性疾病影响。最后，分析我国在战略投资上形成市场互补型、产能转移型、建筑市场扩张型战略布局。

(2) 针对中国企业投资东盟国家基础设施存在的问题进行剖析，从政治、经济、社会文化、资源环境及其他方面展开论述。政治方面，存在域内外国家多方博弈，阻碍中国企业投资项目持续推进；政治互信不足，猜疑中国企业投资目的，部分东盟国家政治环境不稳定，中资项目推进受阻等问题。经济方面，存在中方贷款优势不明显，投资合作协调难度大；基础设施资金需求量大，中国企业财务风险高等问题。社会文化方面，存在社会舆论对中国企业投资基建项目存在偏颇；东盟部分国家腐败问题严重；中国企业在东盟国家投资基建项目本地化程度不高；中国与东盟部分地区社会宗教文化差异及地区安全的问题。资源环境方面，存在优质劳动力资源匮乏，复合型人才稀缺；东盟国家土地私有化程度高，土地政策不健全；东盟国家基建产业链不完整，未形成有效协同等问题。其他方面，存在东盟大部分国家现有基础设施滞后及我国涉外投资企业管理体系缺乏灵活性，不适应海外复杂投资环境的问题。

(3) 针对中国企业投资东盟国家基础设施存在的问题，基于国际投资理论与地缘经济理论两方面展开，提出相应对策建议。

基于多维保障的投资策略分析：①加强双边与多边政治互信、平等对话，突破沟通瓶颈，制衡域内外势力干扰。②防范被投资国政治及贪腐风险。做好长远规划应对政权更迭，引入第三方担保或国际专业咨询机构进行可行性分析。设立反贪小组与财产申报制度，建立信息化平台，使资金运行透明化。③建立投资保障与应急处理机制。加强同国际投资争端解决中心(ICSID)合作。善于利用第三方机构分散和转移风险。④建立多元化征地补偿安置机制，应对征地难题。⑤拓宽融资渠道，探索利益联结机制创新。鼓励民间资本参与投资、发展设备租赁模式与易货型投融资模式。与当地实力强劲公司联合，共同为项目提供资金支持。采用 PPP 与 EPC 相结合的模式开展基础设施建设。

基于企业融入的投资策略分析：①加强多层级往来，全面打通融入障碍。“上下并进”，从各层面使当地民众切实感受到项目建设带来的利益和发展。②提高本地化建营程度，实现多途径合作。用好当地华人资源。强化资源整合能力，减少调度成本。加强人才培养力度，健全海外项目人才管理机制，共建基建技术研发中心逐步解决技术难题。通过双方共建产业园引进技术平台、制造平台。③发挥空间溢出与经济扩散效应。善用贸易、人文交流等渠道实现技术、人员溢出，填补技术及人才缺口。利用两国共建产业园构建生产聚集地，建立和完善基建相关产业链。④以点带面、创新合作。可先在条件最优的国家或地区投资基建再逐渐向外扩散；处理好企业合作间竞合博弈，实现共赢发展。

基于其他方面的投资策略分析：①中国企业可利用云南、广西地缘优势，金融政策等与企业投资战略部署相结合。广西企业则可依托战略支点作用与中南、西南地区优质企业合作拓展东盟市场。②分阶段、分领域深化投资合作。实现从大型央企、国企投资向大型企业带领，再向大中小企业自由拓展的阶段不断迈进。根据不同东盟国家侧重的优先领域制定不同投资战略规划。③建立有效生态环境检测与防范机制，围绕项目建立有机融合的项目经济生态圈，尽可能采用更为环保有效的新型施工工艺和技术。

综上所述，中国企业投资东盟国家基础设施建设处在一个快速发展且关键的阶段，中国与东盟基础设施合作必将是一个长期性、跨国性的目标。这就要求上至政府首脑下至基层民众以加深了解、增进信任为前提，以基础设施建设项目合作为契机，逐步探寻可持续发展的合作模式，以期实现中国与东盟各国共建、共赢发展。

参考文献

[1] 王勤.论中国-东盟经济关系发展的新格局[J].太平洋学报,2019,27(1):84-92.

[2] 中国光伏企业海外产能集散地——东盟十国光伏发展现状盘点[EB/OL].[2019-05-29].https://www.energytrend.cn/news/20190529-69833.html.

[3] 朱雄关."一带一路"背景下中国与沿线国家能源合作问题研究[D].昆明:云南大学,2016.

[4] 李媛.欧盟对华光伏产品"双反"的原因与影响分析[D].长春:吉林大学,2016.

[5] 于晓.中国会否加强与东盟合作对冲中美贸易战影响?[EB/OL].[2018-07-17].http://boujiahao.baidu.com/s?id=1606228523467029977&wfr=spider&for=pc.2018.07.17

[6] 张娟.中国企业对外直接投资的区位选择研究[D].上海:复旦大学,2007.

[7] 马硕鹏,何文渊.东盟油气资源概况及经贸合作前景[J].中国能源,2005(8):17-21.

[8] 王文生."一带一路"战略背景下中国与东盟国家钢铁产能合作研究[D].长春:吉林大学,2017.

[9] 高蓉杰.中国-东盟发展:优势互补 相得益彰[EB/OL].[2018-04-30].https://finance.huanqiu.com/article/9CaKrnK88qs.

[10] 宗芳宇.促进"一带一路"沿线投资[EB/OL].[2016-11-09].http://theory.people.com.cn/n1/2016/1109/c83865-28847448.html.

[11] 东盟国家有关行业投资鼓励政策[EB/OL].[2017-04-07].http://www.cacicc.org.cn/news_detail/newsId%3D74.html.

[12] 浩文.世行报告评估柬埔寨营商环境下降[EB/OL].[2018-11-03].http://www.sohu.com/a/272924803_99978839.

[13] 环球网.超级工程,中国铁路走出去新标志!马来西亚东海岸铁路开工[EB/OL].[2017-08-09].http://news.sina.com.cn/o/2017-08-09/doc-ifyixcaw3578806.shtml.

[14] 吴崇伯.中国在东盟国家的工程承包和劳务合作现状、问题与对策思考[J].东南亚,2005(1):27-32.

[15] 中央党校省部级干部进修班(第57期)"战略思维与领导能力"研究专题第二课题组,王卫星."一带一路"战略面临的风险挑战及对策研究[J].理论视野,2015(8):58-64.

[16] 杨宏恩,孙汶.中国与东盟贸易的依存、竞争、互补与因果关系研究[J].管理学刊,2016,29(5):6-14.

[17] 周金城,陈乐一.中国-东盟服务贸易的互补性与竞争性研究[J].经济问题探索,2012(10):107-111.

[18] 李嗜成,万月."一带一路"背景下中国-东盟产能合作研究[J].现代管理科学,2018(5):27-29.

[19] 赵静.中国-东盟国际产能合作战略研究[J].宏观经济管理,2017(5):57-63.

[20] 云倩.中国-东盟科技合作现状及对策研究[J].经济与社会发展,2019,17(3):33-38.

[21] 严佳佳,曾金明."一带一路"倡议下我国与东盟产能合作研究[J].福州大学学报(哲学社会科学版),2018,32(3):34-42.

[22] 卢增和,梁国庆,许树承.中国对外承包工程在东盟自贸区市场现状及分析[J].市场论坛,2012(2):21-22.

[23] 宋泽楠."一带一路"背景下中国向东盟的投资战略:基于中美日的比较视角[J].广西财经学院学报,2018,31(1):51-62.

[24] 陈慧."TPP"对中国-东盟自由贸易区的经济影响及我国应对策略[J].经济研究参考,2017(17):68-73.

[25] 李广杰,刘晓宁."一带一路"背景下中国对东盟直接投资的布局优化

研究[J].东岳论丛,2017,38(9):125-132.

[26] 周方治.中泰铁路合作的结构性瓶颈与应对方略[J].当代世界,2017,4(4):53-56.

[27] 丁梦.从高铁外交审视中日两国在东南亚的竞争[J].学术探索,2017(10):46-51.

[28] 赵洪.中日对东南亚基础设施投资竞争及其影响[J].国际论坛,2018,20(2):39-45,77.

[29] 邹春萌,王闯.中国-东盟铁路合作中的日本因素分析[J].复旦国际关系评论,2018(1):329-339.

[30] 周方治."一带一路"视野下中国-东盟合作的机遇、瓶颈与路径——兼论中泰战略合作探路者作用[J].东南亚纵横,2015,47(10):8-16.

[31] 付聪.中泰高铁变局背后:中日泰三方博弈 贷款利率只是表象[EB/OL].[2016-06-23].http://finance.sina.com.cn/stock/usstock/c/2016-08-23/doc-ifxvcsrm2247686.shtml.

[32] 唐文琳,唐明知.中国-东盟命运共同体背景下互联互通的建设[J].广西大学学报(哲学社会科学版),2016,38(3):101-108.

[33] 周婧,刘静.中国企业对马来西亚投资现状与前景分析[J].现代商贸工业,2013,25(19):74-75.

[34] 王冬梅.中国与东盟铁路互联互通建设研究[D].南宁:广西大学,2016.

[35] 国机聚焦.达岱水电站背后的故事[EB/OL].[2016-07-05]http://www.sinomach.com.cn/xwzx/gjjj/201607/t20160705_89271.html.

[36] 玛雅.中国高铁与"一带一路"的大智慧——专访西南交大中国高铁战略研究中心主任高柏[J].决策与信息,2015,4(4):8-20.

[37] FUNABLASHI Y, NINOMIYA A.Japan Needs to Think Big on Asian Strategy[EB/OL].[2015-06-21].http://www.eastasiaforum.org/2015/06/21/; apan-needs-to-think-big-on-asian-strategy/(accessed 20 September 2019).

[38] 陈伊璇,廖盛峰.新加坡、马来西亚反腐法律制度比较研究及启示

[J].经济与社会发展,2012,10(4):78-81.
[39] 赵凌.互联网巨头入市对房市租赁的影响分析[J].中国市场,2018(18):69,80.
[40] 陈胜辉,杨建羽,李小艺.东盟青年对"一带一路"倡议的认识与建议——基于对文莱、印度尼西亚、菲律宾、泰国青年的调查[J].广西青年干部学报,2017,27(3):6-12.
[41] 尚升平,翁如冰.马来西亚承包工程市场[J].国际工程与劳务,2013(7):24-26.
[42] 许培源,陈乘风.马来西亚在"海上丝绸之路"建设中的角色[J].亚太经济,2016(5):70-74.
[43] ROBERT E J L. On the Mechanics of economics development[J]. Quantitative macroeconomics working papers,1999,22(1):3-42.
[44] 徐东波,刘雅珍,孙若涵.中国与东盟国家经济增长的空间溢出——基于空间面板杜宾模型的实证分析[J].经济问题探索,2019(1):119-126,138.
[45] 潘思谕.中国企业国际战略联盟的价值创造及拓展途径——以中国与东盟企业的国际战略联盟为例[J].云南财经大学学报,2010,26(4):135-142.
[46] "一带一路"沿线国家案例分析——马来西亚[EB/OL].[2018-12-12].http://www.sohu.com/a/281533913_208218.
[47] 亨·菲克迪. 柬埔寨能源安全堪忧[N]. 中国能源报,2012-12-03(10).
[48] 张协奎,刘伟,黎雄辉.东盟国家的工伤保险制度[J].广西大学学报(哲学社会科学版),2015(5):71-79.
[49] 张协奎,苏彩虹.中国企业投资柬埔寨基础设施建设探讨[J].广西大学学报(哲学社会科学版),2018(2):73-81.
[50] 陈小红,张协奎,陈诗森,等. 中国-东盟综合交通优势度与区域经济耦合协调[J]. 交通运输系统工程与信息,2018(5):26-31,81.
[51] 张协奎,刘伟.中国-东盟产能合作:成绩、问题与对策[J].商业研究,

2018(10):91-97.

[52] HU F, ZHANG X K, HU M M, et al. Chinese enterprises' investment in infrastructure construction in Cambodia[J]. Asian perspective,2019,43(1):177-207.

[53] 张协奎,陈敬安.中国企业投资越南基础设施建设探讨[J].广西大学学报(哲学社会科学版),2019(2):98-106.

附录 国别研究报告

附录1 中国企业投资马来西亚基础设施建设探讨

1 引言

马来西亚是第一个与中国建交的东盟国家。目前，中国与马来西亚均处于经济转型升级的关键阶段，中马两国的近、远期发展规划高度契合[1]，中国提出的“一带一路”倡议也与东盟互联互通总体规划相对接，2015 年马来西亚政府提出国家发展第十一个五年计划，努力使马来西亚在 2020 年进入发达国家行列，说明两国在经济发展战略对接上具有可行性。附图 1-1 为 2011—2018 年马来西亚宏观经济数据，说明马来西亚经济增长率维持在 5%左右，趋于平稳，其 GDP 也在持续增长。世界著名评级机构穆迪在 2018 年 6 月对马来西亚评估级别为 A3，达到稳定级别。因此，在马来西亚

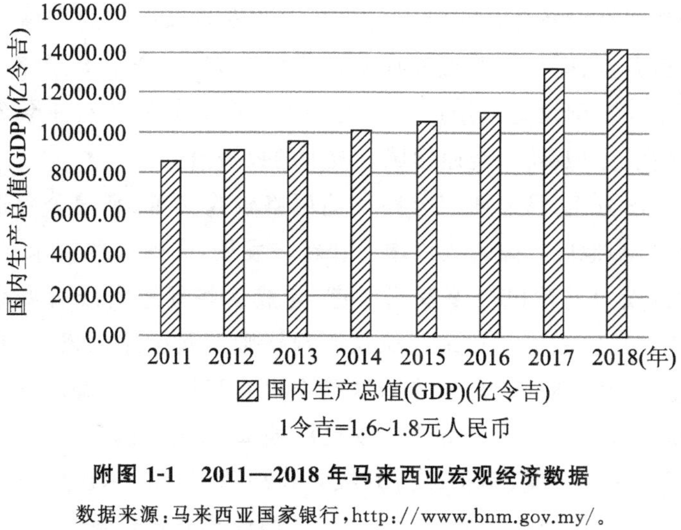

附图 1-1 2011—2018 年马来西亚宏观经济数据

数据来源：马来西亚国家银行，http://www.bnm.gov.my/。

大经济背景下中国企业投资马来西亚基础设施建设对两国的经济社会发展均有重要意义。

马来西亚地处东南亚中心位置，扼守马六甲海峡，连接海上东盟和陆上东盟，是“21 世纪海上丝绸之路”的重要节点国家。据我国商务部统计，2016 年中国对马来西亚非金融类直接投资同比增长 64.8%。2017 年中国对马来西亚直接投资流量 18.3 亿美元，直接投资存量 36.34 亿美元。在马来西亚经济发展中，外商成为重要推动力。世界银行《2018 全球营商环境报告》显示，马来西亚 2018 年营商环境报告在全球排名第 24 位，在东盟地区仅次于新加坡。因此，在此大环境下持续推进互联互通建设，打造多元化合作平台，深化交通运输、港口、电力等基础设施领域的合作，对中马两国发展、造福两国人民有重要意义。

2　中国企业投资马来西亚基础设施建设现状分析

2.1　马来西亚基础设施建设现状

马来西亚的基础设施相对比较完善，政府重视对高速公路、港口、机场及通信网络、电力等基础设施的投资和建设。马来西亚现有基础设施能较好地为各类投资者服务，但随着国家不断发展，其各项基础设施也需与之匹配升级。马来西亚制造业投资占 GDP 近 1/4，特别是临海临港的制造业需要大力发展港口及海陆联运来实现产业的发展和产品的转移。占 GDP 超一半的服务业，同样也需要相应基础设施配套，使产业要素流动更便利化。政府未来基础设施建设计划也为外来投资和开展工程承包提供了契机，尤其是在港口及轨道交通领域有较大的投资潜力。

公路铁路方面，马来西亚公路交通网络较为完善，高速公路遍布各主要城市、港口和地区。随着人口增长和经济发展，高速公路需求日益强烈。例如正在建设中的沙巴泛婆罗州大道，建成后将促进沿线各城镇要素流动，极大改善沙巴经济。马来西亚铁路网络则不及公路网发达，铁路多为单线，且主要为“米轨”。马来半岛铁路网由西海岸线、东海岸线及其他支线构成，是马来西亚主要动脉[2]。现已将西海岸线改造升级，东海岸线设施老旧，运行速度缓慢，亟须改造升级。马来西亚交通基础设施行业产值在基础设施行业产值中占比超过 50%，其中铁路基础设施建设，尤其是高铁建设将成为马来西亚发展的重中之重，也是中国企业在马来西亚的重点投资方向。港口方面，马来西亚内河运输无法满足需求，95％的贸易通过海运完成，主要国际港口包括巴生港、槟城港、丹绒柏勒巴斯港及关丹港等，巴生港作为马来西亚最大港口，濒临马六甲海峡，是东南亚集装箱的重要转运中心，其深水码头可以停靠世界最大吨位的货船[3]，对于世界各国均具有重要战略地位。由于许多国家将转运中心从新加坡转移至巴生港，因此，巴生港迫切需要改扩建升级从而提升海运竞争力[4]。港口建设是马来西亚扩大及优化其基础设施建设的重要领域，也为外商在马来西亚的投资带来新的契机。2017 年，中马港口联盟成员由 16 个增加到 21 个。电力方面，马来西亚的电力由公共能源公司(占 98％)和独立的私人发电厂提供，2015 年人均发电量约 4695 千瓦时。

2016 年 5 月，马来西亚公布“第十一个马来西亚计划(2016—2020)”，其中加强基础设施建设、支援经济扩张是该计划中的六大策略之一。加强公共交通网络及其他基础设施建设是带动马来西亚未来五年经济增长的主要动力，特别是在沙巴州和沙捞越州等地的高速公路网建设将极大改善这些地区的基础设施，带动当地经济发展。

2.2　中国企业投资马来西亚基础设施建设现状

在“一带一路”倡议和中国-东盟互联互通规划大背景下，我国与东盟国家交流合作日渐频繁，给中马两国在更宽领域、深层次的互通合作带来新契机。据统计，2016 年我国在马来西亚新签订工程承包合同 666 份，合同金额突破 100 亿美元，同比增长 56.1％，完成营业额约 47.5 亿美元(附表 1-1)。

附表 1-1　中国对马来西亚承包工程完成营业额(单位:万美元)

年份	2007	2008	2009	2010	2011	2012	2013	2014	2015	2016
金额	64985	75669	115398	130840	214546	237311	253013	310112	356227	474809

数据来源:中国国家统计局。

2013—2018 年，中马两国签订的基建及房地产项目总额接近 1350 亿美元[5]。我国在马来西亚承包工程项目量也逐渐增多，承包工程完成营业额从 2007 年至 2016 年持续稳步增长，项目范围覆盖马来西亚全境，主要涉及的基础设施建设包括桥梁、公路、铁路、水电站、港口等。2017—2018 年，交通、建筑、能源及公用事业在马来西亚发展热度较高，为中国企业投资马来西亚带来新机遇。

公路、铁路方面，中国交通建设集团有限公司承建的马来西亚东海岸铁路项目合同总额约为600亿令吉(附表1-2)，是我国企业境外在建的最大工程，也是“一带一路”倡议实施以来的最大单体项目，建成后将使彭亨、登嘉楼及吉兰丹三个州联动发展，同时减缓马六甲海峡运输繁忙的状况。以中国优惠贷款和马来西亚财政拨款为资金来源的马来西亚槟城第二跨海大桥于2014年通车，极大缓解了槟城交通拥堵问题，促进海峡两岸往来，带动槟城产业、经济和社会发展，同时展现了中国先进技术。

附表1-2　中国企业投资、参与马来西亚轨道交通及路桥基础设施领域重大项目

序号	项目名称	中国企业	项目简介	项目进展
1	马来西亚东海岸铁路项目	中国交通建设集团有限公司	中国企业境外在建的最大工程；全长688千米，合同金额约600亿令吉，工期7年	2016年11月签署协议；2017年5月签署二期工程商务合同；2017年8月开工；2018年5月项目被暂时叫停；2019年4月以合同额440亿令吉、里程608千米重启计划
2	金马士—新山双线电气化铁路改建项目	中国铁建-中国中铁-中国交建联合体有限公司	正线全长191.14千米，合同金额为89亿令吉，工期48个月	2018年4月开工
3	吉隆坡MRT地铁2号线	中国交通建设集团有限公司	EPC模式；全长56.8千米，合同额10.07亿令吉，工期67个月	2016年8月中标；2017年1月A标工程进入主体施工阶段
4	沙巴泛婆罗州大道	中国参与	全长2239千米，总投资270亿令吉	2012—2015年已拨款4.57亿令吉；第一阶段工程将于2021年竣工
5	马来西亚槟城第二跨海大桥	中国港湾工程有限责任公司	东南亚最长跨海公路大桥；总投资约14.5亿美元；全长22.5千米	已于2014年通车

马来西亚近年来大力发展港口基础设施建设，中国企业在马来西亚投资的港口基础设施(附表 1-3)则具有重要战略价值和经济意义。由于巴生港承载能力现接近饱和，加上港口码头水深的限制，导致大船仍然无法停靠，近年来使马来西亚在与新加坡的航运发展竞争中一直处于劣势[5]，因此皇京港深水码头项目建设意义重大。关丹港的建设则首要服务于马中关丹产业园，推动产业园要素流动，优化配套设施。

附表 1-3　中国企业投资马来西亚港口基础设施领域重大项目

序号	项目名称	中国企业	项目简介	项目进展
1	马六甲皇京港深水码头项目	中国电建集团国际工程有限公司	马来西亚国家级二号工程；深水码头预计投资 80 亿令吉	—
2	关丹港深水码头项目	广西北部湾国际港务集团有限公司	预计投资 550 亿令吉，配合马中关丹产业园发展，建成后港区总吞吐能力可达 5200 万吨	2015 年集团投资关丹港 40% 股份；2015 年 4 月增建码头开工；2018 年一季度第一个 15 万吨级码头建成投产；2018 年 9 月项目试运营

在能源领域，中国企业助力马来西亚电力能源基础设施领域的建设和发展(附表 1-4)，极大改善当地电力不足及能源输送问题。

附表 1-4　中国企业投资马来西亚能源基础设施领域重大项目

序号	项目名称	中国企业	项目简介	项目进展
1	中广核集团收购 Edra 电站及其 13 个电力项目	中国广核集团有限公司、中国南方电网有限责任公司	2008 年以来东南亚地区海外直接投资最大能源类收购项目	2015 年 11 月成功收购；2016 年重点推进马六甲燃气发电厂项目；2018 年南方电网收购 Edra 37% 的股份

续附表1-4

序号	项目名称	中国企业	项目简介	项目进展
2	巴林基安2×300兆瓦燃煤电站工程	上海电气集团股份有限公司	马来西亚最大循环流化床锅炉燃煤电站,东马最大火力发电机组;工期40个月	2014年11月开工;2018年1月二号机组进入试运营;2018年8月275千伏厂用电倒送电一次成功
3	沐若水电站	中国三峡总公司-长江三峡经济技术发展有限公司	EPC合同总价约为58亿人民币,总装机容量944兆瓦;工期5年	2008年10月开工;2013年8月实现导流洞下闸,开始蓄水;2015年5月全部建成发电
4	巴贡水电站项目	中国水利水电建设股份有限公司	马来西亚最大水电项目	2002年中标;2010年10月下闸蓄水
5	沙巴天然气管道(TSGP)项目和多介质管道(MPP)项目	中国石油管道局	EPCC模式建设;TSGP管道全长662千米,总投资40亿令吉;MPP管道全长约600千米,总投资53.5亿令吉	2016年11月签署设计、采购、供应合同;2017年4月开工,2018年7月因马来西亚政权更迭,项目暂停
6	边佳兰炼化一体化项目(RAPID)	中石化炼化工程(集团)股份有限公司	总投资270亿美元;预计到2035年,边佳兰将成为亚太地区石油和天然气枢纽	2015年6月开工;2018年7月因马来西亚政权更迭,项目暂停;2019年1月龙头装置CDU投产

截至2017年7月,中国企业累计在马来西亚签订承包工程合同总额597亿美元,完成营业额275亿美元,仍有高达322亿美元的未完成工程承

包合同。部分工程承包合同或会受到新政府政策调整影响[6]。

中国“一带一路”倡议形成的影响力使世界经济中心逐渐从西方向东方转移，这为中国企业投资马来西亚提供新机遇的同时也会带来新挑战。政策方面，马来西亚及其他国家对中国投资政策的持久度以及对投资的稳定性存在一定担忧。资金方面，随着投资项目增多，可能造成马来西亚债务持续问题，存在债务危机风险；当前马来西亚经济依赖性强，令吉汇率波动较大。舆论方面，国际社会将“一带一路”倡议过度政治化，认为中国在进行政治渗透而非纯粹的经济建设。还有舆论认为中国企业在马来西亚的贸易和投资环境的公平性、透明性存在不确定因素，担心马来西亚本国中小企业利益受损。其他方面，他国抢占马来西亚投资市场，给中国企业投资马来西亚带来挑战[2]。这些都是中国企业在马来西亚投资需要面临的挑战。

3　中国企业投资马来西亚基础设施建设面临的风险

3.1　政治风险：马来西亚政治环境复杂，区域外势力干扰

3.1.1　马来西亚政治环境复杂

一方面是政权更迭风险。2018年5月，马哈蒂尔二度担任马来西亚总理，并以“马来西亚利益优先”为原则，暂停部分马来西亚与外国合作的大型基础设施项目，由中国承担的东海岸铁路项目也在其中；东海岸铁路项目虽于2019年7月正式复工，但中国企业在海外投资基础设施前仍需充分论证建设时间跨度内投资国的政权更迭可能带来的种种风险。另一方面是贪污腐败风险。新政府反对前政府引进外资项目的方式不透明，希望通过迅速应对腐败问题，维持民众对新政权的期待，以推动政权运作走上轨道。2016年马来西亚主权基金一马发展公司贪污案，对马来西亚的外商投资环境造成了一定负面影响，政府的腐败程度也会影响中国投资者的信心。政权更迭、政策反复、贪腐问题会给中国企业投资的基础设施项目造成风险和损失，重新谈判的过程将会给未完工项目带来额外的成本，影响项目整体进度及投资回报率。

如马来西亚东海岸铁路项目，是马来西亚国内最大的铁路建设项目，也是中国企业境外在建的最大工程，项目由中国进出口银行低息提供85%

的贷款。2018年马来西亚新政府执政后便重新审视前政府与中资企业签订的大型项目，以项目成本过高，需大幅降低建造成本方能继续为由暂时叫停已完成14％的东海岸铁路项目。

3.1.2　区域外势力干扰

轨道交通基础领域是马来西亚未来发展基础设施建设的重要领域之一，中国企业投资面临日本、新加坡等国家的竞争和干扰。“中国高铁”已成为中国的新名片，中日在东南亚都大力推行高铁外交，中国“一带一路”倡议和日本“经济成长战略”恰好对应马来西亚在轨道交通基础设施方面发展的需要[8]。中国进入东南亚市场的时间较晚，但发展速度较快，出于对中国影响力扩大的担心，日本在2015年提出“高质量基础设施伙伴关系”，旨在强调其在东南亚的基础设施建设朝着高质量型方向发展[9]。此外，日本在东南亚的基础设施投资比较注重民间感受，其投资主要经历设备援助、官方援建和官商合作三种模式，而中国企业则惯于“自上而下”先进行高层交流的模式，这在一定程度上给中国企业投资、参建造成影响。

以新马高铁为例。新马高铁是首个采取国际招标的东南亚高铁项目。新马高铁是泛亚铁路的重要组成部分，对中国具有重要战略地位和经济价值；马来西亚是日本拓宽东南亚市场的重要国家之一，新马高铁对于日本而言可以巩固其在东南亚的地位，推广新干线技术，同时还能挤压中国高铁[8]。竞标过程中，日本从新加坡、马来西亚两国政府到民众做足了工作，首先政府层面进行高层公关，加大“高层推销”力度，其次在新加坡举行“高铁讨论与展示会”，向两国民众展示新干线的技术、运营模式、安全性、周边产品等，让民众感受新干线带来的益处。并且在新马高铁竞标中，新加坡政府也倾向于日本新干线技术。此外，日本政府还宣布将发行利息0.65％、偿还期为十年的“武士债券”帮助马来西亚新政府处理国家债务问题。日本一系列举动和新加坡政府的倾向都给中国在新马高铁的竞标造成巨大压力和阻力，国际竞争越激烈，中国成功拿下新马高铁项目的不确定性就越大。因此，区域外势力干扰也是中国企业投资马来西亚基础设施所面临的挑战。

再以皇京港深水码头项目为例。马六甲海峡对于我国而言有重要战略地位，我国从中东进口的货物大多经过马六甲海峡，而新加坡港凭借其地理优势在马六甲海峡中独占鳌头，成为东南亚最大的船舶中转站，加之新加坡的大国战略，使得我国在马六甲海峡的地位稍显被动。皇京港深水码头的建成，将打破新加坡港对马六甲海峡的垄断，提高马来西亚在马六甲区域的竞争力，同时改变中国在马六甲海峡的被动状态，中国船舶将更便捷地通过马六甲海峡。预计在新加坡港口停留的80%的中国船舶会在皇京港口停靠，马六甲海峡60%的货物将从新加坡转移到皇京港[6]。皇京港的建成将影响新加坡港的利益，因此，建设过程要时刻关注相关利益国动态，避免影响项目建设。

3.2　社会风险：中国企业在马来西亚本地化程度不高

本地化程度不高主要体现在两个方面：一方面是在当地的民心建设力度不够。中国目前在马来西亚投资的大型基础设施项目建成后能为马来西亚的经济发展注入新动力，但与其他发达国家和本土实力雄厚的承包商相比，中国企业没有采取有效措施与当地政府、民众和宣传媒体打交道，使得中国企业没有树立起良好的企业形象。中国积极参与互联互通建设，一些东盟国家担心中国将取代东盟在合作中的主导权[10]，国际社会对中国投资仍存在透明度不高和分配不均的印象，特别是西方国家媒体对中国投资的报道也存在偏颇[5]。另外，中国企业进行海外投资向来较重视高层互动，对当地民心建设重视程度不高，导致中国企业投资建设的项目在当地受重视程度不高，企业本地化效果不显著。另一方面是中国企业对马来西亚投资环境了解不充分。马来西亚曾被英国殖民，其制度、法规体系受其影响大，而基础设施建设所涉及的合同类型多、数量大、合同主客体关系复杂，难免出现相关法律、合同谈判等问题，其中隐藏的法律风险是中国企业投资马来西亚基础设施建设时应当充分考虑的问题。另外，马来西亚的税收体系较复杂，要求较高，还存在一定的地方保护主义，可能会设置一些关税外的附加软性条款和“隐性壁垒”来保护本国企业的利益，给中国企业投资带来税收风险，影响项目成本[11]。

以马来西亚沐若水电站为例，作为马来西亚水电示范项目，其建设过程中有部分媒体指出中国在基建行业的对外投资方式以成套项目输出为主，并没有大量雇用当地劳动力和基建人才，没有对马来西亚国内的失业问题产生大的帮助。出现此问题的原因一是当地劳动力方面，沐若水电站位于马来西亚东部沙捞越州，周边是未开发的热带雨林，距离最近的城市二百多千米，而沙捞越州当地资源丰富，一般人并不愿意从事强度较大的工作，且缺乏水电建设相关的技术知识，因此工程建设所雇用的当地劳动力较少，未对当地就业产生较大影响；二是中国企业方面，在决定投资兴建项目时，未对当地民众切实需求做充分调研，有针对性的民心建设力度不足。沐若水电站项目最终顺利完工投入运营，也给中国企业在马来西亚投资提供了一些经验：应因地制宜，充分了解当地民众的实际需求，营造良好的本地环境，让当地人既看到项目带来的经济发展，又亲身感受到中国企业带来的实际利益。

3.3 征地风险：土地政策各异，联邦政府与各州政府不易协调

东南亚国家土地制度相对复杂，项目前期工作必然会涉及征地及拆迁赔偿问题。马来西亚实行土地私有化制度，其《1960 年土地征用法》规定政府部门、企业或个人不得随意征用土地，只有州政府有权征用州内土地及改变土地使用性质，联邦政府征用土地也要通过州政府进行，并向后者支付费用[2]。对于项目规划涉及多个州的基础设施项目，如公路、铁路，项目总体规划由联邦政府统筹，征地工作却需要业主与各州政府协商，这就增加了在征地工作中的时间成本。因此，投资前不仅需要掌握各州的土地政策，还需了解不同区域发展情况、地块价值、土地潜在价值、地上附着物等与土地相关的信息。

以东海岸铁路项目为例。该项目规划(附图 1-2)经过马来西亚吉兰丹州、登嘉楼州、彭亨州、雪兰莪州 4 个州，该项目征地由业主负责，全线约 70%为私有土地。马来西亚各州的土地征用及拆迁的工作量不同，各州征地政策不同，难度也不同，东海岸各州整体发展不如西海岸，人口相对分散，征地问题相对好解决；而最后一段雪兰莪州的拆迁工作量最大。雪兰莪州为马来西亚较发达区域，人口规模较大较密集，在巴生谷地区城市化水平最高，土地利用率也相对较高，线路经过该州所要完成的征地拆迁及补偿工作量远远大于东海岸发展相对较慢的区域，若无法妥善处理征地拆迁及赔偿问题，将直接影响工程项目的实施进度。

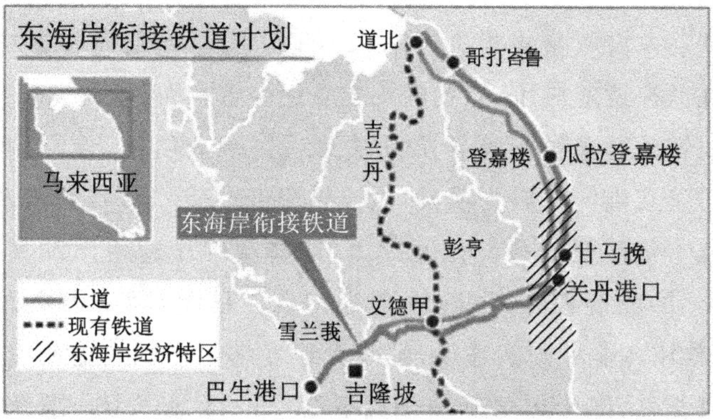

附图 1-2 原马来西亚东海岸铁路规划线路

（2019 年 4 月已重新签署规划里程为 608 千米）

3.4 供应风险：资金、人才、技术供应不足

3.4.1 资金供应不足

一是政府债务水平逐渐走高（附表 1-5），政府注资更谨慎。对于重大项目，融资需求和难度均在提升。2018 年以来，通货膨胀和加息预期升温，全球融资条件日益收紧，进一步加剧马来西亚的偿债压力。2018 年 5 月，马哈蒂尔上台立即采取的措施，一方面是与前政府划清界限并调查前政府腐败事件，另一方面是政府债务负担偏重，使得马来西亚政府与中国重新审查和磋商相关工程，从中削减中资项目的成本。因此，马来西亚便暂时叫停造价约 600 亿令吉的马来西亚东海岸铁路项目，还取消了总价值 94 亿令吉的沙巴天然气管道项目和多介质管道项目，以及总投资 270 亿美元的边佳兰炼化一体化项目。

附表 1-5 马来西亚国债状况

债务类型	金额（亿令吉）	占 GDP 比重
联邦政府债务	6868	50.80%
政府担保机构债务	1991	14.60%
PPP 项目租赁合约付款	2014	14.90%
合计	10873	80.30%

数据来源：星洲网，截至 2017 年 12 月 31 日。

二是项目本身资金需求大。马来西亚东海岸铁路项目是中国铁路标准第一次在马来西亚应用，总投资约600亿令吉，项目建设期长达7年。马来西亚南线铁路即金马士至新山段铁路项目改造项目，合同金额89亿令吉。马六甲皇京港深水码头项目，预计投资80亿令吉，类似的基础设施项目均投资几十亿甚至上百亿元人民币，这些基础设施建设都具有周期长、体量大，资金回收期较长、风险较高等特点。目前，马来西亚政府债务高筑，项目若靠中国企业带资建设，则极大地增加了中国企业的资金压力，若由中国提供贷款，则又增加了马来西亚政府的债务压力。因此，资金来源渠道的多元性、充足性、稳定性，以及基础设施建成后在特许经营期内是否能收回预计的资金，都是中国企业投资马来西亚基础设施建设时需要面对的重大问题。

以皇京港深水码头项目为例。皇京港深水码头项目由马来西亚凯杰发展有限公司投资建设，作为私人投资项目，该项目在2018年5月马哈蒂尔上台后没有被叫停，项目按合同约定由承包商垫资进行采购和施工建设，同时为业主提供项目融资，据马来西亚《东方日报》消息称，皇京港项目因发展商拖欠承包商数千万令吉工程款而暂停，承包商给予发展商三个月解决工程资金及其他相关问题。资金供应的不稳定性造成项目暂停，除对项目进度产生影响、增加窝工费用外，还给承发包双方互信造成损失。此外，由于马来西亚各项配套相对缺乏，原料、零部件、辅材等需要进口或临时组织货源，额外的运输成本、时间成本也会增加项目成本。以吉隆坡MRT地铁项目为例，其资源供应采用代理商模式，代理商到国外临时组织货源，储备货源不足，易造成短期内材料和设备供应紧张，影响施工进度。

3.4.2 人才、技术供应不足

两国标准差异大，工程技术含量高，复合型人才稀缺。根据世界银行相关调查，中国企业海外投资项目约三成是失败的。在中国企业“走出去”过程中所面临的严峻内部挑战是国际化人才稀缺(特别是既懂专业技术，又有跨文化管理经验的复合型人才)和缺乏“国际化人才管理机制”。马来西亚还未对中国开放普通劳务市场，因此，外籍劳务工人成为中国企业在马来西亚实施工程项目的必然选择，但外籍劳工的技术水平不如中国工人，且有工程制造经验的人才较稀缺，用工选择十分有限。马来西亚政府为保护本国人就业，对中国高级技术人员的工作签证按投资额度以有限比例发放，工程建设市场用工供需矛盾突出，一定程度上影响项目进展和质量要求。

如马来西亚关丹港深水码头项目，除了大型重型设备来自当地，操作人员均来自中国。因为马来西亚缺少有相关经验和技术的人员，为了确保项目保质保量顺利实施，只能在项目前期投入大量时间成本与马来西亚协商，并且经历上岗培训、体检、相关证件办理等一系列烦琐、费用高的程序为中国操作技术人员办理相关手续赴马来西亚开展工作。

马来西亚东海岸铁路项目全长16千米，最大埋深750米，其中隧道比例约为33%，以双洞单线隧道形式穿过云顶高原，且没有其他外部通道可利用，这样的工况对隧道施工方案和施工组织设计、安全救援设计、通风排水设计等提出了极高的要求。为了顺利开展此项目，就需要专业技术人员和团队的支持，但马来西亚隧道施工等特殊工种较缺乏，只能从中国引进，如何在控制成本的前提下解决技术工人问题、攻克技术难题且获得各方认可，是中国企业需要面临和解决的难题。东海岸铁路项目采用两个标准体系，即线下土建部分采用马来西亚标准/英国标准，线上系统和车辆采用中国标准。不仅在铁路方面，在其他基础设施领域如何使两国的标准体系有效匹配，达到安全、可靠、稳定的兼容，均需要经过大量的技术研究及论证。

4　加快推进中国企业投资马来西亚基础设施建设的对策建议

4.1　针对马来西亚政治环境复杂、区域外势力干扰问题

4.1.1　做好项目长期规划，流程公开透明，应对复杂政治环境

在投资马来西亚项目前，应充分考虑项目跨越多届政府、现任政府能否连任等问题，对马来西亚政治环境做全面分析，必要时引入第三方担保或咨询机构对自身承担政府更迭风险能力做出合理评估，并对马来西亚市场环境立体化进行评估，将损失的可能性或损失程度降至最低，提高投资

回报率。在项目建设期内重视纪检监察,引入第三方实行长期监督、定期检查制度;同时发承包双方也可以分别成立监察小组相互制约,加大腐败成本[13];建立完善的信息化平台,使建设信息公开、透明,保证社会的知情权和监督权,并接受社会监督。

4.1.2 因地制宜体现大国担当,应对区域外势力干扰

就日本而言,其在东南亚地区基础设施建设的目的首先是为了拉动日本经济复苏,然后才是实现与东盟共同繁荣;而中国则是在国际社会上践行大国责任,带动东南亚地区共同进步。日本在马来西亚的投资多为就项目论项目,缺少大思路、大格局。以新马高铁为例,日本大力推行新干线技术,向两国民众展现其技术的体验感和优越性,十分关怀民众。而中国则对整个亚洲的基础设施发展有长远的规划和担当,不仅考虑该线路对于泛亚铁路的意义,还提出人类命运共同体的构想,体现了大国的大思路、大局意识和统筹意识。因此,面对区域外势力干扰,中国在保持现有大格局的基础上深入各地,充分了解当地需求,因地制宜做好基础援建,必将带动中马两国合作朝高层次、高格局发展。

4.2 针对中国企业在马来西亚本地化程度不高问题

中国企业应积极承担社会责任,加强民心建设力度。积极寻求马来西亚各级政府、民间组织以及大众的利益共同点,改变"自上而下"习惯,应"上下并进",使当地民众切实感受到项目建设带来的利益和发展。中国企业要学会与当地民众、媒体打交道,因地制宜地进行民心建设;可直接雇用马来西亚当地劳工,解决部分当地就业问题,实行本地化建设和经营,逐步推进建营一体化[13]。例如,2014 年底,马来西亚东海岸发生严重水灾,在马来西亚的部分中国企业为灾区共捐款 95 万令吉和救灾物资,履行了企业应承担的社会责任。2015 年华为马来西亚公司与马来西亚四所大学合作,启动马来西亚技术大学网络项目,不仅提升学生专业技能,还解决其就业问题。华为主动承担起企业在当地的社会责任,促进马来西亚当地通信业的发展。现在马来西亚投资的中资企业均应主动承担社会责任,提高当地民众对中国和中国企业的好感,积极回应马来西亚本土的需求,树立正面形象,最终使中国企业更好落地马来西亚。

中国企业可从政府及社会层面加深对马来西亚投资环境的了解。一是从政府层面推动制度建设，在平等的文化认同前提下实现“共赢”。中国企业可以通过政府层面多关注马来西亚的发展需求，了解当地法律环境和投资环境，有针对性地进行投资。二是马来西亚华人企业的实力在东南亚比较突出，在金融、基建、能源、贸易等各领域具有较强实力[14]，应重视当地华人的桥梁作用，当地华人对马来西亚市场的了解和应对能力，以及其长期积累的资源都有利于中国企业在当地进行投资建设。另外，中国企业还可选择专业咨询机构提供咨询服务，便捷高效完成当地证照办理和审批，向企业提供最优投资及建设优化建议。

4.3　针对土地政策各异，联邦政府与各州政府不易协调问题

适应土地政策的复杂性，加强与各州政府沟通。

从政府层面，一是中国政府与马来西亚联邦及各州政府共同建立征地协商机制及谈判机制。争取从政府层面为中国企业在马来西亚投资基础设施建设解决征地问题，与当地政府及拥有土地的民众进行有效谈判协商，平衡各方利益。二是建立多元化征地补偿安置机制。以货币及住房安置的形式对被征地者进行补偿且公示，建立相应补偿标准和动态调整机制。同时将土地上的附着物也纳入补偿评估范畴，形成立体化征地补偿机制。三是从政府层面招商引资，引入社会资金参与征地补偿，一方面减缓政府财政压力，另一方面使被征地者不花钱就能被合理且有发展地安置，增强被征地者对政府征地的信心。

从企业层面，一是企业联系当地政府提前开展征地补偿前期工作，可先为有意愿被补偿安置的居民进行补偿及安置，做出表率及示范。二是对于公路、铁路这些呈带状分布的基础设施，若存在零散的拒绝征地者，则在项目规划允许的条件下对项目规划做出细微调整，这就需要项目在进行路线规划时充分调研征地情况，保留一定可优化的空间，最大程度保证当地民众自身利益和项目进度。三是将征地补偿安置流程智能化，形成用户管理、数据管理、合同管理等功能，使征地补偿安置各方可实时查看征地补偿安置进度，系统依据征地面积、类型、片区综合定价等条件自动统筹计算征地补偿款，省去了资料人工送审、批复等环节，提高征地补

偿安置的效率，使被征地者尽快得到补偿，减少征地问题对项目进度所造成的影响。

4.4 针对资金、人才和技术供应不足问题

(1) 拓宽资金来源渠道，保证资金供应

政府方面采取适当政策激励民间资本参与：一是私募股权基金参与投资，让大型国有企业带头，加大政策支持力度，政府对其税收给予一定优惠，这样会降低部分私人资金所要承担的风险；二是采用设备租赁的多赢模式，将实用性强且便于收回的设备出租，既可以给中国制造“走出去”创造机会，同时缓解沿线国家引进中国设备的资金压力[15]；三是利用好银行等金融机构，将对回报率要求不高、融资成本较低、可融资性较高的资金盘活，投入基础设施建设中，如社保基金等。企业方面，中国企业与马来西亚国内有实力、有信誉的公司进行合作，共同为项目提供资金支持，拓宽资金来源。马来西亚当地企业更熟悉当地营商环境、资金环境及市场环境，可为项目在资金计划上提供建设性意见，使项目资金用在刀刃上，提高资金的利用效率。

(2) 加强人才梯队建设，结合中马两国优势解决技术难题

政府方面，一是与马来西亚政府协商简化从中国引进急缺专业技术人员的各项审批手续，保证中国企业在马来西亚承包的各项基础设施项目有专业的技术人员全程跟进；二是建立并实施海外项目人才机制，即在合适的项目、合理的期限内，以合理的成本支出派出合适的人才，达到最优效果。

企业方面，一是充分利用从国内派出的专业技术人员，最大程度发挥其技术优势，带动其做好统筹管理工作，培训和指导外籍劳务工人。马来西亚暂未对中国开放普通劳工市场，因此，对外籍劳工的技术培训尤为重要，直接影响项目的建设进度及建设质量。二是多与当地企业进行沟通交流，立足中马优势结合。多进行技术交底，充分考虑中马双方的专业实力，发挥两国技术方面各自的优势，使项目达到“双优”结合。

综上，中国企业投资马来西亚基础设施不仅是两国企业的合作，更是中国和马来西亚在政治、经济、文化、人才等方面的深入交流。采取引入财

产申报制度、建立透明化信息平台、建设援助型配套设施强化民心建设、建立多元化征地补偿安置机制、征地补偿安置流程智能化、加大民间资本占比、有效利用企业合作、简化人才引进手续、加强专业技术培训等措施,有效规避因马来西亚政治局势复杂,民心建设不足,征地困难,建设资金、人才和技术供应不足等问题带来的风险,有利于中国和马来西亚进一步加强在基础设施领域的合作,保证项目在政府层面、企业层面、现实层面都能顺利推进。两国政府和企业也将着眼当前发展趋势,进一步拓展各领域务实合作,积极打造互联互通与产能合作示范项目,推动两国经济社会共同持续稳定向好发展。

参考文献

[1] 赵江林.中国与马来西亚经济发展战略对接研究[J].亚太经济,2018(1):27-33,145.

[2] 郭继光.中国企业投资马来西亚铁路的机遇与挑战[J].当代世界,2017(8):46-49.

[3] 商务部国际贸易经济合作研究院,中国驻马来西亚大使馆经济商务参赞处,商务部对外投资和经济合作司,等.对外投资合作国别(地区)指南:马来西亚[M].商务部《对外投资合作国别(地区)指南》编制办公室,2016:23.

[4] 王玫黎,吴永霞."一带一路"建设下中国-东盟港口建设发展研究[J].广西社会科学,2018(6):82-86.

[5] 赵宇.皇京港对"一带一路"建设的重要性分析[J].港口经济,2017(7):28-30.

[6] 黄思华.马来西亚大选对中国投资项目的潜在影响[J].金融博览,2018(6):56-57.

[7] 玛依努尔,赵军."一带一路"倡议下中国铁路"走出去"面临的障碍及应对之策[J].对外经贸实务,2018(9):8-11.

[8] 丁梦.从高铁外交审视中日两国在东南亚的竞争[J].学术探索,2017(10):46-51.

[9] 赵洪.中日对东南亚基础设施投资竞争及其影响[J].国际论坛,2018,

20(2):39-45,77.

[10] 唐文琳,唐明知.中国-东盟命运共同体背景下互联互通的建设[J].广西大学学报(哲学社会科学版),2016,38(3):101-108.

[11] 周婧,刘静.中国企业对马来西亚投资现状与前景分析[J].现代商贸工业,2013,25(19):74-75.

[12] 陈伊璇,廖盛峰.新加坡、马来西亚反腐法律制度比较研究及启示[J].经济与社会发展,2012,10(4):78-81.

[13] 尚升平,翁如冰.马来西亚承包工程市场[J].国际工程与劳务,2013(7):24-26.

[14] 许培源,陈乘风.马来西亚在"海上丝绸之路"建设中的角色[J].亚太经济,2016(5):70-74.

[15] 赵凌.互联网巨头入市对房市租赁的影响分析[J].中国市场,2018(18):69,80.

附录2　中国企业投资泰国基础设施建设研究

1　引言

自中国-东盟互联互通倡议提出至今，中泰两国在政治安全、经贸往来、人文交流等方面达成了全方位的合作共识，各类基础设施共建意向的达成为双边大中小企业创造了历史性的新机遇及巨大的发展空间，也为泰国探寻社会发展及经济多元化提供了新的路径。

与其他东盟国家相比，泰国近年来大力发展基础设施建设，基建市场发展潜力巨大，不断通过与欧美国家、中国、日本、印度等域外大国寻求合作以吸引海外投资，为其基础设施改扩建项目提供资金及技术支撑，双多边在项目共建的同时对泰国基建行业构成了一定影响，海外大型企业在泰国构筑了强大的利益链，成为中国企业"走出去"过程中难以撼动的竞争对手。中国-东盟互联互通倡议与泰国基础设施建设、政策优化、产业转型等发展模式均尚处于路径探索阶段，虽然中泰双边就基础设施建设领域均达成了合作共识、签署了相关协定及宣言等文件，但是基建项目的落地与稳步推进仍面临着颇多阻碍，如中泰两国于2014年底正式敲定的中泰铁路(曼谷—廊开)项目，在域外各国战略博弈、泰国政局动荡、双边协商分歧等不利因素综合作用下，项目推进中阻碍颇多，直至2017年12月才正式启动建设。

因此，如何将中国-东盟互联互通倡议与泰国战略实现有效对接，力求在阐释与实践该倡议的过程中化解矛盾与分歧，成为中泰两国合作双赢道路上亟待解决的难题。本书通过梳理泰国基础设施现状，在对中国企业投资泰国基础设施现状进行评析及问题探究的基础上，提出具有针对性的对策建议，以期在合力推动泰国基础设施发展过程中不断深化双边互信程度、扩大利益交汇点，对促进地区互联互通基础设施建设发挥更好的综合示范效应。

2　泰国基础设施现状

2.1　铁路基础设施现状

泰国现有铁路网运营里程仅5000千米左右，高速铁路尚处规划状态，由曼谷向东部、南部、北部、东北部延伸的4条主要铁路干线和使用年限已达20余年的机车设备构成了泰国铁路系统的基本框架(附表2-1、附表2-2)。铁路建设相对滞后、既有路网密度不足且缺乏卓有成效的保养、铁路系统运输效率甚微等现状削弱了其发挥连接通道的作用,不仅阻碍了其与周边邻国经济、文化等各方面的交流,也制约了其国内经济社会的发展。泰国为实现其产业与地域特色和风俗习惯的结合,自2001年起在全国农村实施了“一村一产品”计划,但由于国内铁路网覆盖率低下、双轨干线占比不高,单纯依赖铁路运输无法保证偏远地区产品及时送达活跃市场,特别是农产品、鲜花等鲜货产品和应季商品的推广速度极为缓慢[1]。铁路干线布设及运营效率已和现代社会需求格格不入,铁路运输失去了时间、成本、运量等竞争优势,通过铁路系统实现国内“贸易互通”的可能性微乎其微,对铁路系统的整体升级改造迫在眉睫。

附表2-1 泰国铁路系统基本框架

<table>
<tr><th>线路类型</th><th colspan="2">线路分布</th><th>里程(千米)</th><th>总里程(千米)</th><th>占比(%)</th></tr>
<tr><td rowspan="11">单线铁路</td><td>北部</td><td>终点:清迈</td><td>751</td><td rowspan="11">4160.5</td><td rowspan="11">96.12</td></tr>
<tr><td rowspan="2">南部</td><td>终点:陶公府</td><td>1143</td></tr>
<tr><td>终点:宋卡府</td><td>974</td></tr>
<tr><td>西部</td><td>终点:北碧府</td><td>194</td></tr>
<tr><td rowspan="2">东部</td><td>终点:巴真武里府</td><td>255</td></tr>
<tr><td>终点:罗勇府</td><td>200</td></tr>
<tr><td>东北部</td><td>终点:乌汶府</td><td>575</td></tr>
<tr><td colspan="2">麦哥隆—玛哈差</td><td>31</td></tr>
<tr><td colspan="2">巴林—麦哥隆</td><td>34</td></tr>
<tr><td colspan="2">廊开—老挝塔那林</td><td>3.5</td></tr>
<tr><td colspan="2"></td><td></td></tr>
<tr><td rowspan="3">双线铁路及其他</td><td colspan="2">曼谷—探耶武里县</td><td>31</td><td rowspan="3">168</td><td rowspan="3">3.88</td></tr>
<tr><td colspan="2">北柳—是拉差—林查班</td><td>78</td></tr>
<tr><td colspan="2">探耶武里县—帕楼县</td><td>59</td></tr>
</table>

数据来源:陈秋艳.泰国铁路运输现状问题及对策研究[D].昆明:云南大学,2015.

附表 2-2 泰国主要铁路现状

线路	城市区间	列车种类	运行时间	平均运行速度（千米/小时）	运行里程（千米）
北线	曼谷—清迈	超快列车	11 时	75	751
		普通列车	13 时 05 分	61	
		快速列车	14 时 10 分	57	
		快车	14 时 20 分	57	
南线	曼谷—孙该寇洛克	快速列车	20 时 10 分	61	1159
		快车	21 时 45 分	59	
东线	曼谷—亚兰	普通列车	4 时 30 分	57	255
		普通列车	5 时 40 分	45	
东北线	曼谷—乌汶	超快列车	8 时 15 分	75	575
	曼谷—乌汶	快速列车	9 时 45 分	67	
	曼谷—乌汶	快速列车	10 时 20 分	60	
	曼谷—乌汶	快车	11 时 20 分	57	
	曼谷—乌汶	快车	11 时 35 分	57	
	曼谷—乌汶	快车	12 时 15 分	52	
	曼谷—乌汶	普通列车	10 时 05 分	63	
	曼谷—廊开	快速列车	9 时 25 分	72	621
	曼谷—廊开	快速列车	9 时 40 分	72	
	曼谷—廊开	快车	11 时 50 分	58	
	曼谷—廊开	普通列车	10 时 45 分	62	

数据来源：根据泰国铁路局相关数据整理，http://www.railway.co.th/WebDestination/#/SearchDestination/EN。

2.2 公路基础设施现状

泰国的公路交通运输业较发达，公路网覆盖全国城乡各地，承载了其国内大部分客货运业务，公路货运量占国内货运总量的 80%。其公路交通大致可划分为国内公路及国际公路，具体现状如附表 2-3 至附表 2-5 所示。

附表 2-3　泰国国内公路现状

按地区划分		按公路级别划分	
地区	公路里程(千米)	公路级别	公路里程(千米)
北部	15349	一级	7100
东北部	15718	二级	10780
中部	10549	府级	33200
南部	9921	城际	280

数据来源:根据百度文库整理,http://www.0411hd.com/taiguo/zx/14075122.html。

附表 2-4　泰国与邻国相连公路现状

<table>
<tr><th>公路名称</th><th>相连国家</th><th>公路里程
(千米)</th><th>公路名称</th><th>相连国家</th><th>公路里程
(千米)</th></tr>
<tr><td>AH3</td><td rowspan="5">老挝</td><td>117</td><td>AH1</td><td>越南、缅甸</td><td>701</td></tr>
<tr><td>AH12</td><td>511</td><td>AH2</td><td>马来西亚、缅甸</td><td>1913</td></tr>
<tr><td>AH13</td><td>557</td><td>AH15</td><td>越南</td><td>243</td></tr>
<tr><td rowspan="2">AH16</td><td rowspan="2">689</td><td>AH18</td><td>马来西亚</td><td>268</td></tr>
<tr><td>AH19</td><td>—</td><td>458</td></tr>
</table>

数据来源:根据百度百科相关数据整理,https://baike.baidu.com/item/%E4%BA%9A%E6%B4%B2%E5%85%AC%E8%B7%AF%E7%BD%91/1079590? fr=aladdin。

附表 2-5　泰国跨境公路现状

<table>
<tr><th colspan="2">线路名称</th><th>途经国家</th><th>运行里程(千米)</th></tr>
<tr><td colspan="2">R3A</td><td>泰国—老挝—中国云南</td><td>1200</td></tr>
<tr><td colspan="2">R3B</td><td>泰国—缅甸—中国云南</td><td>—</td></tr>
<tr><td rowspan="3">昆曼公路</td><td rowspan="2">R3E 线路</td><td>泰国曼谷—老挝会晒—中国云南</td><td>1809</td></tr>
<tr><td>泰国曼谷—老挝琅勃拉邦—中国云南</td><td>2022</td></tr>
<tr><td>R3W 线路</td><td>泰国—缅甸—中国</td><td>1887</td></tr>
</table>

续附表2-5

线路名称	途经国家	运行里程(千米)
R8 线路	老挝—越南—中国广西	1621
R9 线路	泰国—老挝—越南—中国广西	1953
R12 线路	曼谷—老挝—越南—中国广西	1746

数据来源:根据《对外投资合作国别(地区)指南——泰国》(2018 年版)整理,http://kns.cnki.net/kns/ViewPage/viewsave.aspx。

2.3 机场基础设施现状

泰国共有 36 个商业机场,其中国际机场 8 个,共 53 个国家 80 家航空公司在泰国设有固定航线,89 条国际航线可达欧、美、亚及大洋洲 40 多个城市,国内航线遍布全国 21 个大中城市[2]。作为东南亚地区的第二大经济体,国内机场是泰国经济体系中的重要支柱。随着旅游业高速发展,泰国入境人数呈逐年增长趋势,目前国内几大主要机场都已经严重超载,旅客对优质航空服务的需求日益上涨,2017 年航空旅客权益服务平台 AirHelp 公布的全球最差的十大机场名单中,素万那普国际机场位列第九[3]。附表 2-6 为泰国五大主要国际机场使用现状。

附表 2-6 泰国五大主要国际机场使用现状

机场名称	设计承载量(万人)	2018 年旅客吞吐量(万人)	同比增长率(%)
素万那普机场	4500	6281	11.9
廊曼机场	1960	4056	9.1
普吉机场	650	1826	12.5
清迈机场	800	1081	8.4
清莱机场	180	281	17.6

数据来源:根据中国民航网相关数据整理,http://www.caacnews.com.cn/1/88/201811/t20181108_1260152.html。

航空业作为跨境运输的主要交通方式,有着优先发展的市场需求。因此,大力缓解与日俱增的游客量及机场设施服务质量带来的压力,保证乘客有好的体验感,加大民航机场新建及改扩建的规划及投资力度成为泰国当前所面临的紧急任务之一。

2.4 港口基础设施现状

泰国依靠湄公河、湄南河两大干线承载其水路运输，全国港口码头众多，其中包括位于曼谷、东海岸的廉差邦港、玛塔普港以及南海岸的宋卡、沙敦、陶公、普吉和拉农等府的 8 个国际港口[4]。曼谷是最重要的港口，承担全国 95%的出口和几乎全部进口商品的吞吐。虽然泰国南部港口较多（附表 2-7），但运力不足，多数货物进出口严重依赖马来西亚的槟城港，以此连通中、日、美和新加坡等的海运线。

附表 2-7　泰国港口基础设施汇总

港口所在区域	港口名称
泰国西南部	曼谷港、曼谷 STC 港、曼谷 P 港、曼谷 ECT 港、拉塔克拉班港、邦萨法瑞查普港、那拉特越港、北大年港、达瓜巴港
泰国东南部	普吉港、麦普塔普特港、梭桃邑港、是拉差港
泰国中部	廉差邦港、庄他武里府港、海瑞汉港、北榄港
泰国南部	宋卡港、干当港、克拉彼港、洛坤港、普拉楚阿普港、素叻他尼、达拜港、他沙拉港、泰洪港、汉农港、攀牙港
泰国东部	庄他武里府港、丘克萨梅特港、锡昌港、考斯昌港、帕塔亚港、罗勇港、斯瑞拉察港、通普龙港
泰国西部	伊拉旺港

数据来源：根据全球港口查询网相关数据整理，https://gangkou.51240.com/%E6%B3%B0%E5%9B%BD__gangkousou/。

泰国交通部公布 2017 年基础设施投资行动计划，在 2017 年内海陆空运输 36 个基础设施项目共投资 8957.5 亿泰铢，内容涵盖复线铁路、郊区铁路、城市捷运、高速公路、公路停车休息点等辅助设施、电气列车、公共交通运输管理系统、水上运输、航空运输九大方面，投资额度共计 505.71 亿美元[4]，投资数量及对应比例如附表 2-8 所示。

附表 2-8　2017 年泰国交通基础设施投资数量及对应比例

项目名称	数量	投资金额(亿泰铢)	投资占比(%)
复线铁路	10	4086.1	约 45.6
郊区铁路	2	266.4	约 2.9
城市捷运	6	2211.4	约 24.7
高速公路	5	1672.2	约 18.6
辅助设施	5	214.7	约 2.4
电气列车	1	22.7	约 0.25
公共交通运输管理系统	1	13.5	约 0.1
水上运输	3	360.8	约 4
航空运输	3	109.5	约 1.2

数据来源：根据中华人民共和国商务部相关数据整理，http://www.mofcom.gov.cn/article/i/jyjl/j/201701/20170102496817.shtml。

2.5　能源基础设施现状

20 世纪 70 年代以来，泰国电力部门一直由泰国发电管理局(EGAT)、首都电力局(MEA)和省电力局(PEA)三大国有电力企业垄断经营，较低的电力市场私有化程度极大地减缓了国内电力市场的发展速度。泰国国内通电率 2016 年已达 100%，在电力供应系统中，天然气、煤炭电力供应占比分别为 70%、20%，可再生能源风电、水电、太阳能等仅占 8%。自 2011 年起，泰国开始从其他国家进口天然气以满足其日益增长的需求。虽泰国天然气储量可观，但整体储量和产量的增长无法满足对其需求的增长，若天然气进口出现问题，泰国极有可能面临能源危机。因此，填补可再生能源供给侧空缺成为泰国亟待解决的重大难题。

泰国近年来逐渐转变为“以水力作为重点”的可再生能源发展态势，能源发展对环境的影响被进一步纳入考虑范围内，当前其能源部批复的项目中，生物质、水力及光伏位居前三。作为一个农业国家，泰国注重发展太阳能和生物质能源，未来 25 年内将投入 800 亿美元用于电力领域扩展探索，光伏和风电耗资占比达 48%，化石燃料和水电、核电和生物质等能源耗资占比达 52%[5]。

除了业内发展规划亟须大幅调整外，泰国某些地区的输电网容量也难以承载起新能源在电力行业的应用：可再生能源（附表 2-9）和电力供应的高峰负荷不一致、可再生能源间歇性发电难题缺乏相关的应对举措等问题尚存。因此，泰国未来的能源基础设施领域将朝国内电网系统升级改造，电网智能运行，绿色供应等多层次、全方位的方向发展。

附表 2-9　泰国可再生能源累计装机容量预估（单位：兆瓦）

时间	光伏	风力	水力	废弃物	生物质	沼气	能源作物
2021 年	3816	118	80	141	411	2956	24
2026 年	4237	224	115	264	491	3687	259
2031 年	4741	401	137	311	552	4347	363
2036 年	5262	1069	168	321	600	5050	630

数据来源：根据世界银行相关数据整理，https://data.worldbank.org.cn/indicator。

2.6　通信基础设施现状

泰国通信发展水平较高，电信网络已实现全国覆盖，包括固定电话、移动电话、宽带互联网和卫星通信网络。传统通信业务市场较具寡头垄断性。在 AIS、DTAC、TrueMove、CAT、TOT 泰国五大电信运营商中，前三家私营运营商所占市场份额分别为 46.52%、28.5%、24.26%，后两家国营运营商占额较少。与中国相比，泰国通信业整体起步较晚，信息和通信技术产业多以美国标准为主，通信产品主要依靠美国、欧洲国家、日本和中国进口。自 2013 年以来，泰国政府在全国宽带网络海底光缆、人工智能、大数据等数字领域均有所投资，数字技术在过去几年也有了较大发展，信息技术产业有待升级转型并不断向其他行业延伸。

3　中国企业投资泰国基础设施建设现状

互联互通合作的纵深推进为中国基建市场创造了难得的发展机遇，中国建筑企业丰富的工程建设经验也为对外投资提供了有效的支撑。自 2012 年“互联互通”倡议提出以来，中国企业在泰国承接的工程业务量增长显著(附图 2-1),年新签合同数量虽偶有下滑,但总量依旧可观,年工程完成营业额始终保持稳步上涨趋势(附表 2-10)。

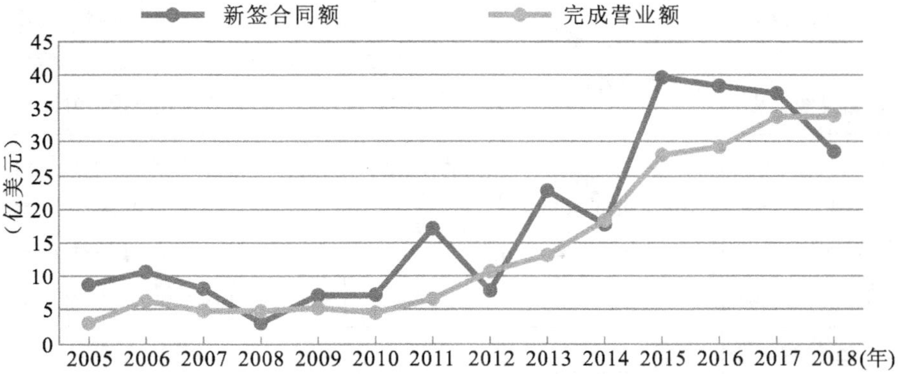

附图 2-1 2005—2018 年中国在泰国工程承包业务走势

附表 2-10 2005—2018 年中国对泰国承包工程概况(单位:亿美元)

年份	2005	2006	2007	2008	2009	2010	2011
新签合同额	8.8	10.7	8.2	3.1	7.2	7.3	17.17
完成营业额	3.09	6.34	4.9	4.88	5.3	4.61	6.68
年份	2012	2013	2014	2015	2016	2017	2018
新签合同额	7.91	22.79	17.77	39.65	38.4	37.3	28.6
完成营业额	10.78	13.19	18.36	28.1	29.3	33.8	34

数据来源:根据中国商务部的相关数据整理,http://hzs.mofcom.gov.cn/。

陆上交通系统是泰国基础设施建设的首要事项。对于铁路合作而言,中泰两国铁路合作意愿可追溯至 1995 年泛亚铁路倡议时期,除了备受关注的中泰铁路以外,中泰两国近几年达成了数个工程规模较大、施工难度较高的铁路合作项目,具体项目汇总见附表 2-11。

附表 2-11 中泰两国主要铁路合作项目汇总

项目名称	承建企业	合同签订时间	项目进展	项目说明
中泰铁路	中国建筑工程(泰国)有限公司与中国建筑第八工程局有限公司联合体	2015 年 3 月	一期工程顺利推进	历时最长的双边基建合作项目

续表2-11

项目名称	承建企业	合同签订时间	项目进展	项目说明
泰国北柳—十九溪—景溪铁路复线工程	中交第二航务工程局有限公司	2016年2月	顺利推进	中国企业参与利用泰国标准的首个境外铁路线下线上项目
大众捷运(MRT)蓝色延长线轨道交通项目第三标段	中国水利水电建设股份有限公司	2011年2月	顺利推进	中国水利水电建设股份有限公司首次进入境外铁路建设领域
华富里—北榄坡段班卡—柯卡天	中国水利水电第四工程局有限公司	2018年1月	顺利推进	中国水利水电第四工程局有限公司首度挺进泰国市场

当前，双边铁路合作项目均有序推进，但中泰铁路项目却面临一系列难题，原定项目被划分为两阶段分期启动，一期工程为曼谷—呵叻段，被划分为四段并逐段建设；二期工程为呵叻—廊开段，现仍处于谈判协商阶段。

对于公路合作而言，途经中国、老挝、泰国三国的昆曼公路建设是中泰陆路通道中一项重要合作内容。其中，老挝境内的公路建设及会晒—清孔大桥老挝侧和泰国侧均由中方和泰方合作出资承担援建[6]，在加强了中泰两国联系的同时，也从侧面反映出泰国公路修建的资金及技术实力。

泰国的公路交通运输业较为发达，公路网覆盖全国城乡各地，当前中泰主要针对高速公路建设开展相关合作，具体合作项目见附表2-12。

附表2-12　中泰两国主要高速公路合作项目汇总

项目名称	承建企业	合同签订时间	项目进展	项目说明
泰国邦芭茵至呵叻6号高速公路	中国建筑第八工程局有限公司	2017年8月	即将开工	—

对于机场建设合作而言，泰国为解决机场承载量与旅客数量不断飙升的矛盾，于2016年针对民航发展制定了未来10年的总体规划。自2017年开始，泰国机场基础设施项目开始出现中国身影，针对泰国机场基建发展诉求，中国企业在该领域迎来了良好的“走出去”发展契机。2017年8月成功中标的泰国素万那普机场项目为中国企业在泰国市场长期发展奠定了稳固的基础(附表2-13)。

附表2-13 中泰两国主要机场合作项目汇总

项目名称	承建企业	合同签订时间	项目进展	项目说明
曼谷素万那普机场1号候机楼2～4层和南端连接通道	中国建筑工程(泰国)有限公司与中国建筑第八工程局有限公司联合体	2017年8月	顺利推进	中国建筑第八工程局有限公司在泰第一个机场项目

对于港口基础设施合作而言，中泰双方已完成或已达成合作意向的港口新建或改扩建项目较少。为适应未来集装箱运输量的增长，泰国2016—2020年的投资计划中就包括多个港口建设项目，包括廉差邦港扩建项目、巴巴拉和宋卡深水港的新建项目等，因此，中泰两国在加深港口货物运输双边合作的同时，仍有待不断探索港口基础设施等方面的合作。

就能源基础设施合作而言，中泰两国主要围绕变电站、天然气、可再生能源发电三大领域展开了长期性合作。泰国水资源非常丰富，早期主要利用水力发电支撑国内用电需求，双边大型水利能源合作开始于2000年的景洪百万千瓦级水电站项目，2007年的纳瑞水电站及2009年的乔比雅水电站项目的正式启动，进一步巩固了中国企业在泰国水电承包市场的份额。

变电站修建及扩容项目是两国能源合作的一大重点。自2007年起，中泰两国签订的高伏变电站改建、新建项目数量累计达百余个。天然气及新能源合作领域也是两国合作的又一大发展方向。天然气发电在泰国电力供应中长期居于主导地位，在电力供应总量中的占比高达70%。天然气汽车普及使用后，泰国对天然气的需求迅速增长，自2011年以来，泰国开始从别国进口天然气并扩大对天然气的开采，为满足日益增长的天然气输送需求，中泰两国不断在管道建设方面达成合作。

由于能源结构不合理、天然气大量依赖进口并且储量下降，泰国面临着天然气资源日益枯竭的威胁，泰国政府于2011年开始重视新能源发展规划[7]，中泰两国也随之于2012年开启了光伏、垃圾发电、风电等可再生能源领域的合作（附表2-14）。未来，随着泰国能源结构转型不断加快，中泰在新能源互补合作领域将会取得更加广阔的发展。

附表2-14　中泰两国主要能源合作项目汇总

项目名称	承建企业	合同签订时间	项目进展	项目说明
EGAT(115千伏)输变电线路EPC项目	中国电力建设集团有限公司	2015年8月	正式移交	该集团在泰第一个输变电线路项目
EGAT太阳能光伏示范项目		2014年5月	正式移交	泰国EGAT投资建设的第一个光伏发电示范项目
巴真230/150千伏变电站项目		2018年1月	顺利推进	—
益梭通230/115千伏变电站项目				—
乌汶府500千伏GIS变电站项目		2018年5月		—
萨吉光伏发电项目	中国水利水电建设股份有限公司	2014年	正式移交	该公司第一个EGAT新能源EPC项目
兰塔空风电EPC		2016年9月	正式移交	—

续附表2-14

项目名称	承建企业	合同签订时间	项目进展	项目说明
泰国 PTP-NM 天然气管线项目	中国石油化工集团有限公司	2013 年 12 月	正式移交	该集团在泰的首个天然气管道项目
泰国 5 号天然气长输管线工程		2017 年 8 月	全线贯通	—
EPCC 压气站项目	中石油天然气管道局有限公司	2014 年 11 月	正式移交	该公司在泰首个压气站项目
那空沙旺天然气管道项目		2013 年 1 月	正式移交	连续定向钻穿越次数最多、长度最长、密度最大的工程
12 座电站天然气管道工程项目		2014 年 9 月	正式移交	—
四号线中间压气站项目		2015 年 4 月	正式移交	—
RC400 换管项目		2015 年 6 月	顺利完工	—
3D 检测项目		2015 年 9 月	顺利完工	—
拉差布里天然气管道项目		2017 年 6 月	顺利推进	—
泰国北部成品油管道项目		2017 年 3 月	顺利推进	泰国政府近 20 年来规划的仅有的 2 条成品油主干线
泰国东北部成品油管道项目		2019 年 1 月	—	
泰国湾 4 座海上平台拆除项目	中国海洋石油集团有限公司	2017 年 11 月	正式移交	首次完成海外平台拆除作业
曼谷南变电站	中国水电基础局有限公司	2017 年 12 月	顺利推进	—
龙佩变电站		2018 年 4 月	顺利推进	—
邦色变电站		2018 年 4 月	顺利推进	—

续附表2-14

项目名称	承建企业	合同签订时间	项目进展	项目说明
素叻他尼2变电站至普吉3变电站500千伏输电线路工程	江西省水利水电建设有限公司	2017年初前三月接连中标	顺利推进	—
MEA拉玛Ⅲ电缆入地项目			顺利完工	—
奥派230/115千伏变电站项目			顺利推进	—
EGAT-AY4 230千伏/AP 230千伏/CTC 230千伏GIS成套项目	中国西电集团有限公司	2014—2018年陆续中标	正式移交	—
EGAT500千伏TIWS-L-02输电线路成套项目		2018年7月	顺利推进	—
泰国NPP5A生物质电站工程项目	中国大唐集团有限公司	2012年6月	两大电站已顺利并网发电	亚洲单台机组装机容量最大的生物质电厂
泰国NPP9生物质电站工程项目				
清迈BanKhunpae微网工程	南京南瑞集团公司	2017年12月	正式投入运行	泰国首个智能微网
泰国230千伏邦休变电站项目		2017年	顺利推进	—
500千伏线路成套项目		2018年1月	顺利推进	—
115千伏泰国芭查称变电站项目		2018年3月	正式移交	—

就通信基础设施合作而言，“互联互通”倡议提出至今，中国通信运营

商不仅积极承接泰国电缆产品订单，承建基建扩能业务等，还通过提供大量优质的通信增值服务加速在泰国的业务布局。其中，华为、中兴两大科技巨头早已成功进入泰国市场，积极为泰国云计算、大数据、人工智能等提供丰富多样的业务支持和方案部署，为泰国数字社会转型起到了重要的推动作用。目前，华为在泰合作伙伴超过 400 余家，泰国已成为其在东南亚的第三大市场。中兴通信也在泰国市场深耕 15 年有余。截至 2017 年，中兴通信已在泰国曼谷建立了七个开放实验室。作为泰国电信运营商 True Crop18 股东之一的中国移动，于 2016 年设立了中国移动泰国办事处，中国联通也于 2018 年 3 月在曼谷正式成立泰国运营公司，其他较具实力的中国企业，如长飞公司、亨通、烽火、中天科技、富通集团等均不同程度地与泰国开展了光纤光缆通信合作，为泰国输出大量的电缆产品，并相继在泰国设立工厂及办事处。附表 2-15 为中泰两国主要通信合作项目汇总表。

附表 2-15 中泰两国主要通信合作项目汇总

<table>
<tr><th>项目名称</th><th>承建企业</th><th>合同签订时间</th><th>项目进展</th><th>项目说明</th></tr>
<tr><td>泰国 True 骨干网波分超 100G 项目</td><td rowspan="4">中兴通讯股份有限公司</td><td>2017 年 6 月</td><td>顺利推进</td><td>占项目 75% 份额</td></tr>
<tr><td>偏远农村网络覆盖项目</td><td>2017 年</td><td>顺利推进</td><td>独家中标</td></tr>
<tr><td>超大容量光传输设备(DWDM)</td><td>2017 年</td><td>—</td><td>设备提供</td></tr>
<tr><td>Tier Ⅲ高等级数据中心</td><td>—</td><td>2017 年 6 月通过 Tier Ⅲ设计认证</td><td>泰国首个 UP-TIME 认证的高等级数据中心</td></tr>
<tr><td>泰国 900 MHz 4G 频段</td><td>中国移动通信集团有限公司</td><td>2015 年 12 月</td><td>—</td><td>获得泰国运营商 True 18% 的权益</td></tr>
<tr><td>“北斗”CORS 示范站</td><td>武汉光谷北斗控股集团有限公司</td><td>2013 年 10 月</td><td>2013 年 12 月正式落地泰国</td><td>我国“北斗”卫星导航系统首次落地海外</td></tr>
</table>

续附表2-15

项目名称	承建企业	合同签订时间	项目进展	项目说明
7000 千米 FRP 混绞光缆订单	烽火通信科技股份有限公司	2016 年 8 月	—	光缆采购
泰国电信基础设施升级项目	江苏亨通集团有限公司	2017 年 3 月	—	光缆采购

纵观前文可见，中泰双方在能源、通信等基础设施领域有着良好的合作基础，由于两国在能源发展需求及通信消费习惯等方面极为相似，中国在两大行业的发展经验对泰国而言极具借鉴意义，两国在长期往来中已形成了资源互补的合作模式，这为中国相关企业开拓泰国市场提供了优势。

泰国陆上交通基础设施的改扩建项目大多是在 2016 年泰国“4.0”及“东部经济走廊”战略后才逐步规划制定，中泰两国大型合作也于此后陆续达成。因此，既有的大型交通基础设施合作项目较少，除中泰铁路在推进过程中波澜丛生外，其余均处于稳步推进状态。

4　中国企业投资泰国基础设施建设的问题研判

总体来看，泰国基础设施亟待改造升级的需求较大，“互联互通”倡议既加强了中泰两国间的经济交流与合作，也给中国基础设施企业带来“走出去”的契机。在国内基础设施建设部分产能过剩的情况下，不断致力于拓展业务范围、扩大自身影响辐射度成为企业有效开拓市场的重要路径之一。但由于各方负面效应的综合作用，现阶段中国企业在泰国基础设施建设的投资态势、在建项目积极推进仍有待进一步巩固，究其原因，主要包括以下几大层面。

4.1　各国战略博弈

就国际层面，“互联互通”不仅是我国对外经贸战略，也是我国新时期的安全发展战略[8]。于美国而言，泰国是其对华包围战略的重要锚点，中泰战略合作需考虑到美国这一传统盟友的身份，在合作推进过程中不免存在美、中、泰三国角力；于日本而言，不管是引资项目，还是引资金额，其几乎长期占据着泰国海外经贸发展的主导地位，且日本在泰国投资极具持续性及延续性。附表 2-16 为 2015—2017 年日本在泰国 BOI 引资数据。铁路项目、新能源产业等均是中日海外基建出口的重要领域，两国在泰国基建行业展开的竞争尤为激烈，虽然中泰合作日益广泛深入，但泰国一定程度上也要依赖美日等大国的援助实现发展，泰国为降低大国战略博弈对其本国的影响，保留话语权，多采取“等距离式”外交策略，加大了中泰基建合作谈判协商一致的难度。

附表 2-16　2015—2017 年日本在泰国 BOI 引资数据

年份	泰国获批项目总数（个）	获批项目金额（亿泰铢）	日本投资项目数量（个）	占比（%）	日本直接投资金额（亿泰铢）
2015	1151	4936.90	451	39.18	1489.64
2016	926	3581.19	285	30.78	796.29
2017	730	2270.53	238	32.60	879.00

数据来源：根据搜狐网相关数据整理，http://www.sohu.com./a/246434177-181860。

加强基础设施互联互通，旨在与沿线各国、各地区实现联动发展与共同繁荣，但中国-东盟互联互通在政治、经济、安全等领域的美好愿景却不被有些国家认可。此外，泰国对中国产品的依赖程度不断提高，可能也会引发泰国的紧迫感。

4.2　泰国基建环境波动性较大

首先，泰国自古以来就是多民族、多宗教并存地区，南部的北大年、也拉、陶文三府是穆斯林聚居地，民族宗教冲突导致地区分离主义、恐怖主义、极端主义泛滥，严重影响地区稳定以及合作项目的切实开展。其次，泰国国内保守派和改革派之间长期存在分歧和矛盾，政府频繁更迭影响到其对外政策的稳定性和连续性，导致某些共建项目进展缓慢。最后，随着泰国国内基础设施水平由落后升级至完善、成熟，泰国国内地区间文化、风俗等的交融及外来人口的流动会逐步加快，若打破原住居民的生活现状，极易激化当地民众的不满情绪。因此，如何正确宣传中泰基础设施合作，及时疏导泰国民众的不解情绪，使中国企业跨境投资带来的红利具象化仍是一大难点。

4.3 竞争国基建技术难分伯仲,价格取胜

拥有成熟基础设施建设技术及运营经验的中日德等国,近年来纷纷将市场瞄向基础设施落后、经济基础薄弱的泰国市场。日本在基础设施的规划、建设、运营和管理等方面极具优势,技术领先、注重生态环保、强大的制造能力以及金融实力成为其核心竞争力,日本发达的综合型交通体系也为其技术水平做出了切实的宣传[9]。作为"互联互通"的倡导国,中国基础设施建设整体水平经过几十年的持续深化发展,与发达国家间的差距逐渐缩小,在高铁、桥梁、公路、港口建设等领域已位居国际领先水平。各国在基建竞争中实力难分伯仲,因此,采取投资合作或低息贷款的形式,成为竞争国脱颖而出的重要方式,也成为东道国寻求优惠政策的博弈手段。

4.4 中国企业盈利目标难以实现

泰国的地区武装冲突、政策变动等不可抗力因素加大了项目被迫停工或延误的风险,中国海外投资亏损难以避免,这对项目技术人员的人身安全也造成一定的威胁。多数在泰援建项目均无法满足中方建筑企业的盈利性目标,一方面极大地削弱了相关企业"走出去"的积极性,另一方面还可能存在降低项目质量以达成本压缩这一潜在隐患。

4.5 两国基建标准、法律差异显著

4.5.1 基础设施建设技术标准不一

"互联互通"倡议不仅应致力于促进对外投资、技术输出和援建项目"走出去",中国标准随之得到推广应用也是应有的题中之意。但中国标准国际化程度较低,应用范围及领域较少,泰国基础设施建设多采用本国标准及欧美标准。如针对铁路基础设施而言,中泰高铁项目拟采用中国技术、中国标准,轨距的差异使得泰国铁路网难以有效整合统一,削弱了以交通枢纽支撑其客运流量及经济发展的能力,不仅降低了高铁项目回收投资的能力,而且无法全面证明中国高铁所赋予的联动效益。中泰两国间、中日美等项目承建国间主导的技术标准面临着差异、空白、交叉、冲突等问题,项目推进及基础设施连、通、畅等后期整合规划、联动布局必将经历双

方或多方协商、认同的瓶颈环节。

4.5.2　泰国劳工市场壁垒严重

“一带一路”倡议推进至今，部分东南亚国家由于劳动力专业技能欠缺、工作效率赶不上“中国速度”等问题频繁发生劳工冲突。尽管泰国对外经贸等开放程度较高，但作为传统劳务输出国，其工程承包市场仍处于有条件开放状态：每输入一名外国人员需雇用四至五名当地劳工，外国输入一般工种劳务也受到严格的限制[10]。另外，泰国境内有 500 万外籍劳工，其中合法劳工仅 130 万左右，为解决泰国境内大批非法外籍劳工问题，泰国军政府于 2017 年 6 月底颁布了新版外籍劳工法，要求境内 400 万非法劳工离境[11]。泰国基础设施建设普遍采用“援建国出技术、泰国出劳务”的模式，无疑加剧了泰国建筑行业“用工荒”的现状，两国项目建设面临着缺工断层的困境。附表 2-17 为中泰雇用劳工差异。

附表 2-17　中泰雇用劳工差异

类型	中国	泰国
雇用形式	计时工为主，计件形式、计件计时相结合为辅	以计时形式为主，也有计件形式
工资标准	平均工资 320 元/天	曼谷、巴吞他尼府、暖武里府最低工资为 310 泰铢/天；孔敬、呵叻、罗勇最低工资为 308 泰铢/天；廊开府、乌隆府最低工资为 305 泰铢/天
工作时长	劳动法规定工作时长 8 小时，平均每周工作小于或等于 44 小时，因特殊原因需延长工作时间的，延长时间每日小于或等于 3 小时，每月小于或等于 36 小时。 实际平均工作时长为：春夏秋三季 10 小时，冬季 9.5 小时	劳动法规定工作时长小于或等于 8 小时，每周共计 48 小时。连续工作小于或等于 5 个小时小休，休息时间应大于或等于 1 小时。每次加班需经雇工同意，加班时长每周小于或等于 36 小时

续附表2-17

类型	中国	泰国
雇工薪金组成	基本工资、奖金、津贴	工资、加班费、假日工作费、假日超时加班费、其他因雇报酬
加班补偿	延长工时支付大于或等于工资150%的报酬;休息日安排工作且不安排补休的,支付大于或等于工资200%的报酬;法定节假日安排工作的,支付大于或等于工资300%的报酬	补偿金额为正常工作时间工资的1.5～3倍
社会保险	雇主可为雇工购买社会保险	社保缴费约占工资10%,个人支付5%,企业支付5%
法定假期	元旦、春节、劳动节、国庆节、法律法规规定的其他休假日	每周例行假日、民俗节假日、年度休假日

跨境基建项目涉及多个专业领域,各专业间存在着横向或纵向沟通,参建人员队伍极为庞大,泰国专业技术型人才匮乏,项目人员主要由中方外派技术骨干及当地建筑劳工构成。管理层、执行层人员因文化习俗、语言、工作态度、业务能力等方面的差异给管理层、执行层人员在长期共事中产生了颇多阻碍。

泰国土地国有、私有并存。泰国土地分为皇室所有、国家所有和私人所有三类。由于基础设施建设永久或临时用地需要,拆、改迁范围难免涉及私人民房、高层建筑、寺庙、交通线、公共服务设施等,极易影响当地居民的正常生活。在土地私有为主的泰国,通过拆迁解决基础建设用地问题可实施性较差,即使采取有偿征用土地,被征收土地居民也可能因补偿机制不可观而反对出让,再加上泰国腐败现象积重难返,征地程序掺杂腐败行为,不免引发民怨。

4.5.3　泰国基建产业链尚不完整

泰国建筑资源不够全面,仅能提供施工所需的部分物资,工业水平较为落后,其国内使用的工程机械大多属于日本二手产品,现有的大宗设备供应无法与基础设施建设标准相匹配,需由中方提供高质量的重型设备、机具、水暖五金等物资，且项目建设阶段，泰国工程技师无法完全承担大宗设备的维护保修工作。同时，部分基础设施建设对材料的要求相当特殊，如高铁建设中单是高分子减震、降噪材料就多达十几种，需由中方及时填补部分新型建材的缺口。庞大的进口物资费用是影响铁路建设成本构成的重点，物资供应效率也受到泰国当前货运条件的制约：2018 年泰国基础设施运输质量全球排名 32，国际货物主要依赖水路及公路运输，运输成本较高且效率低下。

5　促进中国企业投资泰国基础设施建设的对策建议

纵观前文不难发现，中泰基础设施建设依旧处于合作层次有待深化、业务范围亟待扩展、现有项目尚需突破建设瓶颈等内外交困的境地，为力求既成项目能够成为中泰合作可持续发展的良好开端，并形成“一点联动全面”的良好合作示范效应，本书针对中国企业投资泰国基础设施建设中滋生出的种种问题，提出以下综合性对策建议。

5.1　以因地制宜为原则，加强对话沟通、互利合作

中泰两国均为传统的礼仪之邦，平等的对话沟通是缓解矛盾、消除嫌隙的基础。两国不应将基建合作仅置于外交层面的周旋上，需通过开展多番真诚交流突破合作中面临的各类瓶颈问题，避免由于语言、文化等差异及表达不充分造成对谈判成果的歪解。

泰国囿于中国不断提升的出口贸易量而抱有诸多猜测，中泰双方需通过加强双边合作机制，如开展农产品、工业产品等中小型企业国际展销会，推送泰国橡胶、大米、水果等农产品及中国的钢铁、摩托车、制糖等优势产能进一步互补合作[12]。同时，提高中泰双方贸易自由化、信息化程度，进一步扩大零关税产品覆盖率、免检产品范围等，通过搭建互联网行业信息平台，使两国及时获悉产品供需量、产品供销商、物流运输等实时数据。另外，打造中泰罗勇产业园、中泰崇左产业园等合作基地，大力引进两国优质企业，达到改善当地就业状况、提高行业技术创新水平、加速经济发展等多重效应，推动两国协同发展、合作共赢。

两国在合作过程中必然存在利益交集、利益冲突。中国应充分保持技术自信，坚守本国战略定力，针对泰国对硬件投资、软件和运营系统管

理等方面的需求驱动合作意向，适时、适量地向泰方转让部分基础设施建造、维修等精良技术，培养专业型基建人才，使泰方意识到中国基建领域在泰国具有巨大的行业辐射面，同时准备好与泰国合作发生冲突时的反制手段。

5.2 支持中泰多角度往来交流，奠定坚实民意基础

中泰两国人文关系影响着双方合作氛围，通过人文互动消除偏见和误解，笔者认为可通过官企民结合、多层面往来交流并驾齐驱以寻求应对之道。

从国家层面，除首脑外交之外，还包括省部厅级的交流，为双边交流提供良好的前提和条件。如在当前经贸合作框架下不断寻求扩大零关税覆盖面、电子跨境出口等投资贸易便利化机制；两国外交部、出入境部门可就人员往来便利化举措进行政策协商，从简化劳工工作签证申请程序逐步向人员免签通行过渡；两国旅游局等机构可联合推出文化艺术交流会、旅游生态交流会等高品质活动，建立长期稳定的人文交流平台。

从商界企业层面，中国企业在“走出去”的过程中要以企业素质、企业责任为依托，满足当地民众之需、解决当地民众之忧，转变“赢得工程项目就一味埋头施工”的理念，通过积极参与社会公益活动、为政府消化庞大的当地劳工群体等举措，切实承担起相应的社会责任。通过在外事工作长期相处中的交流互鉴，两国人民均能不断积累海外业务经验，逐步消除对异国从业人员的戒备及误解。

从媒体企业层面，要把握宣传报道自主权。两国平面媒体、广播电视、新闻通信等企业间可自由寻求合作，政府以政策辅以支持。如中国中央电视台、《人民日报》、泰国公共广播服务公司、《泰国早报》等权威媒体可开展深度合作，在泰国适当推出宣传中国文化的电视、平面广告，播放中国基建发展历程、基建成果、互联互通普惠性专题纪录片等宣传素材，同时充分利用研讨会、考察团等形式加强两国媒体人员往来交流，为中国道路和中国政策发声，矫正国家形象，对惠及民生的两国合作做好沟通、宣传工作，竭力化解矛盾。

从民众层面，赢得青年即赢得了未来，以知识、学术交流为纽带加深两国青年学子互访交流。中泰两国高校积极合作，以泰国发展之所需为基

础，灵活开设专业课程，扩大留学生招生比例。两国高校针对交通工程、电力工程等相关专业开展合作办学，采用“3＋2”或“2＋2”等学制形式，以留学交流为契机，使泰国学子的知识体系、价值认知逐渐偏向于中国[13]。此外，“百闻不如一见，百见不如一试”，中国单方面宣扬“一带一路”红利远达不到增信释疑的效果，可通过两国相关部门牵头、民间组织协助，组织泰国民众实地感受中国整体基建发展水平和随之而来的联动效益。

5.3　平衡各方权责，多渠道提高风险分散能力

基础设施建设“走出去”包含基建设备对外零售、技术等知识产权出让、基建项目整体承揽（融资/不融资）三方面，其中，融资型面临的金融风险层级最高。

泰方可积极寻求中泰商界企业联合融资，采用 PPP-EPC 集成模式（附图 2-2）开展基础设施建设。由中国建筑企业与泰国企业共同出资成立联合体公司（SPV），负责项目部分融资、建设及特许期权限内的运营维护工作，规定其存续期及年固定收益，年固定收益以外的部分归属政府，各出资者按出资比例享有联合体公司（SPV）股权并取得相应份额的运营收益。泰国中央政府和地方政府也按比例承担融资责任，对建设费用资金筹措予以支持：对公益性较强的项目，中央政府融资比例大于地方政府；对盈利性较强的项目，中央政府与地方政府可等比例融资。同时，提供资金补贴及部分政策性优惠：如铁路、公路基建项目可通过提高票价、公路通行费等加速投资回收；赋予联合体公司（SPV）开发基建项目沿线土地的权利，如对高铁站配套商圈，高速公路服务区，港口码头物流园、产业园等进行合理布设与开发；为项目建设提供优惠的水、电价格，力求降低建设成本；在项目运营初期若未达年固定收益，则由政府财政资金给予差额补贴等优惠举措。指定政府机构（如泰国铁路局、泰国公路局）等负责监管相关基建项目资金使用状况，特许期满后，泰方政府出资回购基建项目。

这种融资方式缓解了政府的债务压力，最大限度发挥了中泰企业在资金筹措、管理方面的优势，避免了泰国官僚机构贪污腐败的影响，通过多方参与分散了基建项目投资大、建设期长、效益回收慢等风险，为避免政府及本国企业陷入“投资无果”的困境，泰方的政策变动也必会三思而后行。

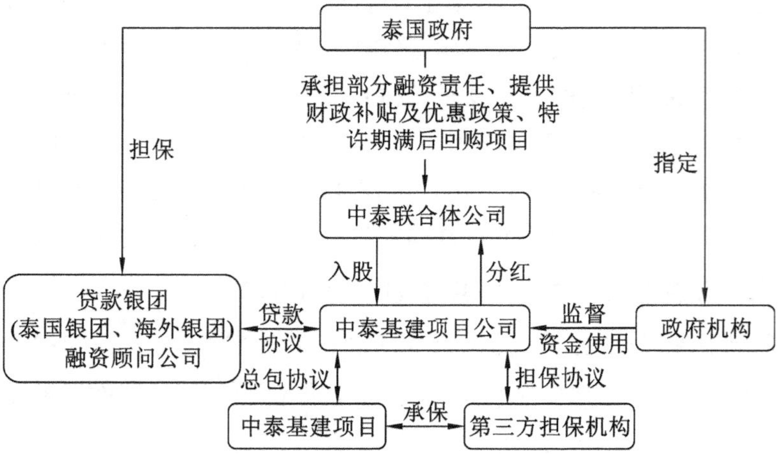

附图 2-2 PPP-EPC 集成模式结构图

5.4 严控海外基建产品质量，着眼于企业转型

中国建筑企业作为中国产品"走出去"的载体，需着眼于技术创新，注重企业技术骨干队伍培养，配备质优量足的项目技术型人才，避免在项目承揽时存在一人同时承担地质专家、结构专家、环境专家等情况，形成一套具有企业特色的知识产权，确保中国标准在泰国基建竞争中具有不可撼动的优势地位。同时，中国建筑企业应充分拓展对外援助的内容和形式，积极协助泰国创立相关科技研发实验室、规划交通轨道体系、布设站点服务系统等，进一步提高中国企业在泰国的声誉和影响力。

5.5 求同存异，"软件"先行协商一致

针对标准技术问题，两国政府部门、科研机构、企业及社会组织等可围绕基础设施建设所需标准展开制定、咨询、培训、翻译等对接与互认工作，签署标准化互认合作协议，通过充分学习、借鉴、融合中国及其他国家标准和规则的先进性，协助泰国开展基建行业标准的查漏补缺、更新完善，构建符合泰国国情及社会条件的基础设施标准体系。首先，在泰国六大基础设施行业中选择出采用中国标准的精品项目，树立业界标杆，为如何在"泰国条件"下充分发挥"中国标准"的优势提供必要的参考和依据。其次，中日美等域外承建国应就同一基建行业可能采用的不同技术标准展开商讨对话，积极协助泰国对六大基础设施行业进行规划布局、整合统一。如泰国

高铁建设就面临着中国标准和日本新干线技术标准并行局面，中日两国均拥有统一轨距的丰富经验，中国应切实承担起大国的责任及担当，积极与日方就如何实现泰国铁路线的“速达性”展开研究方案探讨，这不仅是中国工程实力的展示，更是中国铁路发展经验的输出。

针对劳动力素质及用工问题，可以从以下几个方面规避：①两国政府部门如劳动部、外交部、商务部、出入境部门和工会组织等开展机制协商，就劳工纠纷签订双边协议。泰方可考虑修缮劳工法，降低对中国援泰技术人员的输入要求，简化签证办理手续。各部门严格执法，按照法律程序办理外籍人员工作签证并实时管理、监督，避免政府部门与中介结构沆瀣一气，助长腐败风气。②泰国有关部门应及时公布中国驻泰企业、劳工数据，使泰国民众客观看待中国劳工数量的增长是“互联互通”背景下两国合作项目不断拓展所产生的必然结果。③中方企业应提高社会责任意识，严格遵循泰国法律规程，积极配合泰国政府部门开展劳工审查工作；避免为提高施工效率而突破法律堡垒，投机取巧引入非法劳工；提高技术骨干人员的派遣人数，适当降低低技能劳工的输出。④联合体项目公司内泰国企业需协助中国企业充分了解泰国劳工保护理念、雇用方式、外籍员工条件和人数等法律要求，以标准化规章制度约束参建人员的工作行为，保证泰国效率“赶得上、跟得上、超得过”中国速度。双方企业均调派管理人员，优势互补，使中方管理技巧融入当地生活风俗、文化惯例。⑤重视当地工会组织在劳工协调中发挥的作用，善于利用第三方搭建企业与当地劳工的沟通桥梁。

针对基础设施项目用地纠纷，可从以下方面寻求应对举措：①在开展征地工作前，项目公司可寻求各土地管理部门、土地管理官员、警察、当地律师事务所等的协助，建立外部协调机制和投诉处理机制，主动学习泰国土地转让、使用的法律及程序。②精确勘测基础设施建设需用土地范围，界定私人土地占用面积，由当地政府及时公布拟征收概况，召集土地所有者举行听证会，充分采纳当地居民诉求，由征地双方协商决定补偿机制、安置方案。如土地出让者可获取补偿金、等面积土地等；为因拆迁失去原有谋生手段的当地人提供就业岗位；可享受铁路票价、电价、气价、通信费用等基础设施服务优惠，签署土地征收协议，并将最终征收结果及时公示。

③制定切实合理的建筑物拆除方案，充分尊重当地居民的宗教信仰及风俗习惯。项目公司根据基础设施后期运营状况，视土地出让者的合作程度，划分层级对其家庭成员的教育、医疗等开支进行必要的支持，或扩大福利范围，积极履行好对基础设施项目所在地区经济社会发展、就业及环境保护等社会责任。④重视土地征收滋生的腐败问题。针对附图 2-2 所示的 PPP-EPC 集成模式，资金渠道主要包括银团贷款及联合体融资，资金使用受政府指定机构监督，发生资金往来的各部门、机构、企业之间就项目建设的财务、审计工作需互通有无，保证资金使用透明化，改变依赖单一方陈述信息的做法，由项目公司牵头的外部协调组织需实地走访土地出让者家庭，开展尽责调查，保证土地补偿金精准、捆绑使用，通过政府部门及项目公司的财务管理办法相互制约腐败问题在项目中的蔓延。

5.6 采取“本土化策略”，联合各方实现多途径合作

本土化策略是指中国基建企业在东道国项目建设、运营管理过程中，充分利用东道国的自然与社会资源，实现兼顾东道国经济社会发展和中国企业在东道国合作可持续的双赢局面[14]。

本土化发展大致经历三个阶段。第一阶段：建筑要素本土化。针对工程建设所需原材料、零配件、基础机具等资源，成本较低且需求量大，本地供应商具有价格优势且便于实地考察，可广泛征询中国驻泰使馆经商参处、中资企业商会、泰国官方机构等各方意见，从当地招募物资供应商、建筑分包公司、工程咨询机构等，并建立长期合作关系。针对人力资源紧缺及专业化程度差异，一方面可充分利用中泰两国高校、职业技术学校等开设的专业课程及企业实习岗位，帮助泰国相关人才学习并掌握专业化知识、实操技术，达到各梯度特殊人才跨境或属地培养；另一方面可通过在职培训，按照岗位职能选择当地劳工传授关键工序的操作技术，随着工作经验的积累逐步升迁至技术管理层，选取能力突出的本地劳工担任培训老师，减少培训成本的同时也实现了技能团队的属地化培养。同时，中国驻泰企业应积极交流在泰发展经验，基于当地社会文化环境共同探讨如何优化人才培养、管理模式，探寻出具有当地特色的工作激励机制。第二阶段：企业经营本土化。联营体模式已成为我国建筑企业进入海外市场的有效途径，通过中泰优秀企业组成利益联合体，学习彼此的管理经验及发展模

式，博采众长。第三阶段：技术、智力本土化。针对技术本土化，可推进交通装备企业如中国中车、中国北车，设备机械企业如徐工集团、三一集团等企业与泰国当地大型企业的产能合作，或是借助罗勇工业园等中泰合作平台入驻泰国，逐步将重型设备、新型材料等相关基建产业链“送出去”，实现由产品输出向技术输出的全球化经营转变，通过重型设备本土化制造，有效避免境外运输成本高、周期长，售后维护检修困难等问题，填补泰国高新机械设备的技术空白。针对智力本土化，中泰双方可牵头建立基础设施领域研发中心或技术研究院，联合研究、信息共享，泰国可充分借助中国完善的基建工程教育体系，在国内高校规划、建立、完善基建领域相关专业，打造人才聚集高地，提升基础设施建设自主权。

综上所述，中国-东盟互联互通尚处于起步阶段，中泰基础设施合作必将是一个长期性、跨国性的目标，这就要求上至政府首脑下至基层民众以加深了解、增进信任为前提，以基建项目合作为契机，逐步探寻可持续发展的合作模式，以期实现中泰两国和平、稳定、发展和共同繁荣。

参考文献

[1] 栾鹤.泛亚铁路开启中国-东盟物流贸易新格局[N].中国贸易报，2015-10-22(1).

[2] 泰国旅游地图.泰国机场分布地图[EB/OL].[2019-07-16].http://go.city8.com/world/thailand/traffic.html#intro_106239.

[3] 凤凰资讯.全球最差机场排名第 9　素万那普被 AIRHELP 泼冷水[EB/OL].[2017-06-19].http://news.ifeng.com/a/20170619/51278955_0.shtml.

[4] 百度文库.交通“一带一路”国别报告——泰国(简版)[EB/OL].[2018-10-06].https://wenku.baidu.com/view/74f60627f342336c1eb91a37f111f18582d00c63.html.

[5] 搜狐科技.泰国 2040 年风电将占国内总发电量 11%[EB/OL].[2016-08-31].http://www.sohu.com/a/112930884_131990.

[6] 云南省人民政府.清孔—会晒大桥建成通车，千里昆曼公路全程贯通[EB/OL].[2013-12-12].http://www.yn.gov.cn/yn_ynyw/201312/

t20131212_12871.html.

[7] 搜狐新闻.泰国光伏市场及政策简析[EB/OL].[2017-09-29].http://www.sohu.com/a/195560411_752928.

[8] 周方治.中泰铁路合作的结构性瓶颈与应对方略[J].当代世界,2017,4(4):53-56.

[9] 段子芹."一带一路"战略下中泰基础设施建设合作研究[D].昆明:云南大学,2016.

[10] 王冬梅.中国与东盟铁路互联互通建设研究[D].南宁:广西大学,2016.

[11] 张晓华.开拓泰国承包工程市场须知[J].国际工程与劳务,2013(7):27-29.

[12] 周方冶.21 世纪海上丝绸之路战略支点建设的几点看法[J].新视野,2015(2),105-110.

[13] 陈胜辉,杨建羽,李小艺.东盟青年对"一带一路"倡议的认识与建议——基于对文莱、印度尼西亚、菲律宾、泰国青年的调查[J].广西青年干部学院学报,2017,27(3):6-12.

[14] 陈云."一带一路"战略下境外铁路工程项目的本土化策略研究[J].工程经济,2016,26(9):40-43.

附录3　中国企业投资缅甸基础设施建设探讨

1　引言

1.1　背景及意义

缅甸是中国的重要邻国，同时也是东盟成员国之一，但缅甸的基础设施建设非常落后，根据世界经济论坛发布的《2014—2015 年全球竞争力报告》，缅甸基础设施整体质量在全球 144 个经济体中排名第 138 位。缅甸基础设施建设老旧，甚至在交通、能源、水电、通信等基础设施建设方面严重不足。这些基础设施建设不足以满足投资者的需求，在《2018 年全球经商环境报告》中，缅甸在 190 个地区中排名第 171 位，2017 年则排名第 170 位。缅甸在最新的《外国投资法》中也明文支持外资投资“国家电力及能源基础设施”，仅仅依靠缅甸国内的技术和资金难以大力建设基础设施，必须吸引外部资金完善其基础设施建设。近几年，缅甸新政府逐渐放松了外资的投资建设，并出台了一系列的外资优惠政策，这也使我国企业对缅甸基础设施的投资迅速增加。与此同时，我国企业投资缅甸基础设施的风险无处不在，如中缅铁路、莱比塘铜矿、密松水电站等项目均因不同原因遭搁置。

中国与缅甸基础设施互联互通是中国-东盟互联互通的一部分，是促进中国与缅甸合作的重要举措。缅甸是“21 世纪海上丝绸之路”和“丝绸之路经济带”沿线的关键国家，基础设施互联互通又是“一带一路”投资建设的优先领域。缅甸是中国通向印度洋和孟加拉湾的重要战略要地，同时缅甸的自然资源非常丰富，投资市场潜力巨大。我国提出的 GAFTA 升级版和“21 世纪海上丝绸之路”，将引领中缅进入新的十年。中缅基础设施互联互通不仅仅是一个经济问题，同时也是一个政治问题，基础设施的互联互通既影响中国与缅甸未来的产业链分工、产业升级方向，又影响东南亚与中国在全球的经济与政治地位。但缅甸长期受政权更迭和地区内战的困扰，当今又处于政治改革阶段，其基础设施的发展也存在很大的风险，这也导致中国企业投资缅甸基础设施建设存在不确定性因素，本附录重点研究中国企业投资缅甸的现状、存在的问题，并针对存在的问题提出相应对策建议，为我国企业进入缅甸投资基础设施互联互通提出了防范措施，有利于我国企业赴缅甸开展基础设施投资，对于中缅经济走廊及中国-东盟基础设施互联互通发展至关重要。

1.2 文献综述

据世界银行统计，发展中国家基础设施存量的增加与经济增长呈明显的正相关关系，一般是基础设施每增长 1%，GDP 也相应增长 1%，并且公共基础设施投资一般占 GDP 的 2%～8%（平均为 4%）。著名的"不平衡增长理论"代表者阿尔伯特·赫希曼（Albert Otto Hirschman）认为对于一个区域而言，基础设施建设能带来发展良好的外部环境，这一外部环境对经济增长产生了正向刺激作用。同时，Rostow（1959）的经济成长阶段论也指出，基础设施建设是区域经济起飞的关键条件。郭宏宇、竺彩华（2014）指出，目前中国-东盟基础设施互联互通的影响已经超出基础设施本身，具有重要战略意义。郭宏、葛顺奇（2016）指出，基础设施是一国经济社会发展的物质基础。基础设施的互联互通促进商品、服务和人员的自由流通，对促进贸易与投资、经济增长及改善贫穷具有重要作用。李凌秋（2017）指出，2015 年中国发布的《推动共建丝绸之路经济带和 21 世纪海上丝绸之路的愿景与行动》中，清楚地描述了缅甸在"一带一路" 南线的枢纽作用。杨友孝、宁静（2018）指出，东盟是"21 世纪海上丝绸之路"的战略枢纽，也是亚洲基础设施投资银行以及丝路基金的重要目标投资国。在"21 世纪海上丝绸之路"战略下，基础设施互联互通是中国-东盟合作的优先领域，也是制约中国-东盟合作的瓶颈。

缅甸经济正快速发展，基础设施的严重缺乏，已成为缅甸经济发展的瓶颈。根据世界银行全球竞争力报告中 2015—2016 年全球竞争力指数的基础设施指数，其中缅甸是东盟得分最低国家之一。姜慧、韩琪（2016）指出，缅甸的电力基础设施存在比较严重的问题，不仅通电率低，耗电量更是在东盟十国中倒数第一，本国供电设备能力不足。李凌秋（2017）指出，缅甸的基础设施建设在东盟国家中处于比较落后的地位，交通、能源、水电、通信等基础设施陈旧且严重不足。在 2015 年 4 月缅甸前总统吴登盛出席亚非领导人会议与中国国家主席习近平会谈时，就表达了希望中方通过丝路基金和亚洲基础设施投资银行助力缅甸的基础设施建设。姜慧、韩琪(2016)指出，由于缅甸政府政治不透明、国内政治环境不稳定和部分国家乘机搅局，使得民众对于来自中国的投资尤为敏感。中国在缅甸的电力投资项目也一直处于风口浪尖之上，举步维艰。在缅甸进行基础设施投资，常常受一些大国的干扰。

金仁淑(2013)指出，从投资动因来看，中国企业更加重视东盟的市场开放度、双边的共同语言和文化以及区域经济一体化制度因素，以提升中国企业竞争力以及促进产业结构的优化调整。郭宏、葛顺奇(2016)指出，推动中国企业在东盟投资的因素，既包括挖掘企业所有权优势的机会、公司的战略及国际化愿望，也涉及中国“走出去”战略的驱动作用。绝大多数投资动机是与市场和战略考虑相关的，特别是追求更为有效的全球价值链。一些企业投资基础设施是为了支持其核心业务；一些上游的中国跨国公司投资于下游基础设施是为了确立一个一体化的运营模式；一些企业出于多样化经营或者出于覆盖基础设施价值链的所有环节而进行基础设施投资，目的是产生收入、降低风险或提升公司价值。郭宏宇、竺彩华(2014)指出，中国在基础设施的战略利益有三点：形成和平的周边环境、保证能源安全、推动国内产业转型。中国与缅甸基础设施互联互通也存在一些问题，郭宏宇、竺彩华(2014)指出，中国-东盟合作方案难以协调一致。相比欧洲一体化的历史，东亚一体化严重滞后，从而影响中国与东盟之间的协调。中国-东盟基础设施互联互通缺乏高回报的资金来源。中国-东盟合作受到大国政治的强烈影响。姜慧、韩琪(2016)指出，中国在缅甸电力基础设施投资存在政治摩擦不断阻碍投资进程、电力价格低导致投资利润少、缺乏电力基建领域专业技术人才和管理人才等问题。陈飞羽、罗圣荣(2017)指出，部分中国企业不尊重当地风俗习惯，社会责任意识薄弱，中国企业行为与中国官方政策的不统一给中缅经济关系正常往来造成了很大压力。

2 缅甸基础设施建设现状

缅甸基础设施建设老旧，甚至在交通、能源、水电、通信等基础设施建设方面严重不足。基础设施建设不足还阻碍了其他行业的发展，例如外国在缅甸农业领域的投资额逐年减少，2013—2014 财年，外国在缅甸农业领域的投资额约为 2000 万美元；2014—2015 财年约为 4000 万美元；2015—2016 财年约为 700 万美元；而 2016 年 4 月至 12 月，则没有外资在缅甸农业领域投资。基础设施建设不足也成为制约其经济增长的因素之一。

(1) 铁路公路基础设施方面

缅甸全国道路总长度 148690 千米，市政道路总长度 39641.36 千米，但路况普遍较差，路灯、隔离带等配套设施不足。例如，木姐—曼德勒公路，为缅甸八条主干道中车流量最多的道路，但仍然山路崎岖，弯多路窄，极易堵车。缅甸铁路总长约 6000 千米，铁轨采用 1 米宽规制，不同于国际通用的 1.47 米，与周边邻国铁路网尚未连通。机车、铁轨大部分较为陈旧，车况不佳，速度较慢，铁路网络大部分条件很差。

(2) 港口基础设施方面

缅甸最大的港口为仰光港，缅甸 80%的进出口货物都要经过这里。缅甸是一个以水路运输为主的国家，全国一半以上的货物都依靠水运，但通往港口的公路并不多，很多小型港口没有公路连接，而且水路运输极易受季节影响，严重阻碍港口运输发展。

(3) 航空基础设施方面

缅甸的航空基础设施差，开通的国际航线还较少，机票价格高。直到 2018 年，缅甸才正式被 ICAO 从空地通信效率低下的国家名单中摘除。由于申请手续烦琐、竞争激烈等问题，缅甸几家航空公司陆续宣布暂停营业。

(4) 电力基础设施方面

缅甸的电力资源和天然气储量极其丰富，但由于政府缺乏建设所需的资金和技术，电力开发十分落后。截至 2016 年底，缅甸全国发电装机容量仅 5389 兆瓦，输电线路总长近 5.48 万千米。截至 2018 年 4 月，全国用电总需求量达 3200 兆瓦，全国只有 34%的人口能用上电，全国 60%多的城镇和地区仍然无法得到正常的电力供应。根据缅甸的《国家电力发展规划》，到 2030 年，缅甸电力总装机需求达 2878 万千瓦，目前电力装机缺口达 2355 万千瓦，每年需新建电力装机近 170 万千瓦。

（5）通信基础设施方面

据 GSMA 协会最近发布的消息称，在亚太国家中缅甸的通信行业是发展最为迅速的，但是仍有 3500 万人口处于互联网中断的环境中，4500 万人尚未普及 4G 网络。联合国国际电信联盟发布的一项调查称，自 2014 年缅甸进行电信业改革后，缅甸的 IDI 指数、ICT 接入指数、ICT 使用有了很大的增长，但缅甸通信技术的发展与其他东盟国家相比差距还很大，尤其在提升国民数位素养（运用电子设备及网络资源的能力）和女性信息技术普及率方面还有很大提升空间。缅甸在基础设施建设中对互联网需求依然很大，在网络质量、网络覆盖以及网络通信水平方面，与其他国家相比差距很大，各方面的需求仍然无法满足，缅甸通信技术的发展任重而道远。

（6）油气基础设施方面

缅甸已经探明的石油储量为 1.6 亿桶，已探明的天然气储量为 2207 亿立方米，但由于缅甸基础设施差，技术能力低，缅甸油气勘探开发程度很低，有 2/3 的油气区块仍未勘探。

（7）房地产基础设施方面

缅甸房地产服务协会主席 Khin Maung Than 表示，自 2014 年 9 月以来，缅甸房地产行业已经下滑，只有抵押贷款市场表现良好。缅甸的土地不允许外国投资者进行买卖，只能通过租赁的方式进行使用。缅甸民众仍需要大量优质的公寓住宅。

3　中国企业投资缅甸基础设施现状

自 20 世纪 90 年代中期开始，中国企业开始进入缅甸进行投资，但当时投资规模较小。从 2000 年开始，在中国提出的“走出去”战略背景下，中国企业把大量资本投向缅甸（附表 3-1）。截至 2019 年 2 月 20 日，中国对缅甸的总投资累计达 200 多亿美元，中国成为缅甸第二大外来投资国。在对缅投资领域中，中国企业主要在油气、电力、制造业、交通与通信等基础行业进行大量投资。

附表 3-1　2013—2017 年中国对缅甸直接投资流量存量情况表(单位:万美元)

年份	2013	2014	2015	2016	2017
投资流量	47533	34313	33172	28769	42818
投资存量	356968	392557	425873	462042	552453

数据来源:商务部《2017 年度中国对外直接投资统计公报》。

(1) 能源开发基础设施方面

截至 2017 年 11 月,45 家中国跨国公司已经在缅甸投资了 63 个水电项目,其中包括一些输电线和变电站项目。16 家中国跨国公司参与了缅甸境内的 21 个陆上与海上的原油及天然气项目,包括中国石油化工股份有限公司、中国石油天然气集团公司和中国海洋石油总公司三大油气公司;在采矿领域,过去 5 年中,中国跨国公司参与了 6 个大规模的采矿项目及众多中小型采矿项目。附表 3-2 给出了中国企业投资缅甸能源基础设施的部分大型项目。

附表 3-2　中国企业投资缅甸能源基础设施部分大型项目

序号	中国企业	承建项目	项目进展	项目概况
1	中国葛洲坝集团公司	塔桑水电水坝工程	2007 年 3 月开工,庆典过后大坝一直处于搁置状态	东南亚最大的大坝项目;投资 60 亿美元;装机容量 7100 兆瓦
2	云南联合电力开发有限公司	瑞丽江一级水电站	2004 年 2 月开工;2009 年 6 月竣工	我国首个对外投资水电 BOT 项目;投资 32 亿元人民币;装机容量 600 兆瓦
3	中国葛洲坝集团公司、中国水利水电建设集团公司等五个公司	耶涯水电站	2006 年开工;2010 年 12 月竣工	装机容量 790 兆瓦;素有缅甸“三峡工程”之称

续附表3-2

序号	中国企业	承建项目	项目进展	项目概况
4	中国有色矿业集团有限公司	太公当镍矿	2007年1月开工;2015年11月竣工	投资8亿美元;年产量8.5万吨;为缅甸最大的镍矿床之一
5	中国石油天然气股份有限公司	中缅油气管道	2010年6月3日开工;2013年7月竣工	投资25.4亿美元;年产天然气120亿立方米、石油2200万吨
6	中国水利水电第十工程局有限公司、中国水利水电第三工程局有限公司	莱比塘铜矿	2012年3月20日开工;2016年3月竣工	投资10.65亿美元;年产10万吨阴极铜
7	中国电力投资集团公司	密松水电站	2009年12月开工;2011年9月遭搁置至今	投资36亿美元;总装机容量600万千瓦;每年可为缅甸提供308亿千瓦时的电
8	国家电网有限公司	230千伏主干网联通输电工程	2017年11月10日开工;2020年1月竣工	年输电能力约30万千瓦
9	中国云南能投联合外经股份有限公司	仰光达吉达天然气联合循环电厂	2016年6月开工;2018年3月竣工	装机容量106兆瓦
10	中国大唐集团海外投资有限公司	太平江一期水电站CDM项目	2007年12月开工;2010年12月竣工	投资17亿元人民币;装机容量240兆瓦

(2) 交通运输基础设施方面

由中国铁路工程总公司承建的中缅铁路国内段“最后一段”大理至瑞丽,预计将于 2022 年建成通车,2019 年初,中缅铁路缅甸段在起点段启动勘测工作。中国企业还参与了缅甸的港口、机场等交通领域基础设施建设,在一定程度上改善了缅甸的交通(附表 3-3)。

附表 3-3　中国企业投资缅甸交通基础设施部分大型项目

序号	中国企业	承建项目	项目进展	项目规模
1	中国铁路工程总公司	中缅铁路	2010 年开工;缅甸段处于搁置状态,国内段计划 2022 年全部建成	总里程 1920 千米
2	中国港湾工程有限责任公司等中国公司	内比都国际机场	2009 年开工建设;2011 年 12 月启用	年接待能力达 2000 万人次;为缅甸第三大机场

(3) 土建基础设施方面

中国企业承建仰光新城开发项目、皎漂经济特区项目两个大型项目,重点考虑当地居民的居住、生活等民生问题。附表 3-4 给出了中国企业投资缅甸土建基础设施部分大型项目。

附表 3-4　中国企业投资缅甸土建基础设施部分大型项目

序号	中国企业	承建项目	项目进展	项目规模
1	中设设计集团股份有限公司、中设集团全资附属公司新加坡腾新发展有限公司、上海电气输配电工程成套有限公司	3000 座通信塔总承包	未开工	计划投资 3.848 亿美元

续附表3-4

序号	中国企业	承建项目	项目进展	项目规模
2	中国交通建设集团有限公司	仰光新城开发项目	未开工	第一阶段计划投资超过15亿美元；建造5个乡镇、修建2座桥梁、铺设26千米公路，建设10平方千米的工业区、创造200万个就业机会
3	中信联合体（中国中信集团有限公司、中国招商局集团有限公司、泰国正大集团等）	皎漂经济特区项目	未开工	深水港计划投资13亿美元；整个项目计划投资72亿美元

中国企业在缅甸投资建成、在建或即将要建的项目，包括中缅铁路、密松水电站、莱比塘铜矿、皎漂经济特区、中缅油气管道、仰光新城开发项目等大型项目。但由于缅甸是一个复杂多变的国家，中国投资缅甸并不是一帆风顺。密松水电站、中缅铁路、莱比塘铜矿等项目在建设过程中遭搁置，原因在于一方面境外投资的基础建设项目周期长、难度大、资金投入量大，另一方面，中国企业对东道国的社会、文化、政治、法律等各方面都相对陌生，导致风险的可预测性降低，即使履行了程序上的手续，仍有可能因后期情况变化而遭受损失，因此风险的爆发指数升高。中国企业应吸取教训，做足投资缅甸的调研工作。

4　中国企业投资缅甸基础设施建设存在的主要问题

4.1　缅甸政局不稳定，法律体系不完善

我国企业投资缅甸基础设施具有一定的历史积淀与项目基础，但投资过程中受到缅甸政局不稳定影响较大。缅甸政局不稳定由以下三点原因造成：一是缅甸是一个多民族国家，国内长期存在民族冲突。二是缅甸的民族矛盾导致缅甸联邦政府对部分少数民族的武装地域控制力度欠缺。缅甸多个地方的武装势力都拥有较大的自治权，缅甸联邦政府很难控制地

方武装，这些地方武装有自己的条令，削弱了缅甸联邦政策在地方上的一致性与执行力。三是缅甸的政治走向不明朗，仍然存在较大不确定性。缅甸近些年进行民主改革和政治转型，但从 2013 年开始，缅甸的政治局势动荡不安，缅甸政府军与地方武装势力频繁发生冲突。上述几点政治不稳定因素与缅甸国内其他因素相互交织，加上美日等国际势力的影响，我国企业投资缅甸基础设施举步维艰，投资风险高。

近年来，缅甸政治环境和法律体系得到较大改善，但司法的独立性仍比较欠缺，法律的透明度较低，其法律受政治影响大。在缅甸目前现有法律体系保障下，我国企业投资缅甸项目遭搁置的风险仍比较高。在非政府组织的管理上，缅甸法律放松限制，注册门槛降低，并对非政府组织从事的领域及具体活动规定不严，导致西方众多国际性组织在缅甸迅速发展，在一定程度上威胁到中国企业投资缅甸的项目，例如环保 NGO 组织在舆论上掀起的缅甸民间抗议是密松水电站遭搁置的重要原因。

4.2 财务风险大，利益分配不当

中国企业投资缅甸基础设施项目财务风险来源多样，其中两个主要外部财务风险源是政治因素和经济因素。从政治因素方面看，投资项目被叫停或遭遇重大处罚等突发事件可能给我国企业投资缅甸基础设施带来重大的财务风险。例如在密松水电站遭搁置事件中，国家电力投资集团有限公司不仅前期投入的 70 亿元人民币无法收回，而且当前还在不停地支付巨额的资金利息和相关维修费，同时面临施工方、供应商等有关单位的巨额违约索赔，密松水电站何时能复工修建还未知，后期所需费用很难估计，政治因素带来的财务风险影响重大。从经济因素方面看，缅甸的实际利率水平以及外汇汇率会对企业的财务风险造成重大的影响。中国企业投资缅甸基础设施的资金来源包括银行贷款、融资等方式，利率水平的上升可能会使企业支付更高的利息，同时外币融资也增加中国企业在财务上面临的不确定性。缅甸资本市场发展滞后，金融服务业落后，世界银行对缅甸 1000 多家国内外非农业企业进行了调查，调查表明缅甸超过 90％的企业完全靠自有资金运转，从缅甸银行等传统渠道获取资金变得十分困难，这导致我国企业投资缅甸基础设施在融资上很难进行。

从收益分配上看，中国企业投资缅甸项目进行资金回笼、获取利润、偿

还债务等主要靠项目后期的运营收入。我国企业一般都会在投资前约定项目完工后的收益由投资企业与政府共享,这种模式在一定程度上降低了企业在项目后期运营中的风险。中国企业大量投资缅甸国内基础设施、资源开发等项目,这些项目都为缅甸发展提供了基础保障,但这些项目的协议、合同均与缅甸中央政府签署,而不与缅甸地方政府进行沟通,致使缅甸地方民众认为自己未获得直接的利益,再加上缅甸民众对于征地补偿、拆迁安置等问题的不满,缅甸地方政府对缅甸联邦政府的忌惮与民间百姓对缅甸联邦政府的不满也就自然地转嫁到中国企业与相关项目上,从而影响项目的实施。

4.3 我国投资缅甸企业管理方式和组织结构不完善

我国承包海外工程的企业遍布全球,但每一个地区的投资环境都有不同,因此,中国企业在缅甸投资基础设施项目的过程中,必须按照缅甸当地的市场经济规则行事。而我国企业常常从短期利润最大化的角度出发,思维方式、管理水平还存在诸多不完善的地方,企业没有真正融入当地环境。缅甸的政治经济环境较复杂,非政府组织及地方武装势力在缅甸国内的影响力较大,同时民间的舆论也能经常左右缅甸政府对投资项目的态度。中国企业则以在中国的处事原则与缅甸联邦政府进行协商,将项目问题让缅甸联邦政府来解决,而对于民间舆论以及一些非政府组织等非官方途径的重视不够,导致企业投资过程中产生的问题难以解决。近些年,缅甸政府为了保证国内工人的就业率,在劳工政策和法律上做出了一系列的限制,并对外资企业使用缅甸员工的比例进行了详细规定。因此,我国投资缅甸基础设施项目的企业必须以缅甸本地工人为主。然而,缅甸大多数工人的职业技能水平较低,往往无法达到项目的要求。

在管理组织结构上,我国企业在海外投资中更倾向于以已有的经验来延续海外投资的管理运营。但缅甸政治经济复杂,这种组织结构对于当地媒体舆论等各种投资不利因素缺乏迅速反应,从而引发严重的风险。此外,组织结构的不完善或内部控制失效也容易导致决策失误或法律后果。

4.4 宣传力度不够,缺乏项目透明度

由于中国企业投资缅甸都是与缅甸中央政府签署协议、合同,中国企业并没有充分地把项目有关概况向缅甸民众公示。虽然我国企业在投资

过程中做了包括公益、民生、环保等诸多努力，但由于宣传力度不够，往往陷入光做不说的尴尬境地，并不为民众所知。例如在密松水电站项目上，民众认为产生的电力 90%将输往中国，这被缅甸民众误认为中国在掠夺缅甸资源，但事实是密松水电站产生的电力优先输往缅甸国内，10%将免费输往缅甸，缅甸还将以税收、分红等方式获利。而且中国企业并没有把安全预测、环境报告等有关细节向缅甸民众公示，民众认为中国企业的社会责任不够，从而引发缅甸民众的担忧。中国企业投资缅甸的低透明度使国际社会对中国的建设工作心存怀疑，不利于中国在缅甸开展投资建设工作。

4.5 同西方、日本等国家的竞争

自 2015 年缅甸大选后，缅甸政府开始实行平衡的外交政策，主动迎合美国、日本等国家，与西方国家的关系得到明显改善，西方国家也慢慢解除了对缅甸的大部分制裁，政治关系的改善促进了缅甸与西方国家在经济领域的合作。美国、日本及一些西方国家的企业开始大量进入缅甸市场，这也打破了缅甸的外资主要源于中国、新加坡、泰国等亚洲国家的传统格局，加剧我国企业同美国、欧洲国家、日本等国家的企业竞争。随着缅甸合作格局的多元化，我国企业同欧美等国家的竞争将在缅甸的更多领域、更多地域展开。中国与缅甸互邻，在基础设施开发建设中有先天的优势，但随着美、日及西方国家的企业进入缅甸市场，使我国在技术与资金方面竞争劣势凸显。例如，荷兰电力企业在水资源综合治理规划上具有丰富的经验，在基础设施建设过程中他们更加重视对环境的保护，从而更受缅甸民众欢迎。

4.6 中缅社会文化存在差异

缅甸是一个多民族国家，宗教文化也纷繁复杂，除佛教之外，天主教、伊斯兰教和印度教在缅甸国内都有不同程度的影响。

由于我国企业投资缅甸的项目周期都较长，投资中涉及的缅甸佛教文化、风俗礼仪也很多，我国企业常常按照中国的习惯和思维定式来处理事情，容易导致文化冲突。虽然近些年我国企业在不同文化适应性上有了很大提高，但本土化水平仍需进一步提高。我国企业投资缅甸的项目是由不同文化背景的人合作完成的，不同的文化背景增加了在投资过程中产生的

风险。此外，自 20 世纪 80 年代中期开始，缅甸国内一直存在着反华情绪，政府对媒体实行宽松监管更是助长了这种负面情绪。缅甸国内一些媒体为了吸引舆论关注，往往与 NGO 一起制造民间舆论，使我国企业投资缅甸的项目受到威胁。

5　推进中国企业投资缅甸基础设施建设的对策建议

5.1　遵守缅甸当地的法律法规，寻求法律保障

中国企业投资缅甸基础设施过程中，必须严格遵守缅甸当地的法律法规，不能将国内的法律法规运用到缅甸当地，应培养跨国界的法律意识，在投资的前期调查、建设过程、投入运营等项目流程中，企业都必须践行法律意识，降低项目的法律风险，保证项目的顺利进行。在项目投资前，中国企业应根据缅甸当地的法律法规，从环境保护、资本准入、产业政策、企业形式、劳工制度等角度对缅甸的法律环境进行详细调查，从而做出正确的项目投资决策。同时，由于法律法规的专业性比较强，企业应聘请缅甸当地专业的法律团队，对企业投资项目的各个环节进行法律指导。

此外，中国企业还可以寻求一些外界机构进行保障。我国企业应该强化法律思维，在投资缅甸基础设施项目的过程中，在与缅甸政府就投资事项产生分歧时，可以通过 ISDS 等国际性的法律运行平台维护投资项目的合法权益。

5.2　积极承担社会责任，培养良好的企业形象

缅甸作为一个多民族国家，社会文化突出，中国企业进入缅甸投资时，要通过多种方式主动承担社会责任，例如资助当地的教育及慈善事业，了解当地的生态环境及自然灾害等，虽然采取这些措施会花费一定的成本，但是从长远利益来看，积极承担企业社会责任对企业培养自身良好的社会形象非常有利，良好的企业社会形象甚至可以成为企业立足于当地的根本保证。缅甸中央政府控制着大权，但在一定程度上民意成为政府决策的导向。中国企业投资缅甸，不仅应与中央政府搞好“上层关系”，更应该多接触基层群众，了解民众的需求导向，为民众提供适当的帮助，增强当地居民与政府对于企业的认同感，这对于中国企业融入当地十分有利。首先，中国政府鼓励有关组织或部门对缅甸提供帮助。如中国扶贫基金会常务副

秘书长陈红涛在2018年9月18日表示，3年来基金会实施的项目覆盖缅甸8个省邦，40588人受益。自从中缅油气管道项目启动以来，中国石油天然气股份有限公司单独投入525万美元用于缅甸社会公益，并与合作伙伴共同投入1830万美元，在管道沿线开展了120个社会经济援助项目，支持教育及道路交通、电力、医疗、饮水、通信等公共基础设施建设。其次，投资缅甸建设的中国企业应深入基层民众，为民众提供适当帮助，树立一个良好的企业形象。例如莱比塘铜矿项目，中国水利水电第十工程局有限公司和广州万宝集团有限公司高度重视社会责任的履行，不断推进属地化管理和本地化运营，大力推进社区帮扶和发展计划，围绕铜矿项目打造出一个高度有机融合的项目经济生态圈，与所在社区和村民们共同分享项目发展的红利，参与当地基础设施建设、热心慈善事业、提供就业岗位等。

5.3 推进中国企业的“本土化”战略

缅甸是一个多民族、多帮派国家，其政治、经济、文化与我国存在明显差异，为了更快推进中国企业投资缅甸基础设施建设，适应缅甸当地的投资环境，中国企业应根据缅甸当地实际情况实施“本土化”战略，从而提高项目的建设及运营效率。在人力资源问题上，中国企业应该以当地员工为主努力推行人力资源的“本土化”，因为大量从我国输出员工的成本过高且容易引发法律风险。中国投资缅甸的企业可以通过缅甸劳动办、合法的劳务中介或者媒体招聘一些有经验的缅甸当地员工，充分利用当地的优质劳工资源。对于缅甸缺乏熟练技术工人的情况，我国企业可以对缅甸员工进行技术培训，持续提高员工的技能水平与综合素质，为企业投资项目的顺利进行提供基础保障。与此同时，企业管理层中要任用一定的缅甸籍员工，减少人力资源管理中的文化风险，同时根据缅甸的国情制定出基于工龄的人力资源管理等长效机制，增加员工对企业的认同感和忠诚度。

在企业的决策上，中国企业应根据缅甸国情，因地制宜，吸引当地的专家学者与我国企业管理人员一起组成独立的项目投资决策机构。项目所在地的资本运作、相关法律法规、风俗文化等关键信息直接影响决策的准确性与及时性，缅甸的专家学者对于投资环境的认识度高于我国企业，借助他们的工作能减少管理风险。

5.4 加强宣传力度，提高项目透明度

中国在缅甸的投资涉及的领域包括能源开发、制造业、基础设施建设、林业等，且所签的协议都是与缅甸中央政府签署，但这些项目因宣传力度不够、透明度不高，很多项目往往被外界忽略，缅甸民众和我国民众也知之甚少。因此，我国企业要重视媒体的舆论影响力，主动与影响力较大的主流媒体合作，增加企业积极承担社会责任的宣传力度，引导舆论导向，形成良好的企业形象。同时加强中国企业投资缅甸项目信息的宣传力度，使信息公开化，摒弃以前“多做少说，只做不说”的情况，从而使中国企业在缅甸的投资项目进展更加顺利。第一，通过主流媒体进行宣传报道。可以联系缅甸当地、我国国内以及国外主流媒体进行报道宣传，把项目的建设概况、民众关注的问题以及项目能给当地带来的益处等信息宣传出去，民众只有深入了解项目的建设情况，才会对中国企业的投资建设提供强力的支持。第二，中缅两国领导人通过各种场合进行宣传。中缅两国领导人可以在国内或国外出席一些会议、论坛、走访等活动中，向人们宣传有关中国投资缅甸项目的建设概况，以获得本国或他国民众的理解与支持。第三，中国企业深入当地社会、社区展开宣传活动，为当地民众提供帮助。中国企业要想在缅甸的投资建设工作顺利进行，就要深入项目所在地的社区等进行宣传，让民众切身感受到项目建设能给当地带来的实惠，了解民众的需求导向，为当地提供社会帮扶。

5.5 通过保险与利益共同体转移投资风险，并拓宽融资渠道

保险作为风险管理的一个重要工具，能有效降低企业所面对的政治风险等多种风险。中国企业投资缅甸基础设施应根据项目实际情况，让渡部分投资潜在利润，选择适合的保险产品来应对可能存在的投资风险。海外投资保险制度是企业海外投资的重要制度保障，据了解，2018 年中国出口信用保险公司海外投资保险承保额达 581.3 亿美元，同比增长 18.9%。随着中国经济对外开放程度加深，海外投资保险在保障项目投资利益上的作用将越来越大。缅甸是一个投资环境较差的地区，政治环境尤其突出，中国企业在投资前应根据实际的风险评估结果，购买足额的保险产品来转移部分风险。

此外，地方武装势力与缅甸联邦政府的利益纠纷是缅甸政局不稳与武

力冲突的重要原因。中国企业应通过合理的利益分配制度安排,同时与缅甸联邦政府、当地有影响力的个人、地方武装及企业强强联合,形成投资利益共享的利益共同体,降低由于利益分配不均而对企业项目投资产生的风险。

在融资渠道上,我国企业应积极开拓多种融资渠道,降低融资渠道单一的风险,保证项目顺利进行。当前,我国企业进行海外投资在融资时仍然以国内资本市场为主,缺乏从国际市场或者东道国获取资金支持的渠道,这种单一的融资渠道在一定程度上削弱了我国企业在海外投资上的竞争力。虽然目前缅甸国内资本市场尚不发达,资金短缺,在很短的一段时间内很难获得足够的资金支持,但随着近年来缅甸经济的持续改善与联邦政府的支持,吸引缅甸政府的资金长期可行。首先,中国企业可以通过国际资本市场进行融资,增强企业在国际资本市场中的融资能力,如以公开募股、并购上市以及在网络上直接公开发行等方式来实施海外融资行为;其次,中国企业可以与缅甸当地有较高信誉的大企业进行合作,让出一定的利益来为项目提供足够的资金支持,降低融资风险,拓宽融资渠道。

5.6 妥善处理与他国的竞争关系,融入当地社会文化

随着缅甸经济改革的不断推进,包括欧美国家、日本以及周边国家的大量资本涌入缅甸,中国企业在“走出去”战略背景下也进入缅甸市场,目前中国已成为缅甸最大的外来投资国,开始引起美日以及周边国家的担忧,中国企业在外来压力下如何继续发展?首先,妥善处理与美日的关系。中国对外政策的宗旨是维护世界和平、促进共同发展。中国企业与美日企业在缅甸投资应公平竞争、和平发展,不发展敌对关系,更不能采取有敌意的经济政策,在某些敏感问题上相互退让,在缅甸营造一个良好的投资环境。其次,促进中缅关系稳定发展。自古以来,中缅就是邻邦,两国间存在着诸多利益关系,维护中缅关系稳定发展是明智之举。中缅关系正快速向好发展,美国为遏制这一势头加快了对缅甸公共外交的步伐,但这不足以撼动中缅两国人民深厚的友谊。中缅之间保持高层互访与战略沟通,加强政治沟通密度,对维系两国友谊、化解矛盾、达成多方面共识非常有益。最后,中国企业应加强自身的竞争力。“打铁还需自身硬”,中国企业应不断

强化自身，增强企业在缅甸的竞争力，抵挡住外来因素的干扰，使企业能稳稳扎根于缅甸的投资建设中。

在社会文化方面：第一，中国企业要加强与当地政府部门的联系。政府部门工作人员的意见会影响很多民众的想法，为此搞好与政府的关系至关重要。第二，参与当地的文化活动。每一个地区、宗教、民族都有自己的文化，我国企业投资项目建设的过程中要利用一部分时间参与当地的活动，了解当地的风俗文化。第三，不定时举办中缅联谊活动。为了让中缅双方民众更加直接和更快速地了解对方的文化和风俗习惯，可以邀请一定的当地民众，以举办活动的方式进行尽兴的和不受拘束的交流。

参考文献

[1] 宁静.东盟基础设施建设对中国-东盟双边贸易流量影响的研究[D].广州：广东外语外贸大学，2018.

[2] 赵洪.中日对东南亚基础设施投资竞争及其影响[J].国际论坛，2018，20(2)：39-45，77.

[3] 李凌秋."一带一路"背景下中缅基础建设的投资合作[J].东北亚经济研究，2017，1(3)：31-39.

[4] 陈飞羽，罗圣荣.美国重返亚太与中缅关系[J].东南亚纵横，2017(3)：86-92.

[5] 郭宏，葛顺奇.中国对东盟基础设施投资研究[J].国际经济合作，2016(12)：48-53.

[6] 姜慧，韩琪.东盟新四国电力基础设施与中国投资策略研究[J].国际经济合作，2016(8)：75-79.

[7] 姜凌，江蕴玉.建设21世纪海上丝绸之路与中国的发展机遇——基于东盟国家基础设施视角[J].产业与科技论坛，2015，14(24)：17-18.

[8] 吴志军，姜凌.中国对东盟基础设施建设的机遇与构想[J].产业与科技论坛，2015，14(3)：13-15.

[9] 郭宏宇，竺彩华.中国-东盟基础设施互联互通建设面临的问题与对策[J].国际经济合作，2014(8)：26-31.

[10] 金凤君，刘会远，陈卓，等.中国与东盟基础设施建设合作的前景与对

策[J].世界地理研究,2018,27(4):1-10.

[11] 许利平.缅甸罗兴亚人道主义危机及其影响[J].当代世界,2017(10):58-61.

[12] 王嘉玲.基于企业社会责任视角的中资企业投资缅甸的问题及对策研究[D].南宁:广西大学,2017.

[13] 苏林.缅甸交通基础设施投资环境分析[D].昆明:云南财经大学,2016.

[14] 严铁军,陆新佳.瑞丽江一级水电站设计新技术[J].科技资讯,2014,12(35):44,137.

[15] NAM K Y,CHAM MR, HALILI P R.Power sector development in myanmar[J]. ADB economic working paper series,2012:31-37.

附录4　中国企业投资柬埔寨基础设施建设探讨

1　引言

1.1　选题背景与意义

随着"一带一路"倡议提出[1]，国家主席习近平强调："我国希望同'一带一路'沿线国家加强合作，实现道路联通、贸易畅通、资金融通、政策沟通、民心相通"。[2]柬埔寨，处于东南亚交通枢纽位置，是中国的友好近邻，也是"21世纪海上丝绸之路"上的重要沿线国家。柬埔寨国内劳动力资源丰富，成本较低。自洪森首相执政以来，大力发展经济，所有行业都对外开放，鼓励外商投资，使柬埔寨成为世界上经济自由度最高的国家之一，同时还可享受欧美等发达国家给予的特殊贸易优惠政策及额外的关税减免优惠[3]。目前，中国正加快与其"四角"战略、《2015—2025工业发展计划》有效对接，深化产能与投资合作，实现互利互赢[4]。中国和柬埔寨的基础设施互联互通是促进两国经济发展和经贸投资合作的新源泉。目前，中柬双方正在逐步落实《共同推进"一带一路"建设合作规划纲领》，建立并完善中柬基础设施的互联互通长期规划，抓好产能以及各项投资合作[5]。中国政府全力支持中国企业投资柬埔寨基础设施的重点项目，双方共同建设好柬埔寨的基础设施。目前，柬埔寨所有大型水电站均由中国企业投资或控股。中国企业投资建设的水电、火电项目发电量约占柬埔寨全国发电量的80%；中国企业完成的高压输电线路占柬埔寨高压输电线路总量的35%。柬埔寨6000千米国道中，3000千米由中国企业完成。目前，柬埔寨第一条高速公路——金边至西哈努克港高速公路已开工建设，该项目由中国路桥工程有限责任公司承建。但是，在中国企业投资柬埔寨基础设施建设的进程中仍然存在资金、土地、技术、生态环境等方面的阻力，这些阻力不仅影响两国企业日后的投资合作，也影响到两国经贸关系的发展进程。因此，全面分析中国企业投资柬埔寨基础设施建设现状、存在的问题并提出相应解决措施，对加快推进中国-柬埔寨国家互联互通建设进程具有重要的现实意义。

1.2 文献综述

1.2.1 国内文献综述

国内对中国企业跨国投资研究比较充分，研究范围也比较广，包括企业跨国投资的风险分析、投资模式分析、区位选择、战略政策分析等，但是这些研究中大多都只是简单提到基础设施建设，并没有对其进行深入研究。如孙乾坤(2017)[6]、孙红霞和赵予新(2019)[7]等学者都提到了中国企业跨国投资基础设施建设，但只是一笔带过，他们主要还是对跨国投资的风险、现状、因素、对策等进行分析，很少对基础设施进行针对性分析。关于中国企业投资国外基础设施的研究中大多是对企业投资某一区域国家的基础设施研究。如方旖旎(2016)[8]、黄正骊(2019)[9]等学者对中国企业投资非洲地区、东盟国家、“一带一路”沿线国家等基础设施建设相关方面进行了研究。针对中国企业投资某一具体国家基础设施的研究并不多，而且大多是对企业投资某一国家基础设施的融资模式研究，很少有对企业投资某一国家基础设施建设的整体性分析。如李业长、王松江(2005)[10]分析了中国企业以 BOT 模式投资越南基础设施的风险。尹明燕(2006)[11]探讨了中国企业以 TOT 融资方式参与越南诸多可实施的建设项目中涉及的合同问题，研究并设计了 TOT 项目各类合同等。宋迎(2014)[12]对中国企业参与印度尼西亚基础设施建设的不同融资模式和风险进行实证分析。刘彦丽、陈磊、范振中等(2018)[13]研究了中国企业如何以澳大利亚 MIT 规则投资澳大利亚基础设施建设。

近年来，中国与柬埔寨的互联互通建设不断推进，中国越来越重视对柬埔寨基础设施的建设，但是国内对中国企业投资柬埔寨基础设施的研究并不多，更多的学者(如郭继光(2011)[14]、杨小东(2015)[15]、孙磊(2016)[16]等)只对中国企业在柬埔寨的投资现状、风险以及影响因素进行了分析，虽然在这些研究中或多或少会提到基础设施建设方面的内容，但是这些内容的研究是不深入、不全面的。现有的中国企业投资柬埔寨基础设施的研究主要是从基础设施的某一方面去分析，基本上没有对中国企业投资柬埔寨基础设施进行整体性分析。如王喆、王玮(2012)[17]分析了中国企业参与柬埔寨某铁路建设项目可能的投资建设与经营管理模式，并提出适合该铁路项目的 BLT 模式框架。陈妙旺(2013)[18]研究了中国企业在柬埔寨

BOT 水电站项目税收策划等。王攀、田建川(2018)[19]对中国企业在柬埔寨开设商务航线项目进行了研究。

1.2.2 国外文献综述

国外对企业跨国投资研究比较充分,但是对企业跨国投资基础设施的研究相对就不多了,尤其是对企业投资某一国家的基础设施的研究更是缺乏,现有文献主要集中在研究提高基础设施质量和减少投资风险的方法,这对本文的研究起到一定的帮助。如 A.Iimi (2011)[20]提出了用公用事业资产进行适当的维护,适当的定价和征收关税机制以及建立健全的规章制度和体制框架等对提高基础设施服务的质量具有十分重要的作用。E. Malesky 等(2015)[21]认为透明度,即有明确的规则和程序,在减少与投资相关的风险方面可能更具有关键作用。R.A.Johnny 等(2018)[22]分析了北卡罗来纳州交通局(NCDOT)在运输渠道层面对铁路公路平行线交叉口安全改进项目进行排序的方法,优化有限资金的使用,提高铁路系统的可靠性。政府需建立监管机构,减少与基础设施建设等项目相关的风险。

国外学者也是对企业投资某一区域国家基础设施研究较多,并且更多的是研究投资基础设施建设的融资模式,而对企业投资某一具体国家基础设施的整体性研究较少。如 V.N.Sambrani(2014)[23]从亚洲和非洲的角度考虑,认为 PPP 是一种融资机制,用于弥补私人资本和经验方面的需求缺口,资助基础设施建设并提高基础设施建设质量。P.S.Nkambule(2016)[24]指出,帮助撒哈拉以南的非洲基础设施 PPP 发展是建立相关机构负责立法和 PPP 项目的质量监管。S.Durdyev 等(2016)[25]研究了影响 BOT 实施的重要因素,认为对于发展中国家来说,可以考虑将 BOT 交付模式应用于基础设施项目,并在应用 BOT 模式时,修改财政立法以允许新私营企业在法律范围内有效运作,放宽有技术的工人移民的规定,临时吸引外国熟练劳动力。

综上所述,国内外研究不够深入和主要空白点包括:中国企业投资特定国家基础设施建设的整体性分析;中国企业投资柬埔寨基础设施的整体现状和主要问题、融资方式的选择;从不同角度给出中国企业投资柬埔寨基础设施建设的相关对策建议。这些空白点构成本附录研究的重点范围。所以基于上述文献的研究,本附录对前人总结分析做进一步延伸和探讨,全面分析柬埔寨基础设施现状和近几年来中国企业投资柬埔寨基础设施建设现状，并从大量具体项目案例中分析项目存在的主要问题，进而分别从政府层面和企业层面给出符合柬埔寨实际的对策建议。

2 中国企业投资柬埔寨基础设施建设现状分析

2.1 柬埔寨基础设施建设现状

由于落后的经济和漫长混乱的战争，柬埔寨的基础设施非常薄弱。经过长时间的努力修复，柬埔寨国内基础设施得到了较大的改善，但整体上还是呈现落后局面：供应短缺的电力，容量小且没有覆盖全国的电网；建设质量不高的公路，长期废弃且客运停运多年的铁路；内河运输规模小且运输成本高的港口；普及率较低的互联网，价高质低的通信服务。2014—2018年，柬埔寨政府共批准959个投资项目，协议投资额约230亿美元，创造了约100万个工作岗位[26]。

在电力电网方面，柬埔寨的供电能力不断提高：2004—2018年的15年间，柬埔寨发电量增长12.5倍，输电量增长11.4倍(附图4-1)。2018年，柬埔寨国内电力生产量达2207兆瓦，占国内电力总需求量的86.45%[27]。截至2019年，柬埔寨拥有两种主要能源，即国内电力和从国外购买的电力。国内总电力来源包括：七个总发电量为1328兆瓦的水电站，两个总发电量为640兆瓦的燃煤发电厂，总生产能力为274兆瓦的黑油发电厂，两个总发电量为90兆瓦的太阳能发电厂，发电量为56兆瓦的生物质发电厂。这样一来，柬埔寨的总电力便达到了2388兆瓦。2018年，柬埔寨全国电网总长约为1957千米，输变电站33个(附表4-1)，电网覆盖20个省市，总共覆盖全国81.6%的村庄；而正常供电的住宅共有232万栋，占全国住宅总量的68.64%，与2014年同比增长了26%。目前，只有特本克蒙省、磅通省、奥多棉芷省、拉达那基里省和蒙多基里省5个省尚未连接国家电网，但是仍然可以通过国家电网网络下的电站间接实现供电。除此以外，还有12个输变电项目正在建设当中，其中包括长达1639.32千米的输电网以及14个变电站。在以上项目全部建成投入使用之后，柬埔寨的国家电网将能直接为全国25个省市供电。

在交通方面，目前柬埔寨已修建6000千米的国道，而柬埔寨第一条高速公路——金港高速(金边—西哈努克港)已经开工。公路交通网络连接柬埔寨所有省份，使柬埔寨成为一个综合经济体。同时，柬埔寨公路网通过1号、5号、7号公路与越南、泰国、老挝连接，形成整个印度半岛与东部联盟地区陆路交通互联，整合柬埔寨国内市场，并成为柬埔寨融入东盟地区和世界经济体的载体。除了陆路运输外，柬埔寨还努力开辟更广泛的空中运输渠道，并加强其开展这些渠道的能力。中国参建的暹粒新国际机场、金边新机场、国公省七星海国际机场以及干丹省机场的建设等工作也在逐步推进。

通信方面，截至2019年1月，柬埔寨的移动互联网用户多达13687157人(共有7家运营商)，占全国总人口的82.61%。全国手机卡用户多达19498831人(共有6家运营商)，1600万全国人口中，手机卡使用率高达117%。

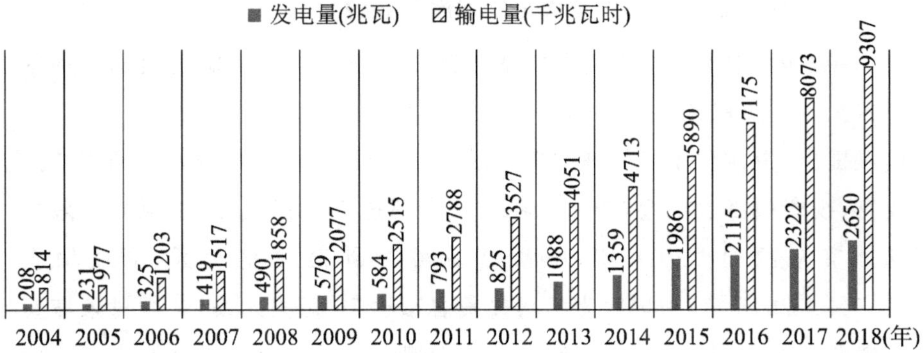

附图4-1　2004—2018年柬埔寨发电量与输电量

数据来源：柬埔寨电力局。

附表4-1　柬埔寨已投入运行的输电网和变电站

序号	系统名称	输电网	变电站
1	南部地区输变电系统	230千伏：271千米 115千伏：230千米 115千伏：209千米	合计18座，其中金边市6座，干拉省1座，茶胶省1座，实居省1座，贡布省1座，西哈努克省1座，国公省1座，波萝勉省1座，柴桢省1座
2	西部地区输变电系统	230千伏：551千米 115千伏：321千米	11座，其中马德望省3座，菩萨省、卜迭棉芷省、暹粒省各2座，磅清扬省、拜林省各1座

续附表4-1

序号	系统名称	输电网	变电站
3	连接北部—东部地区输变电系统	230 千伏:366 千米	3 座,其中磅湛省、桔井省、上丁省各 1 座
4	北部地区输变电系统	115 千伏:193 千米	1 座,西哈努克省 CHHEB 区
	总计	115～230 千伏:2141 千米	

数据来源:柬埔寨电力局。

2.2 中国企业投资柬埔寨基础设施建设现状

一方面,中国企业投资柬埔寨基础设施建设存在一定的机遇。中国从古至今一直保持与柬埔寨贸易合作伙伴的关系,随着中国“一带一路”倡议提出,中柬合作得到进一步加强,中国越来越多的企业选择到柬埔寨投资,投资项目数将近 600 个,项目资金超过 143 亿美元,是柬埔寨最大的外资来源国。2018 年,中柬贸易额达到 73.9 亿美元,同比增长 27.6%。2018 年,中国对柬埔寨投资总额达 36 亿美元,占外国对柬埔寨投资总额的 53%。目前,柬埔寨所有大型水电站均由中国企业投资或控股。中国企业在柬埔寨建设的 10 座水电站和 1 座火电站为柬埔寨贡献了 80%的发电量,架设各类电网约 8000 千米;完成的高压输电线路占柬埔寨高压输电线路总量的 35%;已建成的农村电网约占柬埔寨农村电网总长的 1/4。柬埔寨 6000 千米国道中,3000 千米由中国企业完成,柬埔寨第一条高速公路——金边至西哈努克港高速公路已开工建设,该项目由中国路桥工程有限责任公司承建。同时,中国企业累计支持柬埔寨水利项目 14 个,灌溉面积 43.22 亿平方米;在柬投资铺设了 1.2 万千米陆上光缆,承建了柬埔寨第一条长度达 1300 千米的海底国际光缆;建成首座现代污水处理厂;帮助修复港口,新建深水码头、机场等。这些项目极大改善了柬埔寨的基础设施现状,如附表 4-2 至附表 4-4 所示。

附表 4-2　中国企业在柬埔寨投资电力电网领域重大项目

序号	中国企业	项目名称	项目简介
1	中国电力技术进出口公司	基里隆Ⅰ号水电站	2001 年 4 月—2002 年 5 月，总投资 1924 万美元，年均发电量为 5300 万千瓦时
2	中国水利水电建设集团公司	甘再水电站	2007 年 9 月—2011 年 12 月，总投资 2.8 亿美元，年均发电 4.98 亿千瓦时
3	国网新源控股有限公司	基里隆Ⅲ号水电站	2009 年 3 月—2013 年 4 月，总投资 6653 万美元，年均发电 7668 万千瓦时
4	中国大唐集团有限公司	金边至马德望输变电网	2009 年 11 月—2012 年 4 月，总投资 1.13 亿美元
5	中国大唐集团有限公司等	斯登沃代水电站	2009 年 11 月—2013 年 6 月，总投资 2.55 亿美元，年均发电量 5.02 亿千瓦时
6	中国华电集团有限公司	额勒赛河下游水电站	2010 年 4 月—2013 年 12 月，总投资 5.5811 亿美元，年均发电 10.2 亿千瓦时
7	中国重型机械总公司	达岱水电站	2010 年 3 月—2015 年 3 月，总投资 5.4 亿美元，年均发电 8.49 亿千瓦时
8	内蒙古鄂尔多斯鸿骏投资有限公司	西哈努克港燃煤电厂	2011 年 1 月—2014 年 7 月，总投资 6.2 亿美元
9	中国华能集团公司	桑河二级水电站(2017 年 9 月完成截流)	2013 年 11 月—2018 年 6 月，总投资约 10 亿美元，年均发电量 19.12 亿千瓦时
10	云南华能澜沧江水电有限公司	桑河下游Ⅱ号水电站	2013 年 10 月—2018 年 10 月，总投资 7.82 亿美元，装机容量 400 兆瓦，占柬埔寨全国发电量的 1/5 以上
11	中国国电集团公司	柴阿润水电站	2015 年 2 月，项目暂停
12	中国晶科能源控股有限公司	太阳能发电厂	2018 年 11 月获批，总造价接近 6000 万美元
13	中国重型机械有限公司	500 千伏输电线路项目	2018 年 1 月签订合同，2019 年 3 月正式开工

数据来源：根据柬埔寨发展理事会相关数据整理。

附表 4-3　中国企业在柬埔寨投资路桥领域重大项目

序号	中国企业	项目名称	项目简介
1	中国路桥工程有限责任公司	76号、57号、3763号、57B、41号国道和257D号路	全长548.04千米，耗资2.5289亿美元
2	上海建工集团股份有限公司	7号、8号、62号、210号、62号、78号、8.1号和8.2号、59号、61号、9号、7号国道和连接大金欧大桥的道路	全长1081.39千米，耗资共5.0393亿美元
3	中国路桥工程有限责任公司	76号、44号、55号国道	全长493.54千米，耗资约3.0478亿美元
4	上海建工(集团)总公司	6A、5号、6号、58号国道	全长493千米，耗资约4.9873亿美元
5	中国交通建设股份有限公司	金港高速(在建)	全长190千米，耗资约20亿美元
6	中国路桥工程有限责任公司	水净华大桥	全长719米，耗资2750万美元
7	上海建工(集团)总公司	西公大桥、百克丹大桥、湄公上丁大桥、大金欧大桥等	全长5.69千米，耗资共1.6939亿美元
8	中国路桥工程有限责任公司	哥通大桥(2017年2月13日启用)	长415米，耗资1939万美元
9	中国四川国际投资公司，四川铁路勘察设计公司	金边—波贝—暹粒高速路	2018年3月签订协议
10	中国路桥工程有限责任公司	NR1551号公路	全长约197千米，2019年6月中标，中标金额6.2亿元人民币

数据来源：根据柬埔寨发展理事会相关数据整理。

附表 4-4 中国企业在柬埔寨投资其他领域重大项目

序号	中国企业	项目名称	项目简介
1	红豆集团有限公司	特区污水处理厂	2017 年 2 月建成柬埔寨第一个现代污水处理厂,有效处理本地生产废水,促进西哈努克经济区经济与环境协调发展
2	华为海洋网络有限公司	海底光纤电缆	2017 年 3 月建成柬埔寨第一条海底光缆,大大提高了柬埔寨的通信效率,降低通信费用
3	中国电力建设集团有限公司	在柬埔寨西北部的奥多棉芷、暹粒和卜迭棉芷三省接壤区的斯伦河项目	2017 年 3 月顺利交接,总投资 6700 万美元,中国信贷贷款 5200 万美元,柬埔寨拨款 1500 万美元,有效改善了三省的水资源利用情况,大大提高农作物产量
4	云南省投资控股集团有限公司	暹粒新国际机场	2016 年 10 月签署《暹粒新国际机场项目 BOT 协议》,在暹粒省投资兴建新机场。2018 年 3 月开工建设,预计 3 年完工,总投资约 8.8 亿美元
5	华为技术有限公司	5G 网络	2019 年 4 月宣布将在柬埔寨部署东盟首个 5G 网络,为柬埔寨民众提供更快速便捷的网络服务

数据来源:根据广西大学中国-东盟研究院相关数据整理。

另一方面,中国企业投资柬埔寨基础设施建设也存在一定挑战。柬埔寨是近年来东盟地区国内生产总值(GDP)增长最快的国家之一,过去 20 年里,柬埔寨 GDP 保持年均 7.7%的增长率。2018 年,柬埔寨 GDP 取得了 7.3%的增长率,超出预计。2019 年前 4 个月,柬埔寨政府批准了 115 个投资项目,协议投资额达 40 亿美元,相比 2018 年同期的 81 个项目、8.63 亿美元,投资额增加近 3 倍。2014—2018 年,柬埔寨政府共批准 959 个投资项目,协议投资额约 230 亿美元。世界各国都在争夺柬埔寨的市场份额，柬埔寨外来投资主要以亚洲国家为主，早期其五大外资来源国分别为中国、日本、韩国、英国和泰国。虽然中国是柬埔寨的最大外资来源国，但是其他国家也紧跟其后，都占有不少的投资比例。同时，柬埔寨落后的基础设施，不完善的法律法规，也将导致中国企业的建设项目进度难以控制，权益难以保障。

3　中国企业投资柬埔寨基础设施建设存在的主要问题

3.1　土地纠纷频发

柬埔寨存在较严重的土地纠纷问题[28]，而中国对柬埔寨在公路、铁路、电力电网等基础设施项目建设中，不可避免地会涉及土地问题。柬埔寨人权中心发布的《2007—2011 年柬埔寨土地纠纷统计报告》显示，柬埔寨全国各省几乎都有土地纠纷，涉及的纠纷土地面积占到全国领土的 5%，76 万人牵涉其中[29]。近几年，曾有部分中国公司牵涉其中，除了金边万谷湖项目出现涉及中国企业的土地纠纷外，在西海岸省份戈公也出现了中国企业开发房地产项目陷入土地纠纷的情况，而在北部的桔井省也出现了中国公司开发农林业面临土地纠纷的问题。尤其在租用特许土地经营时，由于面积较大，更易引发土地纠纷。中国企业在龙城庄园投资项目、金边万谷湖项目、西海岸省份房地产项目、农林业项目等都遭遇土地纠纷情况。据人民网新闻报道，2007 年桔井伟业农业开发有限公司进行投资开发时，就受到当地农民侵占公司大片土地，尤其在 2012 年，在短短几个月内，增加了 300 多户居民强占特许土地[30]。种种土地纠纷事件表明，柬埔寨法制还不完善，中国企业和柬埔寨政府间仍然缺少一个有效的解决土地纠纷问题的机制，中国企业到当地投资占用土地时容易导致民众的不满，遭到民众的攻击，造成不必要的损失。

3.2　承包方式单一，承担风险较高

BOT 模式（建设—运营—转让）是中国企业在柬埔寨基础设施建设合作中用得最多的模式，具有承包方式单一、历时长、投资大、法律关系复杂、承担风险较高的特点。由中国水利水电建设集团、中国大唐集团、中国路桥工程有限责任公司、中国华电集团、中国重型机械总公司、国网新源电力控股公司等企业在柬埔寨投资建设的输变电站、水电站、高速公路、桥梁等

基础设施投资领域大多采取传统的 BOT 模式，承包几十年，如中国企业早在 2011 年就已经以 BOT 模式和柬埔寨签约了 7 个输电网和水电站项目。这种模式初期建设费用由建设项目的公司承担，建设完成后的管理和运营权由建设项目的公司所有，建设项目的公司在特许期限内通过获得运营收益来收回建设成本并获取利益后，将经营权转交给柬埔寨政府。在 BOT 项目的实际操作中，由于工作环境的复杂性，中国企业采用这种模式需要承担较高的风险，操作方式不灵活，投资者为了节约项目建设成本，引进先进的科学技术的积极性并不高，甚至出现偷工减料的不良情况。

3.3 建设资金不足

资金不足是中国企业投资柬埔寨基础设施建设的重要问题。根据附表 4-2 可知，中国企业投资建设西哈努克港燃煤电厂，历时 3 年多，共花费 6.2 亿美元；投资建设额勒赛河下游水电站，历时 3 年多，共花费 5.5811 亿美元；等等。从这些数据中可以看出，修建一个基础设施项目需要大量的资金投入，而且每个项目修建的周期都在 2 年以上，若是大项目则需要长达 5 年以上，甚至 10 年的时间。企业很难在短时间内收回成本获取利润，这将使得企业再无足够资金投入下一个项目。虽然近些年来中国一直提倡“一带一路”建设，也表示愿意提供一定资金来加强东盟国家基础设施建设，但是东盟国家数量较多，能投资给柬埔寨的资金并不多，无法满足中国投资柬埔寨基础设施建设的资金需求。

3.4 个别项目建设质量不达标

中国企业在柬埔寨新建、改造公路 20 多条，覆盖柬埔寨国道的 1/3 以上，还帮助修建了数座特大型桥梁和水电站等，这些援建成绩在全球都是有目共睹的。但也有少数中国企业一味地节约成本，不重视建设质量，导致设施不牢固、破坏当地生态环境。

4 加快推进中国企业投资柬埔寨基础设施建设的对策建议

4.1 针对土地纠纷问题

4.1.1 中国政府层面——与柬埔寨政府共建解决纠纷机制

柬埔寨也出台了一些解决土地纠纷的措施，如 2001 年出台的《柬埔寨王国土地法》;2006 年成立国家解决土地纠纷机构;2012 年签发通令,要求暂停特许权土地审批;2012 年颁布一部分土地证;2014 年设立土地纠纷解决机制。但这些措施并没有有效地减少土地纠纷,原因在于柬埔寨没有建立完善的土地法,以及实际的执行细则,没有建立系统地解决土地纠纷的机制或程序。根据柬埔寨实际情况,为了使中国企业在柬埔寨投资建设过程中能有效减少土地纠纷问题,中国政府可以与柬埔寨政府共同协商建立解决土地纠纷的机制[31],同时鼓励推进柬埔寨政府完善国内土地法,包括土地征收、土地管理、补偿等法律法规。解决土地纠纷的机制应包括以下内容:首先,在当地设立一些专门的部门,如民事委员会、行政主管部门、专门的裁决机构等;其次,详细规定裁决机构的人事组成、审查程序、审判机关的组成、程序、调解和裁决等,公正协调当事人双方纠纷和利益,并给出公正的裁决结果;最后,在中国企业要占用私人的土地财产前,中国政府应该引导当地政府举办民众交流会,在会上民众可以自由提出自己的意见,政府可以在一定限度内考虑民众利益,给予他们适当的补偿,若仍有民众对土地征收提出反对意见,可以和政府庭外协商,协商不成可以通过法院起诉,由法院做出公正的裁决。

4.1.2 中国企业层面——与利益相关方搭建沟通平台

中国企业投资柬埔寨基础设施建设时,需要意识到两国商业文化的差异性[32],设身处地,从柬埔寨的政治、经济、文化、风俗习惯等角度去分析问题,要认真学习并遵守当地的法律法规,严格按照与柬埔寨签订的合同条约和要求实施项目。与当地政府、媒体、社区、合作公司、员工等利益相关方搭建一个沟通平台,充分了解利益相关者的诉求,实现决策制定的高效透明[33]。通过这个平台,企业可以与政府定期沟通,让政府了解项目进展的最新情况;可以与柬埔寨新闻媒体经常沟通交流,召开一些新闻发布会,回答一些公众关注的问题,例如征用土地的问题、施工过程的安全问题、生态环境保护等;可以听取社区、当地公司、员工的诉求,保护他们的合法权益,尽量做到先安抚居民,制定合理的补偿方案。当土地纠纷发生时,企业找当地有关部门通过法律途径来维护自身合法权益,切不可发生危害当地居民人身安全的情况。此外,企业应严格培训员工。结合当地文化背景和企业员工管理办法,有针对性地做好企业员工出国前或施工前的跨文化培训[34]，使企业员工有效地与当地居民交流。企业也可以为当地居民提供教育、医疗服务、住房或者饮用水等[35]。

4.2 针对承包方式单一问题

4.2.1 中国政府层面——支持多种承包方式

中国政府要支持中国企业选择合适的承包方式，鼓励中国企业与柬埔寨本地企业共同承包工程项目，这样不仅扶持柬埔寨企业的发展，同时也增加中国企业争取投资建设的机会。政府要出台相关的条例，明确采取不同承包方式的企业应具有怎样的规模和实力，以及资金运转能力和承担风险的能力，要求企业应有相应的组织结构、项目管理制度、管理人员等，从而保证企业投资基础设施建设的质量和效益。要加强示范引导，中国政府可以从重点大企业入手，培育不同承包方式的优秀企业，起示范引领带头作用，保证项目建设的质量。

4.2.2 中国企业层面——选择合适的承包方式

企业应结合自身情况以及柬埔寨国家投资环境、具体项目建设情况，寻求适合企业自身的承包方式。

(1) 采取政府与私营企业合作(PPP)方式。在中国及“一带一路”沿线各国的努力下，PPP 模式已取得一系列早期成果：中国—俄罗斯同江铁路桥开工建设，中国—巴基斯坦喀喇昆仑公路二期升级改造项目等[36]。PPP 模式在项目建设初期便可实现风险分配，政府和企业各承担一部分风险，可有效缓解资金压力并减少企业的投资风险。这种方式适合中国的中小企业，企业筹融资能力不高，但对该类项目的建设有好的经验和技术，希望得到柬埔寨政府的资金支持和政策支持。中国企业负责集资、施工与项目运行，在柬埔寨政府与银行等金融机构达成一致约定后，提供给中国企业贷款的权利以及建设与经营的权利，降低中国企业的融资难度。柬埔寨政府拥有一定的控制权，了解并掌握工程项目的建设过程，双方共同参与建设与运营，达成一致的目标，使项目顺利建设。

(2) 采取基于共同开发模式的 BOT 方式。共同开发是指企业之间可以相互合作，不再是单一企业承包，可以是中国企业间合作、中国企业和投资所在国企业或政府、中国企业和发达国家企业的合作等。在企业间组成合资企业之后再采用 BOT 模式，这样可以相应减少各企业投资风险，以及在一定程度上解决企业资金不足的问题。

(3) 采取总承包(EPC)方式。该方式是中国企业与柬埔寨政府签订工程总承包合同，由中国企业或者中柬合资企业承担设计、采购和施工项目建设的一系列活动[37]，企业可以根据实际需要，采用当地劳动力或本国劳动力、中国的技术和设备或引进先进的技术和设备，管控工程项目的实施进程、费用、质量、安全，按合同完成工程任务。在建设过程中，企业需承担较大风险，全部费用由企业自身承担，待顺利建设完毕后，企业可以将管理和经营权转交给柬埔寨政府，让柬埔寨政府分期或一次支付偿付资金或将有价值资源偿付给企业。

(4) 采取施工管理承包(CM)方式。这种方式适合项目急需建设完成，但投资建设的中国企业规模不大，资金有限，则可有多家企业分别承担项目的不同部分建设。这是一种“边设计、边施工”的方式，由柬埔寨政府和中国企业共同负责引导和管控工程的策划、设计和施工。将工程分成几个小的模块，先进行第一模块的设计，设计结束后进行招标，选择承包商，再完成下一模块工程设计，再招标，直到整个项目全部完成。在这个过程中，柬埔寨政府与项目每一模块的承包商分别签订合同。采用该方式，有利于缩短建设周期，降低柬埔寨政府的工程控制风险。

4.3 针对建设资金不足、筹融资困难的问题

4.3.1 中国政府层面措施——提供信贷支持，完善信用担保体系

中国政府需建立和完善金融信贷方面的法律法规，尤其是要完善缺乏资金的中小型企业的扶持法规[38]，可以借鉴其他国家的有效经验，为中小型企业提供金融扶持政策，提供多种形式的信贷支持，如境外企业优惠贷款、境外承包项目贷款等，并制定和实施中小企业贷款管理办法；为中国企业争取国际金融机构的资金支持。柬埔寨属于东盟国家之一，亚投行、世界银行等国际组织对于东盟国家发展支持力度很大，所以政府可以充分利用这些组织获取资金来支持本国企业投资柬埔寨基础设施建设。中国企业，尤其是中小型企业，贷款风险大，因此，政府应建立并完善政府的信用贷款担保体系[39]，政府要推进金融机构改革、管理和业务创新，提高中国企

业海外投资的支持力度，鼓励国内保险公司扩大海外业务，提供海外投资的风险保障。

4.3.2 中国企业层面措施——建立合资企业，创新产融合作

当前世界各国对基础设施建设的需求旺盛，支持和鼓励企业通过产融结合创新合作模式，一直是各国政府努力倡导和推动的重要方向[40]。为了克服资金短缺，一方面，企业可以组建合资型企业。国内大企业和中小企业之间、中小企业之间、国际企业间可以建立各企业资金相互支持的合资公司，从而增加企业资金。例如，东南亚原油管道有限公司是由缅甸国家石油天然气公司、中国石油集团共同合资建立的，东南亚天然气管道有限公司是由中石油集团、缅甸国家石油天然气公司、韩国浦项制铁大宇公司、印度石油天然气公司、韩国天然气公司等共同合资建立的[41]，这两个公司正在做目前缅甸的最大能源工程——中缅油气管道项目，自建设以来成功克服许多困难，取得较好的结果。另一方面，在融资方面，企业可加强产融合作，可以积极以 PPP、BOT 及 PFI 模式开展基础设施投融资，扩大社会资本投资，实现多渠道融资[42]。企业可将股权抵押来获取投资，也可凭借自身信用向银行借入一些贷款；可以发行债券融资，通过公开或者私募方式，在全国甚至全世界范围内筹集资金，都能在一程度上实现企业融资目标。

4.4 针对个别项目建设质量较差、破坏生态环境的问题

4.4.1 中国政府层面措施——制定战略规划，加强政府监管力度

个别项目建设质量较差，可以总结为三个方面的原因：一是企业技术能力不足；二是资金不足；三是企业偷工减料。所以，要解决建设质量差的问题，必须克服这三方面的困难。首先，针对企业技术能力不足，中国政府应当严格把关企业走出去投资国外基础设施建设的条件，制定好企业跨国投资基础设施的战略规划，如规划内容可包括项目选择、区位选择、投资规模、合作模式等方面，并包括为大企业或专业化合作企业群等建立一个提供信息服务、融资服务、技术人才培训、风险防范的一站式服务平台，以便提高企业的专业技术能力和资金实力，给企业保驾护航。其次，针对资金不足的问题，政府应为企业提供信贷支持，并完善信用担保体系。再次，针

对企业偷工减料、破坏当地生态环境的问题，政府需要加强监管力度[43]，对企业在工程建设过程中的质量和环境问题严格把关。同时，政府需要出台相关规定，明确环境质量安全底线、自然资源的利用上限，建立更强有力的生态环境执法队伍，认真处理生态环境破坏活动，提高中国企业生态环境保护的法律意识和责任意识。

4.4.2　中国企业层面措施——优化产业结构，做好工程建设计划

中国企业进行跨国投资建设，必须坚定走生产发展、生活富裕、生态良好的文明发展道路，为人民创造良好生产和生活环境，为全球生态安全做出贡献。为改善建设质量差的问题，首先，企业应增强自身的综合实力，包括资金实力、技术实力等。国内企业间、国内外企业间建立专业化合作企业，达到用尽量少的成本创造最大效益的目标，在合作过程中优化产业结构，可以让每个企业专注自己有竞争力的业务，把企业自身不擅长的业务交给其他专门的企业，即采取资源外包、技术互换、资源技术共享等形式。其次，考虑有一部分企业认为在柬埔寨建设质量差的原因在于建设过程中柬埔寨当地气候的影响，所以，企业应重视工程设计计划的制订。企业应充分考虑建设区域的气象条件，可以调查并收集附近其他建设基础设施的气象数据；充分勘测地形，需对当地地形仔细勘测后再针对不同的地形（如途中有山坡、湖泊等特殊地形）采取不同的工程建设计划。根据国际建设公路、铁路、桥梁、水电站等标准使用施工建设材料和工具，引进先进的设备和优秀的管理、技术人才，并按照与柬埔寨签订的合同条例要求严格施工，保证工程建设质量。最后，企业应履行社会责任，保护当地生态环境。既保证建设工期和质量，又主动履行社会责任。同时，保证公众安全，积极参与当地公益事业，处理好当地居民和工会、非政府组织和其他有关方面的利益关系。

综上所述，中国企业投资柬埔寨基础设施建设不仅是经济合作，更是两国友好的政治态度体现。有效解决投资建设过程中土地纠纷、承包方式单一、建设资金不足、个别援建设施质量较差、破坏生态环境等问题，有助于加强对柬埔寨基础设施建设的投资合作，巩固两国全面合作伙伴关系。中国政府应与柬埔寨政府共同协商建立一个公正透明、解决纠纷的机制，支持企业采取多种承包方式，给企业提供信贷支持，完善信用担保体系，并

加强政府监管力度。中国企业要建立合资企业,创新产融合作,选择合适承包方式,与利益相关方搭建一个沟通平台,优化产业结构,并做好工程建设计划。

参考文献

[1] 习近平.弘扬人民友谊 共创美好未来——在纳扎尔巴耶夫大学的演讲[N].人民日报,2013-09-09.
[2] 习近平.构建中巴命运共同体 开辟合作共赢新征程[EB/OL].[2015-04-21]. http://theory. people. com. cn/n/2015/0422/c40531-26883884. html.
[3] 国相.投资柬埔寨正当时[J].中国对外贸易,2015(4):14-17.
[4] 陈丽婕.深化产能合作 实现互利共赢[EB/OL].[2017-09-14].http://news. gxnews. com. cn/staticpages/20170905/newgx59ae0e36-16499685. shtml.
[5] 杭东霞."一带一路"之柬埔寨投资[J]. 中国外汇,2016(23):58-61.
[6] 孙乾坤.中国对"一带一路"国家直接投资的区位选择研究[D]. 北京:对外经济贸易大学,2017.
[7] 孙红霞,赵予新."一带一路"框架下跨国粮食进口物流通道探讨[J]. 对外经贸实务,2019(6):90-92.
[8] 方旖旎. 中国企业对"一带一路"沿线国家基建投资的特征与风险分析[J]. 西安财经学院学报,2016(1):67-72.
[9] 黄正骊. 要想富,先修路——中国基建与非洲城市发展[J].人类居住,2019(1):10-11.
[10] 李业长,王松江. 中国企业以 BOT 模式投资越南基础设施的风险分析[J]. 东南亚纵横,2005(7):21-24.
[11] 尹明燕. 中国企业参与越南公共基础设施建设的 TOT 项目合同研究[D]. 昆明:昆明理工大学,2006.
[12] 宋迎. 中国企业参与印度尼西亚基础设施建设的融资模式分析[D]. 北京:对外经济贸易大学,2014.
[13] 刘彦丽,陈磊,范振中,等. 澳大利亚管理投资信托税务架构及其对

我国的启示——以中国 ABC 公司投资澳大利亚某基础设施项目为例[J]. 财务与会计，2018(23):77-80.

[14] 郭继光.中国企业在柬埔寨的投资及其影响[J].东南亚研究，2011(4):37-44.

[15] 杨小东.云南企业对柬埔寨投资现状调查报告[D].昆明:云南财经大学，2015.

[16] 孙磊. 中国企业在柬埔寨投资存在的问题及投资对策分析[J]. 经济研究导刊，2016(1):186-187.

[17] 王喆，王玮. 中国企业参与柬埔寨某铁路建设项目开发模式研究[J]. 工程管理学报，2012(6):75-80.

[18] 陈妙旺. 中国在柬埔寨 BOT 水电站项目税收策划[J]. 经营管理者，2013(11):50.

[19] 王攀，田建川. 中国企业为"一带一路"架设"空中桥梁"[J]. 中亚信息，2018(9):28-29.

[20] IIMI A. Effects of improving infrastructure quality on business costs: Evidence from firm-level data in Eastern Europe and Central Asia[J]. Developing Economics, 2011, 49(2):121-147.

[21] MALESKY E, MCCULLOCH N, NHAT N D. The impact of governance and transparency on firm investment in Vietnam[J]. Economics of Transition, 2015, 23(4):677-715.

[22] JOHNNY R A, AMY M W, ANDREW T, 等. 针对运输通道层面的铁路安全性项目基础设施投资优先度排序方法[J]. 工程技术研究，2018(5):244-248.

[23] SAMBRANI V N. PPP from Asia and African Perspective towards Infrastructure Development: A Case Study of Greenfield Bangalore International Airport, India [J]. Procedia-social and behavioral sciences, 2014, 157:285-295.

[24] NKAMBULE P S. Investment risks in public private partnerships in sub Saharan Africa infrastructure projects[D]. Johannesburg: Wits Business School, 2016.

[25] DURDYEV S，ISMAIL S. The build-operate-transfer model as an infrastructure privatisation strategy for Turkmenistan[J]. Utilities policy，2016(12)：2.

[26] 中国-东盟商务理事会.柬埔寨经济快速发展[EB/OL].[2019-05-24]. https：//mp.weixin.qq.com/s/HFVCQv27CGgDUvQoOWkDKQ.

[27] 广西大学中国-东盟研究院.柬埔寨迎来电力发展的春天[EB/OL]. [2019-01-20]. https：//mp. weixin. qq. com/s/f3e _ kv2CbR1ZYubjHTm95g.

[28] 李治国.柬埔寨基础设施市场的机会与风险[J].国际工程与劳务，2016(12)：31-34.

[29] 王庆娟.金边万谷湖开发拆迁纠纷：一场不该卷入的风波[EB/OL]. [2011-08-29].http：//news.cntv.cn/20110829/101459.shtml.

[30] 袁悦，肖红.柬埔寨土地问题复杂多样 中国企业如何避免陷入纠纷[EB/OL]. [2012-09-29]. http：//world. people. com. cn/n/2012/0929/c1002-19156682.html.

[31] 陆建人.21 世纪海上丝绸之路与中国和东盟的产业合作[J].广西大学学报(哲学社会科学版)，2016，38(6)：15-20，27.

[32] ERSHOVA N. Investment climate in Russia and challenges for foreign business：The case of Japanese companies[J]. Journal of Eurasian Studies，2017，8(2)：151-160.

[33] 范祚军，何欢."一带一路"国家基础设施互联互通"切入"策略[J].世界经济与政治论坛，2016(6)：129-142.

[34] 杨柏，陈伟，林川，等."一带一路"战略下中国企业跨国经营的文化冲突策略分析[J].管理世界，2016(9)：174-175.

[35] 唐奇展，杨凤英. CAFTA 框架下广西与泰国文化产业合作发展研究——基于双边文化产业合作发展条件的 SWOT 分析[J].广西大学学报(哲学社会科学版)，2016，38(6)：28-34.

[36] 陈杰."一带一路"战略应用 PPP 模式的必要性与可行性[J].人间，2016，202(7)：54.

[37] 张久长. 日本参与国外铁路建设项目的机制研究[J]. 铁道运输与经

济，2015，37(10)：67-73.

[38] 陈杰. PPP模式在基础设施建设中的风险分担研究——基于"一带一路"战略思考[D]. 济南：山东建筑大学，2016.

[39] 黄超.中国企业"走出去"战略所面临的风险与挑战[J].山东化工，2016,45(7)：154-155.

[40] 苗晶. 以投融资为带动的海外基础设施产业发展模式研究[D]. 北京：对外经济贸易大学，2017.

[41] 中国经济时报. 中缅油气管道："一带一路"多方共建典范.[EB/OL].[2019-06-03]. http://www.dh.gov.cn/Web/_F0_392_28D0791P483SK1DHBDQWB2POAB.htm.

[42] 杨庚. 国内外港口投资建设与运营模式比较分析[J]. 交通企业管理，2017，32(4)：104-106.

[43] 郝云剑，张阳.中国企业东南亚水电投资风险与防控对策[J].水利经济，2014(2)：57-60.

附录5 中国企业投资印度尼西亚基础设施建设探讨

1 引言

1.1 选题背景与意义

印度尼西亚是“21 世纪海上丝绸之路”首倡之地。2013 年 10 月，在印度尼西亚国会上习近平主席首次提出要共建“21 世纪海上丝绸之路”，中印尼双边关系提升为全面战略伙伴关系[1]。如今投资已成为双边经贸合作的最大亮点。2017 年印度尼西亚实际吸引外资 322 亿美元，其中中国内地（33.6 亿美元）和中国香港（21.2 亿美元）对印度尼西亚投资合计 54.8 亿美元，同比增长 11.4%[2]。2017 年印度尼西亚市场新签合同额及完成营业额均位居前列，中国与印度尼西亚新签合同额达 175 亿美元[3]。由此可见，中国在促进印度尼西亚经济发展方面扮演着举足轻重的角色。

与此同时，印度尼西亚作为东盟的最大经济体，其资源禀赋优越，但长期相对落后的基础设施严重制约了印度尼西亚的经济增长及投资环境的改善。因此，佐科上任总统以后，多次强调加强基础设施建设的重要作用，他认为基础设施不仅是建设国家计划的三个重点之一，还是印度尼西亚赢得东盟区域竞争的关键因素[4]。因此，印度尼西亚政府在改善投资环境方面做出了很大努力。世界银行表示，近几年印度尼西亚在政府效率、监管质量和对腐败的控制这几项指标方面有所改善。在投资环境方面，2018 年印度尼西亚的经商便利性排名从第 91 名提高到第 72 名。除此之外，联合国贸易和发展会议的调查显示，印度尼西亚在 2017—2019 年潜在投资目的地的排名已经从第八名跃升到第四位[5]。

随着“一带一路”倡议的提出和落实，中国已超过日本成为印度尼西亚第二大基础设施驱动国，在电力供应和港口等配套基础设施建设方面发挥了巨大作用。根据中国对外承包工程商会发布的《“一带一路”国家基础设施发展指数(2018)》报告，印度尼西亚 2017 年基础设施发展指数为 132.1，已连续两年位列榜首，其发展环境、发展潜力和发展趋势指数均排名前列，指数表明印度尼西亚基建的发展前景较为明朗，对中国的基建投资者吸引力也将日益增强[5]。

但中国企业投资印度尼西亚基础设施建设仍面临着政治风险、征地困难、排华情绪、生态问题等难题，从而阻碍了中国企业对外开拓市场的进程。因此，全面分析中国企业投资印度尼西亚的基础设施建设现状、存在的主要问题并提出相应解决对策，对加快推进中国-印度尼西亚互联互通建设进程和开拓国际市场具有重要的现实意义。

1.2 文献综述

1.2.1 国内文献综述

国内关于中国企业投资印度尼西亚的文献较为充分，赵国华(2018)[6]、廖萌(2018)[7]、苏更・拉哈尔佐和吴崇伯(2018)[8]等学者结合当前的时代背景对中国企业在印度尼西亚进行投资的机遇、风险、策略等方面进行了分析；HUANG Y(2019)[9]对“一带一路”沿线国的环境风险和环境机遇进行分析发现，投资印度尼西亚的环境风险属中等偏高水平，而环境机遇属中等水平。结合2018年和2019年印度尼西亚大选之年这一背景，杨狄泽(2018)[10]还深入分析了中国对印度尼西亚直接投资的政治风险。在投资印度尼西亚基础设施建设方面，潘玥(2018)[11]从具体的中国企业投资案例——雅万高铁出发，分析中国投资印度尼西亚基础设施的深层问题。由于雅万高铁是中国投资印度尼西亚最为突出的基础设施项目之一，其意义重大，相关的研究也比较充分。如杨忠民(2018)[12]、贾都强(2017)[13]、施张兵与蔡梅华(2016)[14]、刘丹(2015)[15]等学者探讨了雅万高铁落地印度尼西亚所面临的挑战与风险，及时总结经验并提出相应的对策。近年来，关于投资印度尼西亚基础设施建设中的某一具体领域的研究也层出不穷。这些领域包括但不限于电力市场(严小青，2017)[16]、港口建设(吴若男，2017)[17]、路桥设施建设(李德慧，2017)[18]、镍矿资源开发(袁超飞与张艳飞等，2018)[19]等，其中不乏介绍印度尼西亚基础设施建设的整体现状及发展趋势的文献[20-22]。但最近几年鲜有对中国企业投资印度尼西亚基础设施建设进行整体性分析的文献。如任红军(2005)[23]介绍了当时印度尼西亚的基建情况，中国企业在印度尼西亚基建市场的合作现状、竞争优势、主要问题及合作前景。但由于时隔较久，许多内容亟须更新，以适应时代的变化。

1.2.2 国外文献综述

国外文献中,在某一地区或国家的投资情况方面,大多数文献都集中在非洲、欧洲、拉丁美洲这些范围较大的区域,涉及单一国家或较小地区的文献相对较少,对印度尼西亚进行跨国投资的相关研究更是缺乏,现有的相关文献往往时隔较久,如 P. Gammeltoft 和 L. T. Tarmidi (2013)[24]分析了中国投资印度尼西亚的趋势、动机和影响。专注于研究中国企业投资印度尼西亚基础设施的文献则基本没有,但研究印度尼西亚基础设施情况的文献则相对较多。如 M. Maulidia 和 P. Dargusch 等(2019)[25]认为私人投资可以促进可再生能源的发展,改善印度尼西亚的电力供应格局,政府应当采取干预措施促进能源基础设施的私人投资;S. Setiawan(2017)[26]认为印度尼西亚为了实现经济增长,踏入高收入国家行列,积极制定和实施了一系列战略政策,努力解决基础设施短缺的问题。N. Maryaningsih 和 O. Hermansyah 等(2014)[27]强调包括电力、道路和海运在内的有效基础设施是印度尼西亚经济取得持续高速增长的必要条件,同时对外开放有利于印度尼西亚通过技术外溢提高本国生产力。

综上所述,专注于研究中国企业投资印度尼西亚基础设施领域的现有文献数量相对不足,且时效性有限。本附录将在前人研究的基础上,结合最新的数据资料,探讨印度尼西亚基础设施的现状、中国企业的投资情况,分析存在的主要问题并给出相应的对策。

2 中国企业投资印度尼西亚基础设施建设现状分析

2.1 印度尼西亚基础设施建设现状

《印尼政府 2015—2019 年中期建设发展规划》(后称《规划》)实施时间已经进入收尾之年。该规划在制定之初的目标包括,到 2019 年印度尼西亚将建成 15 个新机场,增加 24 个海港的运力,增加 3258 千米铁路,修建 1000 千米高速公路以及 3.5×10^7 千瓦电力。在过去五年中,印度尼西亚政府在基础设施领域上拨出的财政预算增加了一倍多,鼓励私营部门参与投资,同时颁布了若干政策,包括提供政府担保、为发展项目购置土地、设立可行性缺口基金来支付公私伙伴关系项目的一部分建设成本。此外,政府还建立了一些金融机构将为公私伙伴关系项目提供资金,并提高这些项目的银行可支付性[5]。

2.1.1 电站建设领域

1. 电力供不应求

由于自身地形限制以及建设能力不足,印度尼西亚的电力生产发展水平较低,电力供应难以满足基本需求。目前印度尼西亚发电主要依赖国企。2017 年,印度尼西亚全国发电量为 262661.38 千兆瓦时,但各地区的发电能力差异较大,爪哇岛、巴厘岛、苏拉维西岛占据绝大部分发电能力。全国电力装机容量约为 5500 万千瓦,且电力供应以火电为主,全国用电普及率还不足 75%。2017 年印度尼西亚总发电量为 260.4 万亿千瓦时,在 2014 年之前保持着 6%以上的增速,在 2014 年之后年均增速只有 4%,如附图 5-1 所示。而印度尼西亚的人均电力消费已达 1012 千瓦时,电力需求以年均 10%~15%的速度增长,低于电力供应的增长速度,目前仍有超过 1/4 的人口没用上电。即使是首都雅加达偶尔也会因缺电而实施轮流停电,许多企事业单位为了保证稳定的电力供应,都建有自备电源,能源短缺状况可见一斑[28]。由于目前印度尼西亚个人和企业用电比例为 7∶3,电力供应不足不仅直接影响印度尼西亚民众的生活条件,还会严重制约印度尼西亚生产力的发展。因此在《规划》中,政府定下了在 2019 年完成新增发电量 35000 兆瓦时的目标,采取一系列措施加大电力投资,鼓励私营部门进入电力供应部门。2018 年,包括国家电力公司、私人电厂(IPP)等的实际投资额就已达到 122 亿美元,投资集中在发电站、电力传输站、电力供应

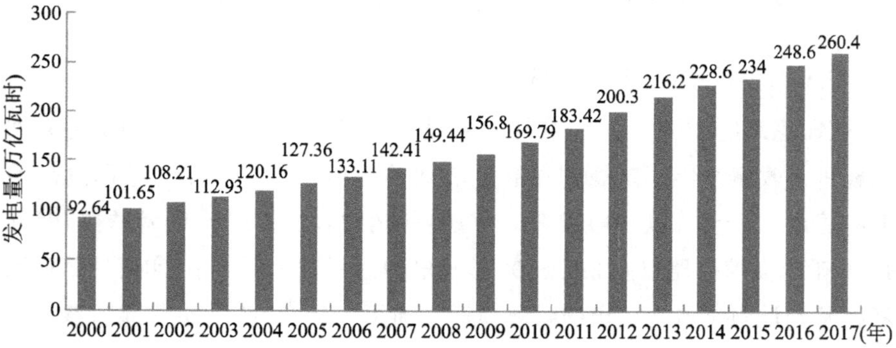

附图 5-1　2000—2017 年印度尼西亚发电量

数据来源:《印度尼西亚经济社会发展报告(2018)——趋势与挑战》。

站及供电房的工程建设领域。而 2019 年预定的电力投资额为 120.4 亿美元。

2. 可再生能源发电发展迅速

印度尼西亚可再生能源发电发展迅速，电能结构不断优化。印度尼西亚的可再生能源发电以水电为主，除此之外还包括风能、太阳能、地热能等可再生能源发电。其中，水电占全部可再生能源发电量的一半以上，2017 年印度尼西亚水电发电量为 16793 亿瓦时，占国家全部发电量的 7%。非水电可再生能源比例也在不断提高。印度尼西亚是世界地热能源储藏量最大的国家，开发程度却远不如美国和菲律宾，地热能发电开发潜力巨大。因此，地热能发电已成为印度尼西亚政府的主攻项目，2017 年印度尼西亚地热能发电量为 11560 亿瓦时，较 2016 年增长近 8.5%。政府计划到 2025 年将地热发电装机容量提高至 900 万千瓦，在政府政策倾向下，该领域的投资规模在不断扩大。同时，太阳能、核能发电也有很大的发展空间。另外，印度尼西亚国内资产第二大国有企业 Perusahaan Listrik Negara（PLN）垄断印度尼西亚的电力分配，负责大部分电力供应，私营企业基本只限于发电部门[28]。截至 2019 年 6 月，《规划》中 35000 兆瓦时的电力供应目标已有 3617 兆瓦的工程（10%）正式运营，其中大部分是天然气发电站、水电站和小型再生能源发电站（太阳能发电站、棕榈油发电站、沼气发电站）。

2.1.2 交通基础设施领域

1. 公路运输

公路运输是印度尼西亚运输业第一大支柱，承载绝大部分运输压力。佐科上台以后，积极推进公路建设，不断扩大公路道路网，提升道路速度。2017 年，印度尼西亚全国公路总长 54 万千米，其中收费公路约 1000 千米，57.4%集中在苏门答腊、爪哇、巴厘和苏洛维西四岛。印度尼西亚投入营运的高速公路里程总长达 568 千米[29]。根据印度尼西亚交通部数据，2018 年，印度尼西亚国道长达 47017 千米，省道长达 55416 千米，市、区级道路长达 436982 千米，其中收费公路长达 1082.65 千米。印度尼西亚的公路网面积巨大，但并不完善，道路质量参差不齐，如附表 5-1、附表 5-2 所示。随着运输需求增加，许多道路容量接近或已经饱和，难以满足高负荷的使用。一些重点城市交通干道常年拥堵，道路设施的运力明显严重不足。所以印度尼西亚亟须在更广泛的地区修建更多优质道路，尤其是工业化地区更需要改善公路，以减少物流成本和提高工业效率。另外，不同地区公路交通设施建设水平差异较大，爪哇岛、苏门答腊岛、苏拉威西岛、巴厘岛的公路交通设施建设水平明显优于其他地区，直接影响区域经济协调发展。

附表 5-1 2016 年印度尼西亚不同路面类型公路长度(单位:千米)

路面类型	国道	省道	区域道路	合计
沥青	42864	45410	238355	326629
砂砾石	2437	8257	168763	179457
其他	1716	1749	28287	31752
合计	47017	55416	435405	537838

数据来源:《印度尼西亚经济社会发展报告(2018)——趋势与挑战》。

附表 5-2 2016 年印度尼西亚公路质量

路面状况	国道		省道		区域道路		合计	
	里程(千米)	百分比(%)	里程(千米)	百分比(%)	里程(千米)	百分比(%)	里程(千米)	百分比(%)
良好	26258	55.8	25030	45.2	191199	43.9	242487	45.1
一般	15766	33.5	13628	24.6	85733	19.7	115127	21.4
较差	2940	6.3	6311	11.4	77354	17.8	86605	16.1
非常差	2053	4.4	10447	18.8	81119	18.6	93619	17.4
合计	47017	100	55416	100	435405	100	537838	100

数据来源:《印度尼西亚经济社会发展报告(2018)——趋势与挑战》。

2. 铁路运输

尽管印度尼西亚铁路的增加值对 GDP 贡献率远不如公路和航空运输，也不如水运，但其增长速度和运输能力仍不可小觑。印度尼西亚统计局数据显示，截至 2019 年 1 月，印度尼西亚铁路承载的客运量达到 3512.2 万人次，货运量达到 429.6 万吨；近几年来铁路月客运量最高峰可达 3796.5 万人次，月货运量最高峰可达 457 万吨。印度尼西亚铁路所有权为国家所有，铁路承担绝大部分大规模运输任务。根据印度尼西亚交通部数据，2018 年印度尼西亚全国铁路总长约为 8500 千米，运营中的铁路总长约为 6000 千米，新建和修复的铁路长达 399.53 千米，2014—2018 年五年间新建和修复的铁路长达 10958.3 千米。尽管如此，相较于繁重的运输压力而言，现有的铁路运输效率较低，其客运量仅占总运量的 7%，而货运量只占 0.63%，仍难以满足需求。同时，与公路相似，铁路的地区发展也不均衡，仅爪哇岛铁路长度占全国铁路总长的 70%左右。根据《规划》，印度尼西亚政府将新建 3258 千米的铁路网。印度尼西亚交通部预期到 2030 年国内的铁路建设总里程将增至 13000 千米。为了实现这一目标，预计所需资金将高达 650 亿美元。且出于减轻政府财政负担的考虑，国家在铁路建设项目的投资份额只有 36%，余下均由私营企业承担，因此，印度尼西亚政府鼓励国内外私营企业进入该领域，与印度尼西亚国内的企业合作，为提高印度尼西亚铁路的运输能力做出努力。

3. 桥梁运输

为了配合公路和铁路等基础设施的发展，印度尼西亚还在加紧路桥建设以促进路面运输业的全面发展。截至 2017 年，印度尼西亚的桥梁总长为 62599 米。2018 年，印度尼西亚政府开始修建和德乾大桥，大桥全长 732 米，宽度 21 米，最大跨度为 400 米。但由于印度尼西亚的桥梁建设技术还不成熟，除了加快桥梁建设的步伐，印度尼西亚还亟须引入和改善桥梁建设技术，提高桥梁质量。

4. 航空运输

印度尼西亚岛屿众多，海岸线漫长，仅岛屿数量可达 1.7 万余个，岛际以及与外界互联互通主要通过海路和航空运输。由于海路运输耗时较长，相比之下，航空运输发展有一定优势。发展航空运输对印度尼西亚的旅游业发展相当重要。空运作为印度尼西亚运输业第二大支柱，无论是规模还是市场扩张速度都相当可观。目前印度尼西亚有 178 个机场，其中国际机场 28 个，国内机场 150 个，各省、市及偏远的地区均已通航。由于经济发展和旅游业日益兴旺，印度尼西亚航空的国内航班和国际航班都十分繁忙。2018 年，印度尼西亚修复了约 42 万平方米的飞机跑道，新建了约 20.7 万平方米的飞机跑道。2014—2018 年间新建和修复的飞机跑道就有 684.4

万平方米。然而当前印度尼西亚航空基础设施仍处于供不应求的状态，一方面仍不能满足增长迅速的运力需要，另一方面基础设施的短板在一定程度上也带来了安全隐患。

5. 水路运输

印度尼西亚水路运输发达，其水运系统包括岛际运输、传统运输、远洋运输、特别船运。目前全国有水运航道21579千米，其中苏门答腊5471千米、爪哇马都拉820千米、加里曼丹10460千米。印度尼西亚有各类港口约670个，其中主要港口25个。雅加达丹戎不碌港是印度尼西亚最大的国际港，年吞吐量约250万个标准箱，泗水的丹戎佩拉港为第二大港，年吞吐量为204万个标准箱。尽管如此，印度尼西亚的港口货物处理能力仍无法与国家的整体经济相匹配，亟须解决由于装卸能力不足导致的货物滞留问题。根据《2017—2018年全球竞争力报告》，印度尼西亚港口基础设施的质量在被调查的140个国家中排名第72位，海运发展水平和竞争力有待提升。

《规划》实施以来，印度尼西亚交通基础设施建设取得较大进展。2014年10月20日至2018年10月20日，印度尼西亚建造国道全长3423千米，高速路全长947千米，桥梁39千米，吊桥143座，新建和修复铁路全长754.59千米，新建机场10座，修建或扩建机场408座，新建港口19座，另有8座还在施工阶段。

2.1.3 能源勘探和开发领域

在能源勘探和开发方面，印度尼西亚能源储量大，能源种类丰富，包括石油、天然气、煤、锡、铝矾土、镍、铜、金、银等矿产资源。据印度尼西亚官方统计，印度尼西亚石油储量约97亿桶(13.1亿吨)，天然气储量4.8万亿～5.1万亿立方米，煤炭已探明储量193亿吨，潜在储量可达900亿吨以上。如何充分利用这一资源优势成为印度尼西亚政府和企业关注的重要问题。根据EIA原油库存数据官网统计，2017年印度尼西亚石油储量排世界各国石油储量第23位，截至2018年6月，印度尼西亚石油平均产量为90.3万桶/天，与2010年6月的105.9万桶/天的产量水平相比下降了14.7%。

2017年印度尼西亚天然气总储量为2.91万亿立方米，占世界探明储量的1.5%，储产比为42.9，低于世界52.6的储产比水平。年产量至1977

年进入快速生产期，产量由 57 亿立方米增长到 2010 年的 820 亿立方米的峰值产量，33 年来增长了 13.4 倍。但是，自 2010 年以来，印度尼西亚的天然气生产逐年下降，2017 年天然气年产量为 679.8 亿立方米，较 2010 年的 820 亿立方米的年产量下降了 140.2 亿立方米，具体情况如附图 5-2 所示。

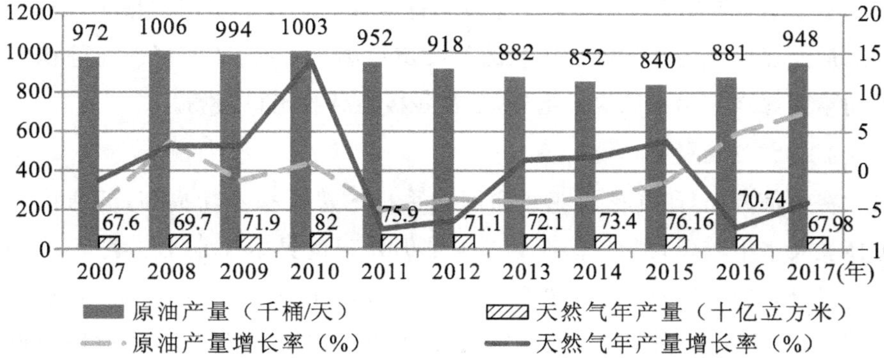

附图 5-2 2007—2017 年印度尼西亚油气资源生产情况

数据来源：《印度尼西亚经济社会发展报告(2018)——趋势与挑战》。

印度尼西亚的炼油能力在东盟地区排行第三，仅次于新加坡和泰国。近 17 年来，印度尼西亚的炼油能力基本保持在 1000～1200 千桶/天。2017 年，印度尼西亚炼油能力为 1110 千桶/天，占全球比例的 1.13%。现有炼油厂 8 座，大部分位于爪哇岛和苏门答腊岛，其中最大的 3 座为芝拉扎炼油厂、巴厘巴板炼油厂和巴隆甘炼油厂。由于投资不足，印度尼西亚已由原油进出口国转变为原油净进口国。近年来，印度尼西亚大力对外招商引资，实现老炼油厂的升级和新炼油厂的建设，以提高原油产量和生产效率，原油进口量得以不断下降。在天然气方面，印度尼西亚虽是进出口国，但近年来出口量也出现下滑态势。

2018 年，在印度尼西亚进行石油天然气勘探开发的油气公司有 300 家，拥有 PSC 合同(产量分成合同，Production Sharing Contract)的有 86 家，其中正在进行油气生产的有 66 家。随着旧勘探开发区块即将到期调整，新的合同区块将被重新分配，印度尼西亚政府还将通过调整产品利润分成政策，吸引更多投资，为其他石油公司进入该领域提供机会。

截至 2017 年底，印度尼西亚已探明煤炭储量为 225.98 亿吨，占世界煤炭探明储量的 2.2%，储采比为 49.02。印度尼西亚已探明煤炭分布不均衡，主要集中于苏门答腊岛和加里曼丹岛，煤炭的品质也不佳，主要为低等级的炭种，缺少中高等炭种。其中，无烟煤和生煤为 150.68 亿吨，占总探明储量的 66.68%。次烟煤和褐煤为 75.3 亿吨，占总探明储量的 33.32%。2000 年以后，印度尼西亚煤炭开采增长速度远大于其煤炭消费增长，因此，印度尼西亚已成为国际煤炭市场的主要出口国。目前，印度尼西亚除积极推动本国煤炭使用和煤炭发电外，也在积极地寻找出口市场。

2.1.4　通信领域

在通信方面，印度尼西亚互联网和手机的普及率不断提高，但通信业整体发展水平较低，通信基础设施建设仍处于世界中下水平。截至 2019 年 1 月，印度尼西亚总人口达 2.682 亿人，移动用户高达 3.555 亿，是总人口的 1.33 倍；互联网用户多达 1.5 亿人，占总人数的一半以上，手机用户渗透率高达 91%，其中智能手机用户渗透率高达 60%[30]。超过八成的网民集中在爪哇岛(58%)、苏门答腊岛(19%)和加里曼丹岛(8%)。然而，印度尼西亚通信业发展现状与其他东盟国家相比仍处于中下水平，如附图 5-3 所示。2017 年印度尼西亚 IP-TIK 值仅为 4.99，2016 年为 4.33，在参与排名的 175 个国家中位列第 111 名。2015 年印度尼西亚 34 个省份中分别仅

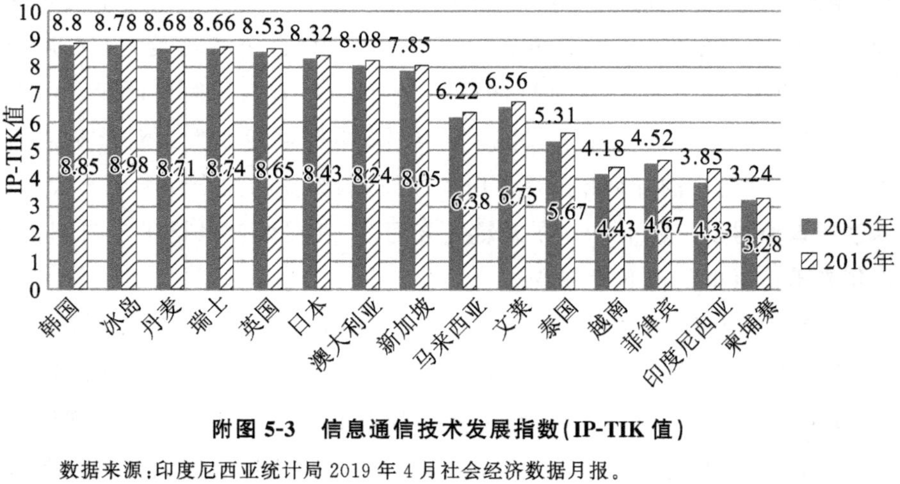

附图 5-3　信息通信技术发展指数(IP-TIK 值)

数据来源：印度尼西亚统计局 2019 年 4 月社会经济数据月报。

(注：信息和通信技术发展指数(IP-TIK)用于衡量一个区域信息和通信技术发展情况和发展潜力，其数值范围为 0～10，数值越高则情况越理想。)

有 10 个省份的 IP-TIK 值高于本国平均水平，2016 年仅有 9 个省份的 IP-TIK 值高于本国平均水平，可见在印度尼西亚国内不同地区的通信业发展水平差距也比较大。

印度尼西亚通信业整体发展水平较低的重要原因在于基础设施建设的不完善，具体表现为带宽较小，网速较慢，地区发展不平衡。根据 M-Lab 发布的 2018 年全球平均带宽速度报告，全球平均带宽连接速度为 9.1 Mbps，新加坡网速最快，平均下行速度可达 60 Mbps[31]。而印度尼西亚的移动互联网平均连接速度为 10.53 Mbps，较上一年相比增长了 7.2 个百分点，但仍远低于发达国家水平。印度尼西亚的 PC 互联网连接速度达 15.52 Mbps，较上一年相比增长 13%[31]，发展速度较快，但仍有很大发展空间。根据 Hootsuite 提供的数据，2017 年世界有线网络平均网速为 42.71 Mbps，无线数据网络平均网速为 22.161 Mbps。而印度尼西亚有线网络平均网速仅为 13.79 Mbps，无线数据网络平均网速为 9.82 Mbps，与世界平均水平相差甚远。除此之外，印度尼西亚还有许多地方甚至未接入互联网，如 2018 年印度尼西亚近 23 万所学校中有 9 万多所仍未接入互联网；超过 1 万所乡村医院中有 4000 多所也同样如此。相关基建难以完善的重要原因就在于印度尼西亚是个典型的群岛国家。为了克服这一难题，印度尼西亚大力推进海底宽带建设和通信卫星研发。

2.2　中国企业投资印度尼西亚基础设施建设现状

一方面，中国企业投资印度尼西亚基础设施建设存在一定的机遇。2017—2019 年，印度尼西亚 GDP 增长率均保持在 5%以上，但在 2016 年以前，印度尼西亚经济下滑趋势明显。自佐科执政以来，印度尼西亚政府积极调整经济政策，特别是促进基础设施建设投资方面的政策，使印度尼西亚经济增速稳步提升，投资的宏观经济环境向好，到了 2018 年印度尼西亚经济增长率已达到 5.17%(附图 5-4)。尽管既未达到《规划》中 7%的增长率目标，也低于 2017 年政府定下的 5.4%的目标增长率，但在全球经济因美联储加息和贸易保护主义加剧等多种不利因素混合的复杂环境下，这一成就已属佳绩。究其增长的原因，政府对基础设施建设的重视和投资环境的改善必不可少。具体而言，印度尼西亚是全球第四大人口大国，拥有巨大的人口红利,这意味着在该国投资将会有丰富且廉价的年轻劳动力供应和开发潜力巨大的国内市场。渣打银行就曾预计,2030 年印度尼西亚将成为全球第五大经济体[5]。国际货币基金组织(IMF)认为,印度尼西亚经济正在稳步发展。良好的经济前景、政府的大力支持、廉价劳动力以及广阔的市场等因素为中国企业投资印度尼西亚营造了良好的投资环境和投资机遇。

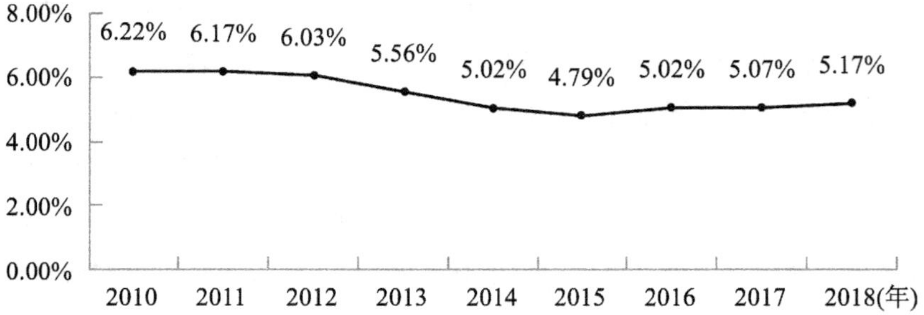

附图 5-4　2010—2018 年印度尼西亚 GDP 增速

数据来源:印度尼西亚统计局。

另一方面,中国企业在某些基础设施项目建设上具有丰富的经验和优势,可为印度尼西亚的基础设施建设提供巨大的助力。以高铁建设为例,截至 2018 年,中国铁路营业里程达到 12.7 万千米,占全球高速铁路总里程的 60%以上。目前,中国高铁时速超过 200 千米的客运里程已超过 1.2 万千米。如今中国已成为世界上高速铁路系统技术最全、集成能力最强、运营里程最长、运行速度最高、在建规模最大的国家[32]。

中国已连续两年成为印度尼西亚第三大外资来源国,印度尼西亚也已成为中国企业投资海外的十大目的地之一。2017 年中国对印度尼西亚直接投资达 34 亿美元,同比增长 26%,投资的重点领域包括农业、矿冶、电力、地产、家电与电子等。大型的合作项目主要集中在一般建筑、交通运输建设和电力工程建设领域,中国在促进印度尼西亚基础设施建设方面发挥了巨大作用[3]。2017 年中国与印度尼西亚新签合同业务额达 175 亿美元,完成营业额 55.6 亿美元,其中交通运输领域的新签合同额占全部新签合同额的比重最大,而电力工程领域的完成营业额占全部完成营业额的比重最大,如附表 5-3 所示。

附表 5-3　2017 年中国与印度尼西亚工程建设合同签署情况(单位:亿美元)

业务领域	新签合同额	完成营业额
通信工程	10	7.2
交通运输	22.8	6.3
电力工程	18.3	16.4
全部业务	175	55.6

数据来源:《2017—2018 中国对外承包工程发展报告》。

中国企业在印度尼西亚投资基础设施建设最为突出的领域就是电力工程领域。电力工程领域具体投资项目情况如附表 5-4 所示。

附表 5-4　2016—2018 年中国企业在印度尼西亚投资电力工程领域重大项目

中国企业	项目名称	总投资额	项目简介
中国能建葛洲坝集团	加省卡扬 A 水电站项目(EPC)	14 亿美元	预计 2019 年开建,总装机容量为 1000 兆瓦
中国能源建设集团浙江火电建设有限公司	廖内 200 兆瓦燃机电厂项目(OECD)	4.35 亿美元	预计 2019 年开建,为 200 兆瓦的双燃料内燃机电厂
中国葛洲坝集团公司	印度尼西亚拉里昂彼力 300 兆瓦水电站	30 亿美元	2018 年 9 月签署水电站 EPC(工程总承包)合同,年平均发电量约为 16 亿千瓦时
中国能源建设集团南方建设投资有限公司广西工程局	印度尼西亚 Pelangai 河 P2 水电站项目	50 亿美元	2018 年 7 月签署水电站 EPC 合同,水电站装机容量为 11 兆瓦
中国大唐集团海外投资有限公司投资,中国能源建设集团天津电力建设公司负责施工,设计单位为中国能源建设集团浙江省电力设计院有限公司	印度尼西亚米拉务 2×225 兆瓦燃煤发电项目	38 亿美元	规划建设 2×225 兆瓦的燃煤机组,总装机容量为 45 万千瓦,机组投入商业运行的时间为 2020 年

续附表5-4

中国企业	项目名称	总投资额	项目简介
中国葛洲坝集团国际工程有限公司	印度尼西亚勿加泗110兆瓦气电一体化	3.5亿美元	2018年10月签订项目EPC框架协议，合同工期为36个月
中钢设备有限公司	印度尼西亚棉兰城市垃圾焚烧发电厂项目	11.13亿元	2015年11月签署合同，项目建成后的日垃圾处理量为1500吨，设计年发电量为2.365亿千瓦时
中国电力建设集团湖北工程有限公司	印度尼西亚卡里姆2×25兆瓦燃煤电厂项目	1亿美元	2018年5月与印度尼西亚PT.Soma Daya Utama公司签署水电站EPC合同，2018年12月进入工程设计阶段，计划工期28个月
中国电力建设集团有限公司	印度尼西亚卡扬河1—5梯级水电站项目	178亿美元	2018年4月与印度尼西亚卡扬水电能源有限公司共同签署了联合开发协议，总装机9000兆瓦，将是印度尼西亚第二大水电站
神华集团有限责任公司	爪哇7号燃煤电站	20亿美元	2015年12月中标项目IPP，2016年7月签署EPC合同，由与爪哇巴厘电厂公司合资成立的神华国华爪哇巴厘公司（SGPJB）建造，装机容量为2×1050兆瓦，是印度尼西亚目前单机容量最大的机组，运营期25年，以“建设—拥有—运营—移交”（BOOT）的方式进行投资建设

续附表5-4

中国企业	项目名称	总投资额	项目简介
中国葛洲坝集团股份有限公司	印度尼西亚塔卡拉燃煤电站	—	2015年5月开工，2018年2月整体完工，总装机容量2×100兆瓦燃煤发电机组，有效缓解了苏拉威西省南部地区电力供应紧张的局面
上海电力建设有限责任公司	印度尼西亚格伦达洛燃煤电站	2.1亿～2.2亿美元	由2家印度尼西亚企业和1家中国企业合资成立的Toba公司兴建，在2018年第一季度开始建设发电量为2×5万千瓦的Sulbagut-1燃煤电站，预计于2020年投入商业运营
协鑫电力（集团）有限公司	卡巴一期（Kalbar-1）	—	2017年8月开工建设，总装机容量2×100兆瓦燃煤发电机组，预计于2020年完工
湖南云箭集团有限公司与中国电建集团湖北工程有限公司	首个海外水电站建设EPC项目	9.18亿元	2017年4月对该项目立项跟进，合同工期23个月，装机容量9兆瓦
哈尔滨电气国际工程有限责任公司	印度尼西亚万丹燃煤电站项目	—	2013年12月开工建设，2017年3月进入商业运营，2017年8月正式移交业主，总装机容量67万千瓦，预计全年发电43.55亿千瓦时
中国水电建设集团	加蒂格德水电站	—	与印度尼西亚Pembangunan公司共同承建，发电量为2×55兆瓦

续附表5-4

中国企业	项目名称	总投资额	项目简介
中国水电(香港)控股有限公司	明古鲁省布洛百县德碌瑟邦村 2×10^5 千瓦燃煤电站	3.6 亿美元	中国水电(香港)控股有限公司占股 70%,印度尼西亚 INTA 集团占股 30%,以“建设—运营—移交”(BOT)的方式进行投资建设
中国成达工程有限公司	芝拉扎 3 期 100 万千瓦燃煤电站项目	14 亿美元	与印度尼西亚 SSP 公司合作承建
中国电建集团海外投资有限公司	印度尼西亚苏门答腊岛朋姑鲁省火电项目	3.6 亿美元	2017 年 2 月开工,装机容量为 2×100 兆瓦

资料来源:广西大学中国-东盟研究院舆情周报、商务部投资项目信息库、驻印度尼西亚经商参处、北极星电力网等相关资料。

除了电站建设项目,中国企业在印度尼西亚投资了多个港口、铁路项目,具体项目情况如附表 5-5 所示。这不仅有利于加强中国与印度尼西亚的互联互通,沟通各岛屿的基础设施,还有利于提高中国货物在印度洋海域的运输效率。印度尼西亚连接着印度洋和太平洋,优良的港口设施条件可以节省中国船只的运输时间,提高货运效率。

附表 5-5　2016—2018 年中国企业在印度尼西亚投资交通运输领域重大项目

中国企业	项目名称	总投资额	项目简介
中国中铁股份有限公司	印度尼西亚加里曼丹铁路项目	50 亿美元	2015 年 8 月动工,项目总长 480 千米
中国五矿集团有限公司所属中冶海外工程有限公司、中国十七冶集团有限公司	芝苏达乌万隆至达乌公路隧道工程	—	2017 年 7 月动工,2018 年 11 月实现双洞贯通,该段公路施工路段全长 3950 米

续附表5-5

中国企业	项目名称	总投资额	项目简介
中国港湾(印度尼西亚)有限责任公司中标,由中交二公局铁路工程有限公司施工	印度尼西亚巨港轻轨	—	2018年8月全线试运行,线路总长45千米
中国路桥(集团)总公司	拟建北加里曼丹大桥	145亿美元	桥长约5.6千米,连接布隆干到达拉干岛,将是印度尼西亚最长的桥
中国铁路总公司	雅加达万隆高铁	60.17亿美元	2016年1月开工,2017年4月进入全面实施阶段,全长约150千米,最高时速可达350千米
中国国营港口工程公司	勿里洞丹戎克拉央经济特区港口工程	—	2017年6月由三家企业共同投资建设该特区,其中大部分投资来自中国国营港口工程公司

资料来源:根据广西大学中国-东盟研究院舆情周报、驻印度尼西亚经商参处资料整理。

在中国企业投资印度尼西亚诸多基础设施建设项目中的代表——雅万高铁是两国对接发展战略的标志性项目,是中国高铁方案走出去的“第一单”,也是印度尼西亚乃至东南亚的第一条高速铁路。它位于印度尼西亚经济腹地爪哇岛,该岛现有1.5亿居住人口,占全国总人口的近六成,是世界上人口密度最大的岛屿之一,但由于交通基础设施落后,爪哇岛的人口与物流始终难以快速流动。散落在爪哇岛的几大城市,相互之间缺乏强有力的经济纽带,难以形成相互支撑与促进的发展格局。雅万高铁的推进有利于打破爪哇岛经济发展掣肘。同时,雅万高铁将沟通首都雅加达和旅游名城万隆,长达142千米,最高时速可达350千米,采用中国铁路技术标准,因地制宜,量身打造。雅万高铁建设期间可极大地带动印度尼西亚施工装备、建筑材料等相关产业的发展，增加就业；促进中国铁路技术标准国际化；有利于印度尼西亚改进本国高铁建设技术，通过员工培训提高劳工素质，汲取经验，完善本国基础设施。雅万高铁建成以后可以有效缩短两地之间的运输时间。

中国企业在未来几年与印度尼西亚企业在基础设施领域仍有很大的合作空间。2018 年 12 月，印度尼西亚承诺将向中国投资者提出的约 600 亿美元投资项目，其中超过一半的资金将用于建设四座水力发电站，其余资金将用于建设煤矿坑口发电厂、工业园区、港口等基础设施建设，并坚持所有交易以 B2B 方式进行合作，拒绝政府对政府的借贷，避免由政府借贷承担风险，以防接受中国贷款一旦无力偿还后会令负债方付出主权代价。对中国企业而言，这既是机遇也是挑战。

许多中国企业投资建设印度尼西亚基础设施项目的过程中也会面临挑战和难题。以雅万高铁为例，2016 年 1 月雅万高铁项目动工曾经历停工、复工争议等。不过，最终还是在两国共同努力下，于 2018 年取得较快推进。到 2019 年 1 月，雅万高铁的项目许可、融资、征地拆迁等关键事项逐步完成，22 处控制性工程取得突破，正式进入全面实施推进新阶段。中国政府预测雅万高铁可在 2021 年完工。

3　中国企业投资印度尼西亚基础设施建设存在的主要问题

3.1　缺乏文化沟通和管理经验，劳资关系紧张

一些中国企业缺乏对印度尼西亚民众性格的认识，或是不愿意付出短期内的努力去培养印度尼西亚员工积极的工作习惯和提高他们的工作效率，或是缺乏一定的人员管理经验，就可能会给企业管理和工程进展造成阻碍；尽管印度尼西亚劳工成本普遍低于我国国内，但由于印度尼西亚劳动力素质、技术水平和工作效率普遍较低，加之工会的施压和干预，实际上企业的用工成本还是提高了，这就使得中国的企业主们大多还是更倾向于雇用更为熟悉的本国员工。根据潘玥、陈璐莎（2018）对投资印度尼西亚的中国企业关于用工问题的 49 份有效问卷的结果显示，79.6%（即 39 家）的受访企业认为“印度尼西亚的劳工问题严重影响项目的推进”[34]。总之，劳

工问题已成为困扰中国企业的一大难题。除此之外，印度尼西亚政府严格控制外籍劳工入境，规定除高级管理岗位和高级技术人员之外，本国劳工可以胜任的工作，均不允许使用外国劳工。为了加快工程进度，一些中国企业铤而走险非法雇用中国劳工，不惜付出高昂的工作签证手续费、中介费和管理费等。如此一来又会损害中国企业在印度尼西亚当地的形象和当地民众对中国企业的信任，造成更为激烈的劳资纠纷。

3.2　政治风险

佐科政府在过去五年的政绩可圈可点，尤其是在基础设施建设领域，民心所向；加之佐科更倾向于开放包容和重视基础设施软硬件建设的施政理念，这对有意投资印度尼西亚的中国企业不失为一个好消息。但反对派势力仍然存在，在多党议会制下，党派之间的博弈仍可能会影响政策的走向及执行状况，尽管佐科连任，印度尼西亚政府对中国企业投资印度尼西亚基础设施的友好态度也可能不如之前。

此外，尽管佐科政府在近几年间积极反腐倡廉，但腐败问题远非一朝一夕可以解决，反腐工作仍面临很大的阻力。如印度尼西亚的独立反贪委员会经常面临议员的质疑，甚至被削减预算，国会还会通过决议，拟发起对反贪委员会的调查，对司法体系高管的调查也面临着相关部门的反弹和压力。印度尼西亚现行竞选筹资制度下，随着竞选费用的上升和政府补贴的减少，政治献金成为竞选者筹资的重要渠道，相应刺激了权钱交易行为。另外，印度尼西亚公务员待遇的平均水平并不高，甚至有时还会出现公务员依靠基本工资难以覆盖城市生活日常开支的情况，这又进一步加大了建立清廉政府的难度。因此，中国企业在印度尼西亚仍要承担因理顺与印度尼西亚政府官员关系而产生的代理成本和无形成本。

3.3　征地困难

2015年中国出口信用保险公司发布的《“一带一路”国家基础设施行业专题研究报告》结果显示，征地难是制约中国投资印度尼西亚基础设施的第二大问题，仅次于行政许可[11]，到目前为止这一问题仍然存在。以雅万高铁为例，中印尼双方本来计划在2015年11月签订融资合同，却因建设用地无法及时征用完毕屡屡推迟。到2017年5月，佐科总统再次指出雅万高铁进度太慢，当时已征地也仅为所需用地的53%～58%，瓦利尼等地甚至还未有作业[4]。类似的情况比比皆是。

究其原因，首先，印度尼西亚土地归私人永久所有，但土地权属并不清晰。印度尼西亚当地居民的土地确认凭证有三种：一是习惯法下的土地使用权；二是殖民统治时期荷兰法的官方土地登记证书，或者其他有效凭证所持有的所有权；三是长期的土地直接使用。一些没有官方土地登记证书的世袭土地经过反复转让之后其所有者也很难鉴别。复杂的土地所有权确认给征地工作带来了很大麻烦，极易引发纠纷和矛盾。其次，政府在征地过程中也仅能发挥中介作用，土地私有制让印度尼西亚民众有利可图，建设用地地价迅速上涨导致征地成本增加。再次，政府一直没有出台有效的征地法令，也没有完整的土地规划图，导致征地工作缺乏法律指导和法律保障，征地手续不全和土地用途的不确定性也让政府官员有了寻租的空间，进一步加大征地成本。最后，印度尼西亚部分国民的排华倾向，也让与中国企业相关的征地纠纷调解工作变得更加困难。

3.4 自然灾害和生态环境风险

印度尼西亚位于环太平洋地震带和欧亚地震带的交界处，岛屿众多，海岸线漫长，大地震、火山喷发、海啸和热带气旋等自然灾害频发。这些自然灾害影响范围广、破坏威力大，给基础设施建设施工及人员安全带来巨大威胁。仅2018年印度尼西亚全境内就发生了2426起自然灾害，包括7月龙目岛附近发生的6.4级地震，9月中苏拉威西省发生的7.4级地震以及12月22日发生的巽他海啸，至少有4231人在自然灾害中死亡或者被宣布失踪[35]。同时，印度尼西亚生态多样性仅次于巴西，自然资源丰富，开采潜力大，但生态环境较为脆弱。当地政府也认识到了这一点。为了更好地带动印度尼西亚本国经济，印度尼西亚政府十分重视高质量的投资，即投资不仅要视印度尼西亚为市场，也要视其为生产基地，要考虑到当地的环境和社会因素，从而实现在当地的长远发展。在基础设施建设过程中需要十分重视环境保护，否则极有可能造成生态破坏，招致当地政府和民众的反感和抗议，造成其他难以挽回的负面影响。

4 加快推进中国企业投资印度尼西亚基础设施建设的对策建议

4.1 针对劳工问题

4.1.1 中国政府层面——鼓励企业本地化，与印度尼西亚政府达成劳工合作共识

企业的属地化经营在劳工问题上不仅包括用人队伍的本地化，还意味着管理人才、工作时间、工作制度设计等方面都要与印度尼西亚人的文化、风俗习惯、行为方式相适应，以及企业的经营行为要符合当地的法律法规。具体而言，企业的管理层要有具备跨文化知识储备和经验的人才，工作时长、节假日安排、加班制度等要符合大多数印度尼西亚员工的宗教习惯、民俗习惯等，如工作时间安排要预留出一定时间方便穆斯林员工祷告，如遇特殊情况需要加班时要与员工及时协商。政府鼓励企业属地化经营，有利于督促企业融入当地文化，减少文化冲突；有利于企业树立良好的形象，促进企业长远发展。同时，与印度尼西亚政府就劳工合作方面的问题达成共识，包括外籍劳工的雇用问题、印度尼西亚劳工的培训问题、劳资纠纷的解决机制问题等，为劳工问题的解决提供依据。

4.1.2 中国企业层面——加强本地化建设、善于维护自身权益

1. 增进文化交流，优化管理方式，加强员工队伍的本土化

中国企业在进入印度尼西亚之前，应注意做好前期调研，充分了解印度尼西亚劳动力市场的整体情况，包括劳工的教育背景、年龄分布、性别分布、风俗习惯、礼仪文化、宗教信仰等方方面面。根据调研结果相应调整人员管理方式，尊重其宗教信仰和民俗习惯，聘用能够熟练使用印度尼西亚当地语言的复合型人才进入管理层，严格选用，重视其工作能力和工作态度，加强与当地员工之间的沟通，通过及时恰当的对话解决不必要的误会和纠纷。同时，加强员工队伍的本土化。不仅因为印度尼西亚的人均工资较低，还应考虑到印度尼西亚对外籍劳工的限制政策，中国企业应在仔细核算用工成本的基础上，尽可能雇用印度尼西亚劳工，按要求引入中国劳工，这既是为了降低人力成本，也是为了企业的长远发展考虑。中层管理者应纳入更多印度尼西亚员工，促进管理者与工人的沟通交流和相互理

解，这也有利于企业融入当地社会，实现企业长期发展[6]。同时，向当地员工提供相应的职业培训，建立绩效评价体系和奖励激励机制，努力提高劳工工作积极性和平均福利水平，在当地树立一个正面的企业形象。

2. 运用法律武器维护自身权益

尽管并非每一个印度尼西亚人都如此，但此负面情绪仍会影响印度尼西亚民众对中国投资者和中国务工人员的态度，甚至会有部分偏激的印度尼西亚民众借机闹事，将劳资之间的问题上升到种族之间的问题。这种歧视情绪甚至存在于印度尼西亚的政界，直接影响劳工纠纷问题的解决。对此，针对不理智的“反华”情绪或以此为缘由的劳资纠纷，中国企业应提前配备或求助于熟悉印度尼西亚法律法规和国际惯例的律师团队，积极运用法律武器维护自身权益，如有必要还可向中国驻外机构及相关部门寻求帮助。

4.2 针对政治风险

4.2.1 中国政府层面——发挥指引作用，与印度尼西亚保持友好关系

1. 向企业提供及时的舆情服务，提醒企业做好防范措施

中国政府向企业提供及时的舆情服务不仅包括印度尼西亚的投资环境分析和投资政策介绍，如商务部每年发布的《对外投资合作国别（地区）指南》和中国出口信用保险公司的《国别投资经营便利化状况报告》，还应警醒企业及时关注印度尼西亚的政治新闻，重视相关投资地区的政局变动、政策转向、宗教矛盾、各党派力量对比等信息的收集、整理和分析，并作出正确的政治风险评估，为企业投资印度尼西亚提供参考意见，提醒企业提前做好预防措施，将预期损失最小化。还可以协调和整合来源于其他机关单位、行业协会、集团企业等方面的信息服务或提供相应链接，如广西大学中国-东盟研究院每周公布的舆情周报、中国对外承包工程商会的《基础设施发展指数国别分析报告》、安永的《印度尼西亚投资分析》等，方便企业取用。

2. 与印度尼西亚建立友好经济合作关系

鉴于中国日益增强的综合国力和国际政治影响力，以及佐科政府对对外开放的积极态度，中国与印度尼西亚经济合作潜力很大。中国政府应积

极主动与印度尼西亚方面加强交流对话，发挥中国驻印度尼西亚大使馆、外交部、商务部等涉外政府部门的经济外交作用，建立友好经济合作关系，推进各种投资保护、司法协助、领事保护等协议的签订，尽可能减小因印度尼西亚政局变动而影响中国投资印度尼西亚基础设施建设的可能性。

4.2.2 中国企业层面——正确识别和评估政治风险，做好防范措施

中国企业应利用好来源丰富的政治信息，密切关注投资国政局变动，聘用专业团队正确识别和评估政治风险，慎重选择在印度尼西亚的基础设施投资项目；重视公关活动，积极参与公益活动，与当地行业协会、工会、社会媒体打好交道，树立良好的企业形象，争取当地民众的支持。一旦确定在印度尼西亚的投资项目，应主动寻找合适的代理人，与当地政府官员理顺好关系，努力寻求政治庇护，谨防政治冲击；如果因政治事件遇到企业自身无法解决的问题，中国企业可考虑向当地大使馆寻求帮助。此外，企业还可以选择参与海外投资的政策性或商业性保险，有意识地分散一部分风险给保险机构，减少血本无归的可能性。

4.3 针对征地问题

4.3.1 中国政府层面——促进中国企业与印度尼西亚企业合资

中国企业与印度尼西亚合资具有诸多好处。首先，印度尼西亚政府鼓励外国企业与本国企业合资，在这方面提供了许多便利和好处；其次，相对而言，印度尼西亚企业更为熟悉本国的土地政策、征地流程以及相关的法律法规，其内部员工熟悉当地语言文化，有利于与被征地民众达成协议，减少纠纷，也更容易取得来自印度尼西亚政府的便利和支持，从而降低征地难度，提高征地效率。因此，中国政府应促进中国企业与印度尼西亚企业共同投资，推进基础设施项目。另外，中国政府应积极与印度尼西亚政府就征地问题达成一致，包括征地过程中出现纠纷的解决机制、建设用地价格上涨过快的问题以及加快相关土地法完善与实施，明确责权划分，减少寻租行为。

4.3.2 中国企业层面——与印度尼西亚企业合作，将征地责任交给印度尼西亚方

中国企业可考虑通过与印度尼西亚本地企业合作来避免征地问题。

以雅万高铁项目为例，由于印度尼西亚国营农园公司(PTPN)拥有该项目600万平方米的土地使用权，从而有效避免了大部分征地拆迁工作[36]。中国企业可以考虑与印度尼西亚企业合作，但在此之前要充分了解合作伙伴的合作意向、资历、信誉、实力、价值观以及有无违法违规记录等信息，在慎重考虑后确定可靠的人选，并尽快与印度尼西亚方划分征地义务，尽量将征地问题交给印度尼西亚方面处理，减少当地居民就征地补偿问题与中方发生直接冲突的可能。在征地过程中，积极与印度尼西亚方联系，密切关注征地进度和督促征地工作，监督征地预算的使用情况和剩余情况。

4.4 针对自然灾害和生态环境风险

4.4.1 中国政府层面的措施——加强自然灾害和生态环境风险监测与防范机制合作

中国幅员辽阔，且海陆兼备，同样面临多种自然灾害。自改革开放以来，中国经济飞速发展的同时也带来了大量的环境污染问题。中国政府几十年来着力推进环保事业的发展，在自然资源利用、生态环境保护等建设规划过程中积累了大量的经验和教训，可以为印度尼西亚提供借鉴。两国可以围绕基础设施建设，共同探讨自然灾害和生态环境风险监测与防范问题，加强该领域的科技合作，建立联合实验室，开展生态环境风险和自然灾害的应对能力提升培训，共享实时信息、技术和新成果，设立不同类型风险防控技术研发专项。

4.4.2 中国企业层面的措施——加强自然灾害防范和环境保护

在进入印度尼西亚基建市场之前，企业应引入自然灾害防范和环境保护相关领域的专业人才，深入考察当地的自然条件，评估和考量发生自然灾害的可能性，预估工程建设对当地生态环境的破坏情况，从而保证发生自然灾害的概率和工程建设的破坏情况在企业可接受范围内。在建设过程中，尽可能采用更为环保、有效的建造技术和施工方式，力求将破坏程度降到最低。同时，企业还应购入相应的灾害险，培训员工的应急救灾能力，增强风险防范能力。

参考文献

[1] 中华人民共和国外交部.习近平在印度尼西亚国会的演讲(全文)[EB/OL].[2019-02-22].https://www.fmprc.gov.cn/web/gjhdq_676201/gj_676203/yz_676205/1206_677244/1209_677254/t1084354.shtml.

[2] 中华人民共和国商务部.对外投资合作国别(地区)指南——印度尼西亚(2018年版)[EB/OL].[2019-02-22].http://www.mofcom.gov.cn/dl/gbdqzn/upload/yindunixiya.pdf.

[3] 中华人民共和国商务部,中国对外承包工程商会.2017—2018中国对外承包工程发展报告[R/OL].[2019-03-06].http://www.chinca.org/CICA/info/19030614463611.

[4] 广西大学中国-东盟研究院.印度尼西亚舆情周报[EB/OL].[2019-02-22].http://cari.gxu.edu.cn/yqbg/gbyq2/ydnxyyqzb.htm.

[5] 中国对外承包工程商会.基础设施发展指数国别分析报告——印度尼西亚(2017年版)[R/OL].[2017-09-22].https://max.book118.com/html/2017/0922/134711058.shtm.

[6] 赵国华,陈岩."一带一路"倡议下中国制造业企业对印尼直接投资的策略和展望[J].对外经贸实务,2018(10):81-84.

[7] 廖萌.21世纪海上丝绸之路背景下中国企业投资印尼研究[J].亚太经济,2018(1):126-132.

[8] 苏更·拉哈尔佐,吴崇伯."一带一路"战略背景下投资印尼之路[J].商业观察,2018(8):82-85.

[9] HUANG Y. Environmental risks and opportunities for countries along the Belt and Road: Location choice of China's investment[J]. Journal of cleaner production,2019,211:14-26.

[10] 杨狄泽.中国对印度尼西亚直接投资的政治风险分析[D].南宁:广西民族大学,2018.

[11] 潘玥."一带一路"倡议下中国企业投资印度尼西亚的深层问题——

以雅加达—万隆高速铁路项目为例的分析[J].东南亚纵横,2018(2):54-62.
[12] 杨忠民.雅万高铁创新实践与启示[J].中国铁路,2018(12):1-6.
[13] 贾都强.中国高铁落地印度尼西亚:机遇、模式与挑战[J].当代世界,2017(5):44-47.
[14] 施张兵,蔡梅华.中印尼雅万高铁面临的困境及其解决路径[J].学术探索,2016(6):28-35.
[15] 刘丹.中日竞投印尼高铁的焦点及启示[J].国际融资,2015(11):37-40.
[16] 严小青.印度尼西亚电力市场概况及投资前景分析[J].中外能源,2017,22(6):8-14.
[17] 吴若男.印尼港口建设的机遇、挑战与前景[J].中国港口,2017(6):56-59.
[18] 李德慧.中国企业投资印尼路桥设施建设的研究[D].南宁:广西大学,2017.
[19] 袁超飞,张艳飞,王小烈,等.基于中国需求的印度尼西亚镍资源产业投资前景分析[J].地质与勘探,2018,54(6):1115-1121.
[20] 叶知.印尼基建市场发展趋势及开发策略[J].国际工程与劳务,2017(10):62-65.
[21] 余珍艳.印度尼西亚基础设施建设现状及"一带一路"倡议推进下中国与印度尼西亚合作的路径[J].东南亚纵横,2017(6):76-83.
[22] 高文学.印尼基建市场相关特点及发展建议[J].国际工程与劳务,2018(8):44-46.
[23] 任红军.中国与印尼在基础设施建设方面合作的现状与前景[J].东南亚研究,2005(5):44-49.
[24] GAMMELTOFT P, TARMIDI L T. Chinese foreign direct investment in Indonesia: trends, drivers and impacts [J]. International Journal of Technological Learning, Innovation and Development, 2013,6(1/2):136.

[25] MAULIDIA M, DARGUSCH P, ASHWORTH P, et al. Rethinking renewable energy targets and electricity sector reform in Indonesia: A private sector perspective[J]. Renewable and sustainable energy reviews, 2019,101:231-247.

[26] SETIAWAN S. Middle income trap and infrastructure issues in indonesia: A strategic perspective [J]. International journal of economics and financial issues, 2017,7(4):20.

[27] MARYANINGSIH N, HERMANSYAH O, SAVITRI M. The role of infrastructure on economic growth in indonesia[J]. Bulletin of monetary, economics and banking, 2014,17:55-88.

[28] 左志刚.印度尼西亚经济发展报告(2017)——增长与机会[M].北京:社会科学文献出版社,2017.

[29] 东盟学院.苏哈托到佐科:印尼的高速公路建设[EB/OL].[2019-04-08].http://dongmengxueyuan.gxun.edu.cn/info/1502/12590.htm.

[30] WEARESOCIAL.WeAreSocial:2019 年数字东南亚之印尼[EB/OL].[2019-02-22]. http://www.sohu.com/a/294399362_120045024? spm=spmc.csrpage.news-list.89.15502227402497PiEWFs.

[31] 中国互联网数据咨询中心.M-Lab:2018 年全球网速排名中国大陆排名第 141 [EB/OL]. [2019-04-08]. http://www.199it.com/archives/759891.html.

[32] 高铁网.有一种速度叫中国速度,有一种骄傲叫中国高铁[EB/OL]. [2019-04-25]. http://news.gaotie.cn/tielu/2018-03-12/450175.html.

[33] 许利平."一带一路"背景下印尼国民性研究[J].云南社会科学,2018(5):52-57.

[34] 潘玥,陈璐莎."一带一路"倡议下中国企业对外投资的劳工问题——基于肯尼亚和印度尼西亚经验的研究[J].东南亚纵横,2018(1):84-90.

[35] 环球网.印尼国家减灾局:今年至少 4231 人在自然灾害中死亡或失

踪［EB/OL］.［2019-04-08］. http://world. huanqiu. com/article/2018-12/13927394.html? agt=16361.

[36] 钟帅,邱华盛,沈镭,等.关于中国和印度尼西亚在资源环境领域开展重点合作的建议[J].中国科学院院刊,2019,34(1):94-103.

附录6 中国企业投资老挝基础设施建设研究

1 引言

1.1 研究意义

老挝，全称为老挝人民民主共和国，是一个位于中南半岛北部的内陆国家，人口691.64万，实行社会主义制度，老挝人民革命党是老挝唯一的执政党。老挝国土面积为23.68万平方千米，北边与中国的云南省相邻，南边与柬埔寨相接，东边与越南相接，西北达缅甸，西南毗连泰国。境内80%为山地和高原，地势北高南低。2017年老挝GDP为168.53亿美元，经济增长率为6.9%，财政收入约27.2亿美元，财政支出约36.9亿美元[1]；人均收入2472美元，6546户家庭脱贫，超过计划约1000户。老挝通货膨胀率保持在1.2%，汇率小幅波动[2]。2018年老挝的进出口贸易额达到112亿美元，比2017年增长16%，其中出口贸易额是54亿美元，比2017年增长10.9%，进口贸易额是58亿美元，比2017年增长21%[3]。亚洲开发银行在《2019年亚洲发展展望》报告中预测，2019年和2020年老挝经济将保持稳定增长，增长率保持在6.5%。由于电力产量增加和基础设施的可持续发展，2019年老挝的工业生产活动预测增长8.1%，高于2018年的8%。2019年老挝收支往来账户赤字将占GDP的9.5%[4]。从2015年以来，我国对老挝的投资持续增加，2015年时是8890万美元，到了2017年我国对老挝的投资额已经超过12亿美元，截至2017年末，中国已经累计有66.55亿美元用于对老挝的直接投资[5]，投资项目约有771个[6]，投资的范围包括公路、铁路、矿产、水电、港口、航空和通信等方面，而且这一趋势还将持续下去。未来几年，随着“一带一路”倡议的实施和老挝国家经济的快速发展，我国企业与老挝的合作仍然会持续下去，中国在老挝投资基础设施的企业会越来越多，在老挝的投资额也会越来越大。

通过分析老挝基础设施建设现状，将老挝在公路、铁路、矿产、水电、航空、港口和通信等方面取得的最新成果，基础设施建设的技术水平和建设中存在的问题逐一列出，有利于我国企业对老挝基础设施建设现状有一个全面清晰的了解，从而有助于判断在老挝投资基础设施建设的前景。

分析我国企业投资老挝基础设施建设现状，搜集和罗列我国企业在老挝进行基础设施建设的项目进展及已经取得的成绩，总结分析我国企业在老挝投资基础设施建设中遇到的主要问题，提出对策建议，有助于我国企业了解在老挝投资基础设施建设的现状和遇到的主要问题，基于数据进行分析，谨慎投资，并且在投资时采取措施规避可能出现的问题，最终顺利对老挝基础设施建设进行投资。

1.2 研究综述

老挝作为东盟国家之一，最近几年经济发展速度很快，在经济较为落后的情况下还一直重视基础设施建设。我国投资老挝基础设施建设的企业也逐年增多，因此，国内外许多学者和专家对老挝基础设施进行了调查研究。

国内学者主要对老挝基础设施方面进行了研究，包括老挝在进行基础设施建设时的模式选择和具体项目的实际应用，对我国企业投资老挝基础设施建设有实际性的指导意义。黄洁和白捷伊（2016）[7]介绍了昆曼公路的发展现状和物流需求趋势，指出昆曼公路“通而不畅”的主要原因是物流的供给和需求不匹配，并且认为主要的解决办法是加强物流的软硬件建设和改善物流供需水平。盖轶婷、任青和刘贺（2018）[8]深入研究老挝基础设施建设管理模式，通过分析海外 PPP 模式和老挝交通基础设施建设融资现状，指出老挝开展高速公路建设可通过 BOT 模式、BOT＋政府投资入股模式、横向一体化开发模式、EPC＋BOT 模式和 EPC＋BOT＋政府投资入股模式，以及 EPC＋BOT＋政府投资入股＋横向一体化开发模式等组合模式，从而最大程度减轻政府财政负担，加快融资，促进项目实施。李光宇（2018）[9]研究我国企业在老挝的融资风险和各种风险权重大小，并给出了规避风险的一些建议。韦健锋（2017）[10]通过地缘战略角度分析了中老铁路对老挝突破在东南亚地区的地缘依附关系、对老挝改善本国地缘战略态势和对老挝经济发展的作用。周永胜（2016）[11]通过介绍老挝矿业发展情况、存在的问题以及问题成因，并参考中国矿业发展历程和经验提出完善老挝矿业发展的政策建议，即加快相关立法、创新管理方式、加强生态环境保护、加强人才培养和完善交通基础设施建设。杨卓龙等（2017）[12]通过分析老挝的经济、资源禀赋、市场需求、投资现状、政策法规，认为老挝有色金属、公路和铁路基础设施升级改造、冶金及基础地质调查有很好的投资前景。杨繁荣(2018)[13]分析了老挝矿产资源行业引进外资存在的问题及问题成因。覃元义和刘建(2013)[14]分析了老挝的资源条件、交通基础设施条件及经济情况，认为老挝的水电开发移民活动与农业开发公司合作，在经济上是合理的，在技术上是可行的，并且具有一定的优越性。姜慧和韩琪(2016)[15]分析了东盟新四国电力基础设施现状和中国投资的现状，并提出了增强政治互信、完善电力基础设施投资保障机制、加强电力技术的交流和专业技术人员的免费培训等建议和对策。林三奇(2016)[16]全面分析了老挝水电出口的现状、效应和影响因素，并认为老挝要扩大水电出口，需要加强水电人才培养和技术提升、加快东南亚电网互联互通谈判、建立具有调节性的水电站和探索水电开发环保新措施。冯明磊、侯志强、肖银松(2016)[17]总结了我国在老挝开展移民安置咨询工作的经验和我国移民技术标准等在老挝水电项目实践中的应用，并提出相应的建议。齐风亚(2014)[18]分析了老挝航空公司空中乘务员工作倦怠与激励满意度的关系。

国外学者研究老挝基础设施建设，注重于基础设施建设对老挝的影响和如何完善老挝的基础设施建设。X.Norasingha 等(2015)[19]认为中国企业专注于向老挝提供与生产有关的知识。T.Vongpraseutha 和 C.G.Choib(2015)[20]证明了外国直接投资是万象促进经济和支持城市增长的重要工具，老挝政府通过外国直接投资来获得扶贫和长期发展资金。泰国前财政部部长 C.Sussangkarn(2015)[21]分析了昆明至曼谷铁路项目对老挝经济发展的作用以及作为内陆国家的老挝如何在昆明至曼谷铁路项目中分享利益。M.Sayathama 和 D.Suhardimanb(2015)[22]以 Nam mang 3 水电站项目为例，研究了水电开发对社会生产和人民生活的影响。J.Kirchherra 等(2017)[23]分析了中国在缅甸、老挝、柬埔寨等国家的大坝建设项目中的社会保障规范，认为未来的大坝项目将主要采用国际规范[23]。

综上所述，国内外许多学者或者专家，在研究老挝基础设施建设时，主要是就某一个方面的问题进行深入研究，研究得很细，针对性很强。不过较少文献同时较多地涉及老挝公路、铁路、矿石、水电、航空、港口和通信等方面，有些只研究了这七个方面中的某一个小问题，如老挝水电开发的移民安置问题、公路项目建设的资金筹集问题和中国在投资一个个单独的项目时会遇到的问题等，不能对老挝基础设施建设现状有充分的了解，也不能对我国企业在老挝投资基础设施建设的现状有详细的了解，所以本附录基于他们的研究，通过收集最新资料和数据，分析总结老挝关于基础设施的情况，并提出一些改善中国企业投资老挝基础设施的建议，以期对在老挝投资的中国企业有所帮助。

2　老挝基础设施建设现状

基础设施是指为社会生产和居民生活提供服务的物质工程设施，是用于保证国家和社会正常运行的服务系统，基础设施包括的方面很多，在本附录中，基础设施为狭义方面的基础设施，主要包括公路、铁路、矿产、水电、航空、港口和通信等七个方面。

老挝现在仍然是世界上最不发达的国家之一。根据国际货币基金组织报告，近年老挝政府的公共债务和公共担保债务率不断攀升，从2017年的61.1%上升到2018年的65.3%，经济存在下行风险。2017年老挝财政赤字率已达到GDP总额的6.52%[24]，这将会影响老挝在基础设施方面的建设。老挝进行基础设施建设的水平低下，基础设施建设过程存在许多问题和困难，严重阻碍老挝的经济发展，成为老挝吸引外资进行直接投资的一个难题。

2.1　公路

经多年发展，老挝公路情况已经有了很大改善，公路基础设施建设具有一定规模，但是老挝的公路情况仍然不能满足老挝的经济发展和老挝人民的出行需求，公路基础设施建设过程中存在许多问题。

截至2018年末，老挝的主要交通道路是普通公路，还没有可以运行的高速公路，公路运输占全国运输总量的79%[25]，而且普通公路的建设及覆盖情况欠佳，许多地方无普通公路。因此，老挝政府一直希望改善老挝的交通基础设施，并且十分重视交通基础设施的发展。

根据CEIC数据统计，截至2017年12月，老挝的土路道路长度为25922.360千米，碎石道路长度为23059.330千米，柏油道路长度为

9400.790 千米，柏油路道路长度远远低于土路道路长度和碎石道路长度，公路建设水平低下。随着老挝经济的发展、人民出行需求的增加，老挝对柏油路的需求将继续增大，老挝需要加快速度建设柏油路。

老挝除了公路基础设施建设缓慢外，已经建成的公路也存在较多的问题，一是建成的部分公路没有得到很好的运行，二是公路维护和保养不到位，三是公路路线布局与出行需求不匹配，这三方面的综合作用造成老挝公路资源的浪费。

老挝的公路基础设施建设水平落后，主要有以下方面的原因：①老挝是世界上最贫穷的国家之一，长期依赖国外资金或国外援助来进行基础设施建设，债务方面存在问题。②公路基础设施建设是一项建设周期长、投入成本大、成本回收期长、收益低的项目，经济效益远远低于社会效益，使得企业对此进行投资会存在较大投资风险，所以很难吸引企业对公路基础设施进行投资。③老挝的公路建设资金主要依靠老挝政府财政支持，随着老挝机场、铁路、高速公路等的建设，老挝的财政不可能兼顾到所有基础设施的建设，而老挝的融资市场还没有形成良性循环的市场融资机制，还是老挝政府控制着整个融资市场，使得老挝想要依靠市场融资来进行公路基础设施建设存在许多困难，私人企业和民间资本很难进入公路基础设施建设领域。④老挝的公路基础设施的定价是由政府制定的，不能及时反映市场变化，定价机制不合理。⑤老挝缺乏建设公路的高级技术人才和完善的公路建设制度，公路建设经验不足，无法依靠自己进行独立建设，需要依靠外国资本和外国经验来投资建设，制约了老挝公路基础设施建设的发展。⑥老挝境内 80％为高原和山地，属于多山地带，气候属于热带季风气候，气候变化会影响项目施工。在这些地方建设公路，往往需要开凿隧道、架桥梁或者在一些地方进行大挖大填，一旦操作不慎，还会存在山体崩塌的隐患。这些自然条件的不利影响在一定程度上也让老挝的公路建设变得复杂。

但老挝政府没有放弃公路建设，公路建设是老挝发展的重要环节。1986 年 11 月，老挝人民革命党提出全面革新政策的具体措施中就强调要加强公路建设，并且投入大量的人力和财力[26]。1990 年，老挝通过向世界银行和亚洲银行贷款的方式来筹集资金，并将资金用于公路的建设，1 号公路、9号公路、13号公路和18号公路就是在这个时期修建的[27]。老挝在2016—2020年的经济社会发展计划中重新规划了老挝公路的发展路线，大概会有60亿美元用于老挝公路的建设[9]。

2015年，老挝公共工程交通运输部采取运输、物流策略性发展计划并且获取了政府批准，解决了老挝在全面性物流服务中，需要承担公路养护维修责任，却只能获取较小利益的问题。现在，老挝已经是联合国亚太经社会《政府间陆港协定》的成员，已有9个地点设定为国际物流园[28]。近年来，老挝又提出并制定了“变陆锁国为陆联国”的“走廊国家”战略，通过道路互联互通的建设为东盟国家提供直接的陆路运输[8]。

由此可见，老挝政府从20世纪80年代起就一直重视公路基础设施的发展，未来几年，老挝的公路基础设施建设依然存在种种问题，但是老挝政府会积极采取措施克服困难，确保其建设水平不断提高，公路基础设施不断完善。

2.2 铁路

老挝的铁路建设情况非常落后，截至2018年末，老挝境内可以正常运行的铁路，只有一段3.5千米长的国际铁路，这条铁路从万象塔纳楞火车站开到泰国廊开火车站，是老挝的第一条铁路，由泰国政府资助540万美元修建，于2009年正式通车。

在中国老挝铁路的影响下，近年来老挝也与其他相邻国家签订了其他铁路建设项目。老挝计划修建6条铁路帮助老挝从“陆锁国”变为“陆联国”，这6条铁路分别是老泰铁路、老中铁路、沙湾拿吉—老堡铁路（越南）、万象—他曲—Mu Gia —Tan Up—Vung Ang（永昂）铁路、他曲—沙湾拿吉—巴色—王岛口岸铁路（泰国）、巴色—Veunkham铁路（柬埔寨）[29]。

截至2018年底，除了他曲—沙湾拿吉—巴色—王岛口岸铁路（泰国）无进展，其他5条铁路的进展如下：

（1）老泰铁路

2012年，老挝和泰国签署了一份老泰铁路协议，决定修建一条长度为7.75千米的铁路，从老挝万象开始，到泰国塔纳楞为止，称为老泰铁路二期建设项目。老泰铁路总投资为16.5亿泰铢（约合4233亿老挝基普），其中30%为赠款，70%为贷款。2013年9月，老泰铁路二期建设项目第一部分开始建设;2015 年 9 月,老泰铁路二期建设项目第一部分竣工;2017 年 3 月,老泰铁路二期建设项目第二部分启动;2018 年 1 月,老挝铁道部代表项目业主与 AEC 公司在万象签署雇用合同,AEC 公司负责完善项目的设计、编制招投标文件、选择建筑公司、管理项目建设等工作,且所有工作必须在 46 个月内完成。AEC 公司将代表项目业主在项目和施工计划的技术方面进行跟踪,且在预定日期之前完成项目[30]。

(2) 老中铁路

截至 2018 年底,中老铁路累计完成投资 118 亿元,占项目总投资的 31.5%。其中全线最长桥梁、老挝历史上最长的桥梁——楠科内河特大桥于 2018 年 6 月完成主体工程施工;两座跨湄公河特大桥于 2018 年 7 月全面完成主桥基础施工;铁路第二标段首座隧道——纳文村隧道于 2018 年 6 月 12 日胜利贯通;2018 年 12 月 2 日,中老铁路首榀简支 T 梁在老挝首都万象的中铁二局铁路工地现场成功架设,标志着中老铁路建设由线下施工转为线上工程施工。2019 年 1 月 16 日,中老铁路国内段首座四线特大桥顺利合龙。2019 年 2 月 9 日,中老铁路全线最长桥梁楠科内河特大桥开始架梁施工。截至 2019 年 4 月,中老铁路土建工程已完成招投标合同总额的 65%,线下土建工程完成 57%,其中路基完成 76%,桥梁完成 41%,全线已贯通 11 座隧道,隧道完成了 53%,预计在 2021 年 12 月竣工[31]。

(3) 沙湾拿吉—老堡铁路(越南)

该铁路全长 220 千米,从老挝中部的沙湾拿吉省到越南广治省老堡口岸,老挝和越南在 2012 年的时候就签订了铁路建设合作协议,协议规定 50 亿美元的修建资金将由 Giant Consolidated 公司筹集;2018 年,该铁路项目已经进入可行性调研阶段[29]。

(4) 万象—他曲—Mu Gia—Tan Up—Vung Ang(永昂)铁路

全长 555 千米,连接老挝万象与越南永昂港,按电气化铁路标准建设,最高时速 150 千米,总投资 50.62 亿美元。2011 年完成前期可行性调查;2017 年 3 月 7 日,越南交通运输部与老挝运输部在河内召开的双边会议上就 2017 年完成老挝万象—越南永昂港铁路项目可行性研究报告达成一致意见;2017 年 4 月,老挝和越南两国政府签署了《Vientiane(万象)—

Thakhaek（他曲）—Muya 铁路实施工作谅解备忘录》[32]；2018 年 7 月，越南铁路局向老挝交通运输部提交了使用韩国国际合作机构（KOICA）资金，由 Dohwa、KRTC 和 Sambo 三方咨询联营体实施的老挝万象—越南永昂铁路项目可行性研究报告的评审结果。铁路局评价认为咨询单位完成并基本满足所提工作要求。预计在 2018—2024 年 7 年内实施第一分段[33]。

（5）巴色—Veunkham 铁路（柬埔寨）

2017 年 8 月，老挝就与柬埔寨举行会谈，讨论修建一条 150 千米的老柬铁路，连接巴色至柬埔寨边境的 Veunkham 地区[29]；2018 年，老挝政府已经在寻求资金以便可以开展该条铁路的可行性调研[34]。

总而言之，修建铁路需要考虑多方面的因素，涉及多方利益，而且老挝铁路建设能力有限，所以老挝铁路修建需要各方耐心协商，真诚合作。

2.3 矿产

老挝矿产资源丰富，属于中国三江成矿带延伸部分，现在已经探明的金属矿点近 450 处，包括 155 处金矿和银矿，68 处铜矿，91 处铅锌锑矿，69 处钨锡钼矿，56 处铁锰铬矿和 5 处铝土矿，全国锡储量为 6.5 万～8 万吨[11]。老挝是亚洲钾盐储量最大的国家，已探明的基础储量为 10.32 亿吨，预测储量高达 133.62 亿吨[12]。

2018 年，老挝政府已批准 143 家公司在老挝 78269.44 平方千米土地上进行调查和技术经济研究。2018 年约有 26 家公司在 8982 平方千米土地上进行矿产勘探工作，63 家公司在 66808.15 平方千米土地上对 113 个项目进行调查，54 家公司在 4279.78 平方千米土地上评估 81 个项目的经济和技术可行性[35]。

老挝的北部地区是矿产项目开发的主要地区，有超过 60％的项目是在老挝的北部地区开发的，可见老挝的矿产开发地区比较集中。老挝的矿产项目开发主要依靠外国企业的技术和外国的资金，在累计计算老挝 2006—2016 年的直接利用外资总额中，矿业领域直接利用外资金额是直接利用外资总额的 27％，是老挝实际利用外资总额最大的产业[13]。

2015—2016 年，老挝的矿业领域为 GDP 贡献了 1.36 亿美元[12]。2017 年，据老挝能矿部披露，2017 年前 9 个月，老挝矿产领域的贸易额已达 9.29 亿美元，其中矿产出口贸易额达到 9.06 亿美元，虽较 2016 年同期下降

1.61%，但仍为老挝第一大出口创汇领域。老挝国内矿产贸易主要集中在金、银、铜等领域，贸易额约为2281万美元。

然而，老挝的矿产领域虽然发展迅速，但是存在一些发展问题和环境污染问题，这些问题都是急需采取有效措施解决的。①老挝的工业化程度不高、科技不发达、矿业领域的专业人才过少，使得老挝的矿业开发不能形成大的规模，收益低、污染大。②老挝的基础设施建设主要依靠政府财政，矿产开发区交通不顺畅，因此，往往需要投资老挝矿业的企业自己进行矿业附近的基础设施建设，极大增加了投资矿业企业的成本。③进行矿业领域开发，需要有本领域的专业人才，而老挝人民文化水平低，受教育程度低，缺乏这方面的人才，所以到老挝投资的外国企业需要自己带专门的技术人才到老挝去工作，增加外资企业的用人成本。④老挝的矿产领域开发需要交各种费用，如勘查费、开发费等，其前期需要投入的成本较大。⑤老挝的产业结构不合理，较为单一，矿业的产业链短，矿产品附加值低，可替代性很强，使得老挝的矿产品在国际市场上竞争力不强，反而使矿产品价格容易受到国际市场需求量的影响，从而加大了矿业投资的风险。⑥老挝对矿业的监管力度不够。老挝的矿产法还没有完善，发挥的作用不明显，政府不能很好地掌控矿产开发，不能有效保护国家、企业、个人三者之间的利益；矿产领域审批手续多，审批时间长，政府办公效率低；老挝政府的腐败现象严重，许多矿产开发企业无法得到公平公正的竞争。⑦矿产开发对环境产生危害，对周围的人民生活和发展造成影响。

老挝政府已经意识到矿产开发存在的问题，近年来也采取了一系列措施以改善矿产开发环境，最大程度做到经济发展与环境保护同步。2014年，老挝政府就取缔了10个非法采矿的项目，并且在2016年之前都没有批准过新的矿产开发项目[11]。2016年，老挝政府又继续暂停批准新的采矿特许权，因为老挝政府需要更多时间来检查一些项目运营情况[36]。老挝政府近年来也在不断完善《矿产法》和《老挝鼓励外国投资法》，逐渐加强对矿业的管理，营造更为友好的矿业开发环境，对矿业的监管也在日益加强，有力地促进老挝矿业在正常的轨道上快速发展。

由此可见，老挝矿产资源丰富，矿业发展迅速，矿业发展符合老挝的国家发展战略，能够得到国家扶持。未来老挝矿业想要健康发展，就必须不断积累矿产开发技术，减少污染，注重保护环境，加强监管，最大程度减少矿产资源浪费。

2.4 电力

老挝的风力发电和火力发电规模都很小，到目前为止只有一座燃煤电站，不过老挝水能资源丰富，使得老挝发展水电事业具有天然优势。老挝境内有 20 多条河流的流程是 200 千米以上的，而且东南亚最长的河流——湄公河，也从老挝西部流过，湄公河在老挝的流域长达 1846.8 千米，水位落差达 484 米。虽然只有湄公河全长的 44.4%在老挝境内，但是却储存了湄公河 60%以上的水能资源，有 60 多个适合建设水电站的地点。老挝境内有 3000 万千瓦左右的水电资源蕴藏量，有 2347 万千瓦的技术可开发总量。

据老挝《经济社会报》报道，2019 年老挝在建水电站 36 座[37]，其中 2019 年将建成 12 座水电站，总装机容量 1950 兆瓦，80%电力将出口泰国，剩余电力供应国内。截至 2018 年末，老挝已有 61 座电站实现发电，输变电线路项目 70 个，总装机容量约 7200 兆瓦，可满足国内需求并向泰国、越南、马来西亚、柬埔寨和缅甸出口富余电力，其中，大中型水电站 32 座，15 兆瓦以下小型水电站 21 座，燃煤电站 1 座，替代能源发电厂 2 家，太阳能发电厂 5 家[38]。

电力出口是老挝外汇收入的主要来源之一，电力出口国家主要是泰国。2012 年之前，老挝只向泰国出口电力，2012 年之后，老挝才开拓柬埔寨等其他国家的电力市场，不过泰国依然是老挝出口电力的主要国家。2015 年，中国和老挝开展 4 项水电合作项目[16]。2018 年上半年，老挝政府出口电力 129 亿千瓦时，总额超过 7 亿美元，与 2017 年同期相比增长了 14.32%，占 2018 年度计划的 56.22%。而电力进口方面，在 2018 年上半年，老挝向泰国、越南和中国购买电力 3.079 亿千瓦时，花费 1483 万美元，与 2017 年同期相比，电力进口减少了 21%[39]。随着老挝水电站的建设和水电行业的快速发展，老挝在电力出口方面更有优势，在东南亚的电力竞争上更具优势，电力出口影响力在逐步提高。

目前，老挝的电力覆盖率达到了 88%，即使是经济落后的农村其电力覆盖率也超过了 80%，根据老挝国家电力发展规划的预测，到 2020 年，全国98%的居民能用上电[40]。

老挝实施水电开发政策以后，老挝境内已经有28条电力传输线连接周边国家[41]。而2016—2020年的第八个五年经济发展规划期间，老挝打算向其他国家贷款40.15亿美元，自己国内筹集资金4.56亿美元，用于建设老挝电网，实现与邻国的电网互通，并且争取在2020年变成东盟国家中的最大电力输出国[40]。

尽管老挝水能资源丰富，但是由于老挝20世纪70年代以前长期处于战争状态，加上1975年以后，老挝国内又盲目模仿苏联施行计划经济模式却没有成功，使得老挝人民的生活艰难，水电资源便延迟开发了。而现在老挝还是一个落后的发展中国家，水电资源开发受到资金、人力资源等条件制约，困难重重，所以老挝的水电资源开发还是存在许多不足。①老挝的电力系统和电力系统基础设施还没有完善，电压不稳定，电力系统设备不合格，电力覆盖率没有达到100%，用电异常的问题解决不及时。②因为老挝贫富差异大，偏远的农村和城市的经济发展程度不同，对电价可接受程度不一样，因此老挝国内电价很难进行统一，而且受通货膨胀及电力供应存在季节性问题的影响，老挝国内的电力价格经常波动且电力价格增长过快。③老挝的电力开发事业对外依赖程度较大，一方面是对电力开发资金的依赖，另一方面是对电力系统人力资源和技术的依赖。因此，老挝10万千瓦以上的水电站全部以外商投资的形式建设，10万千瓦以下的水电站才由老挝国家电力公司以总承包商形式带动外资投资建设[40]。④老挝电网发展处于初级阶段，各方面的建设比较落后，老挝电力系统基础设施建设没有完善的法规制度，难以建立完善的高压输电网络，老挝政府对电力开发技术支持的政策力度不大，对电力市场的政策导向不足，不能很好地引导电力产业市场化，激励电力产业的创新机制不完善。⑤水电站的建设需要进行移民，老挝国内没有关于水电开发移民的相关法律法规，没有成熟的移民实施模式。⑥建设水电站会对环境和居民的生活造成不同程度的影响。建设水电站会影响水源的自净能力，破坏水土结构，影响水质，所以老挝建设水电站常常遭到周边国家、国际组织和非政府组织的反对。⑦泰国是老挝电力出口的主要国家，一旦老挝和泰国的合作破裂，老挝的电力行业将会遇到很大的困难，用于电力基础设施建设的成本也可能无法收回,还会造成电力资源的浪费,从而直接影响老挝的经济。除此之外,因为各国的电网建设技术存在差异,各国的利益不同,以及在区域内没有形成统一的法律法规,所以老挝想与东盟各国以及邻国形成电网互联互通还存在许多的困难。

水电开发和建设水电站会影响到经济、环境和居民的生活等多方面,老挝政府为老挝的水电事业制定了多种法律法规,并实施多种措施来保障老挝水电事业的发展。

由此可见,老挝的水能资源丰富,老挝重视水电资源的开发,尽管存在一些发展问题,但老挝水电领域发展前景良好。

2.5 港口

老挝是一个内陆国家,没有开往境外的客轮,水运主要是通过湄公河运输,水运整体上不发达,内河航道总长 4600 千米,客运量和货运量都较少。港口也较少,主要有两个港口,分别是万象港口和沙湾拿吉港口,其中万象港口是最主要的港口。万象港口位于老挝的首都和最大的城市——万象市,大部分的水上运输经过这个港口。

湄公河在老挝境内有 20 多个小型码头,运输总量占全国运输总量的 18%,湄公河的上段部分在旱季的时候,只允许 150 吨级的船只通行,在雨季的时候,则允许 300 吨级的船只通行,而下段部分还不能通行[42]。

因为老挝没有沿海港口,所以老挝一般会与邻国合作。老挝一直与泰国有港口方面的合作,老挝主要利用泰国海港进行海上对外贸易,许多要运到老挝的物资或者老挝需要经过港口运输的物资,经常是通过泰国的曼谷港出海。除了泰国之外,老挝与越南现在也在协商港口方面的合作。2017 年 4 月,越南已同意老挝利用永昂港,越南将给予老挝 50 年的特许经营权,并且期限可以延长。老挝政府的工作会议上还同意设立一家公私联营公司发展越南中部河静省的永昂港项目[43];2018 年 6 月,与越南港口相连的道路已经在推进建设[44]。

老挝在港口方面的建设,除了增强与邻国的港口合作,最值得关注的就是正在积极进行的金三角国际口岸码头的建设。金三角国际口岸货运码头位于博胶省东鹏县境内,湄公河东岸,地处缅甸、泰国、老挝三国交界地带,整个港口地区占地约 11000 平方米,规划近期的年客运量为 20 万人次，货物吞吐量为10万吨，规划远期的年客运量为80万人次，货物吞吐量为40万吨，是集客运、汽车轮渡、货运于一体的综合性国际港口。整个港口总投资约1815万美金，分三期建设开发完成。金三角国际口岸码头建成之后，将会促进老挝的港口运输，提升老挝对湄公河航运的开发利用，加快老挝的经济发展。

2.6 航空

老挝的国家航空公司是老挝航空公司，成立于1976年9月，Lao Aviation是老挝航空初期的名称。20世纪90年代末期，老挝政府拥有老挝航空的股份，同时中国云南航空也拥有老挝航空的股份。21世纪初期，中国云南航空才不再拥有老挝航空的股份，只有老挝政府拥有整个老挝航空的股份，并在2003年改名为Lao Airlines[45]。

截至2017年6月，老挝航空公司拥有4架空客320型飞机和7架ATR飞机。近年来，老挝航空公司的乘客人数持续增长。

2017年，为提高老挝航空公司的运作效率，老挝政府提出为老挝航空公司寻找战略合作伙伴的计划，一些海外航空公司也有着相应的合作意识[46]。

老挝航空公司现在是老挝唯一的一家航空公司，之前有一段时间出现过一家民营航空公司——老挝中央航空公司，不过在2014年已经停止运营。

截至2018年，老挝全国有12个机场，20多条航线，其中有4个国际机场，分别是万象瓦岱、琅勃拉邦、沙湾拿吉和巴色机场，年客运量为44万人次，年货运量为2万吨。万象瓦岱国际机场是万象市唯一的国际机场，可以起落大型飞机，位于万象市中心以西约3千米处。通航公司主要有亚洲航空公司、中国东方航空公司、中国南方航空公司等[47]。琅勃拉邦国际机场是琅勃拉邦市的一座民用机场，归老挝政府所有。该机场海拔高度为291米，跑道长度为2200米，宽度为45米，可满足空客A380以外的大型飞机的起降要求。机场主营国内、地区和国际定期的客货运输业务，由曼谷航空、中国东方航空、老挝航空、泰国航空和越南航空提供航班服务，通航至曼谷、昆明、万象、清迈、河内、首尔、暹罗和新加坡等东南亚主要城市[48]。沙湾拿吉机场位于老挝沙湾拿吉省，规模很小，没有国外航空公司入驻。巴色机场是位于老挝南部城市巴色的对外航空交通机场，提供老挝境内国内航班以及东南亚区域性国际航班，也是老挝人民军空军的运营基地[49]。

老挝的航空业还属于初期阶段，不过近年来的发展情况较好。随着老挝旅游业、贸易业的持续发展，老挝的航空运输事业也会得到发展。加入WTO之后，极大降低了老挝航空公司采购关于硬件设施的关税，有利于老挝航空公司降低运营成本。同时老挝也在寻求航空合作伙伴，希望开展全方位、多层次的合作，所以未来老挝的航空事业会得到较好发展。

2.7 通信

老挝的通信业起步较晚，整体上较为落后。1992 年，老挝才引进固定电话；1993 年，老挝才引进移动电话；1994 年，老挝的通信行业才开始全面发展，固定电话、电报和传真是主要的通信行业形式。1996 年，老挝电信公司成立，由老挝政府和泰国公司 Shinawatra 集团共同出资建立，主营业务是向政府机构和普通人民提供包括固定电话和传真两种形式的服务。2001 年，第一部老挝电信法开始在老挝境内实施，对老挝通信行业做出规范。2002 年，老挝的通信市场正式开放，老挝的通信业开始进入外国资本。2003 年，老挝通过采用国际通用的 GSM 和 CDMA450 赫兹制式推出个人移动通信业务。2012 年，老挝开通由中国华为提供设备并承建的 4G 网络，并且在 2014 年，开展 4G 网络业务，是东南亚国家中第二个拥有 4G 网络的国家[50]。

老挝国内只有 4 家通信运营商，分别是老挝电信公司、老挝电信企业、星通信(STL)和 Beeline。老挝电信公司(LTC)于 1996 年成立，由老挝政府和泰国公司 Shinawatra 集团共同出资建立，其中老挝政府控股 51%，泰国 Shinawatra 集团控股 49%，经营业务包括移动、固网、大客户和企业用户，是老挝第一大电信运营商。老挝电信企业(ETL)于 2000 年成立，是从 LTC 分离出来的公司，是老挝国内唯一全资国有运营商，资产隶属老挝财政部，由老挝的建设部、邮政部、通信部和交通部管理运营，注册金额为 850 万美元，经营业务包括无线宽带接入、国家光纤专网和移动通信等多方面。星通信是由老挝亚洲通信公司发展而成的，是一家军方背景运营商，2008 年时，越南运营商 Viettel 加入，其中老挝持有股份的 51%，Viettel 持有股份的 49%[50]。Beeline 公司是老挝 Tigo 公司发展而成的，2011 年 3 月 9

日，Tigo 的部分股权被俄罗斯 VimpleCom 电信公司(简称 VIP)收购，使得 Beeline 公司 78%的股权由 VIP 公司拥有，只有 22%的股份是老挝政府持有。2017 年 11 月，老挝政府又以 2200 万美元的价格全部购回 VIP 公司在 Beeline 公司的 78%股权，从此，老挝政府对 Beeline 公司有 100%的控股权。Beeline 公司主营业务是对外提供移动宽带，宽带上网服务，移动通信等[51]。

截至 2017 年，老挝电信公司拥有 150 万手机用户，40899 个固定电话用户。2G Winphone 网络拥有 532316 名用户，而 3G 和 4G 用户约 895972 人[51]。而截至 2018 年末，老挝电信公司运营着 6600 多个站点，提供 2G、3G、4G 和 4G+服务。移动网络覆盖全国 18 个省、148 个城市、8500 户家庭，4G 服务覆盖全国 49%的人口。2018 年，老挝电信公司收入 18.6 亿基普，比 2017 年增长 1.4 %，净利润为 3227 亿基普[52]。老挝通信行业收入已占到老挝 GDP 的 4%[53]。

近两三年来，老挝的基站建设也快速发展，无论是 3G 信号传输基站还是 4G 信号传输基站，数量都在快速增长。2015 年老挝只有 3874 个 3G 信号传输基站，2016 年老挝有 4095 个 3G 信号传输基站，而到 2017 年，老挝就有了 4668 个 3G 信号传输基站，全国 78%的地方都可以上网。2015 年老挝只有 295 个 4G 信号传输基站，2016 年也只有 464 个 4G 信号传输基站，而在 2017 年，老挝的 4G 信号传输基站就增加至 1748 个。2017 年，老挝活跃的互联网用户数量达到 270 万，移动电话用户有 370 万人[54]。这些都表明老挝这几年的通信行业在快速发展，老挝人民的信息获取更为便捷。

但老挝市场需求很容易饱和，而企业竞争激烈，四家大型通信网络运营商都在争夺老挝有限的市场。老挝的通信基础设施不完善，网速慢，网络不稳定，容易中断。老挝的教育事业不发达，不能有效培养高级通信人才，不利于老挝通信事业的持续发展。

总之，老挝的通信行业起步晚，近几年的发展较顺利，基本建成全国通信网络，光缆分南北和东西走向全长 6000 千米。

综上，通过对老挝公路、铁路、矿产、水电、港口、航空和通信的现状进行分析发现，虽然老挝一直都很重视基础设施建设，基础设施建设也取得了一定成绩，但老挝各个基础设施建设依然存在以下问题：专业人才匮乏，人才培养跟不上基础设施建设的发展速度；基础设施建设技术缺乏，经验不足；基础设施建设融资困难，经费不足；基础设施建设无法靠老挝政府独立完成，需要借助国外企业力量或者国际援助；境内平原少、山地多的地势也增加了各项基础设施建设的难度。

总之，虽然老挝现在的基础设施水平低下，基础设施建设过程中存在许多问题，但是老挝的基础设施建设一直是老挝的国家发展战略的重要内容，未来一段时间，老挝仍会重视基础设施的建设，外国企业到老挝投资基础设施建设前景良好。

3 中国企业投资老挝基础设施建设现状

3.1 中国企业投资老挝基础设施建设概况

近年来，中国在老挝的投资逐年增长，投资增速位居东盟国家前列，中国是老挝前三大投资国之一，两国合作日益密切。

从 2015 年以来，中国与老挝的合作越来越频繁，合作方向涉及多个方面，合作取得良好的成果。据中国商务部统计，2019 年 1—8 月中国对老挝工程承包新签合同额达 16.2 亿美元，同比增长 137%，增幅位居东盟国家第四。中国对老挝工程承包完成营业额达 27.2 亿美元，位居东盟国家第三、全球第八[55]。截至 2019 年 8 月，中国对老挝期末在外各类劳务人员达 25681 人，位居东盟国家第二、全球第七。其中工程承包项下期末在外人数达 22973 人，劳务合作项下期末在外人数达 2708 人[56]。据驻老挝经商参处消息，2017 年，中国对老挝非金融类直接投资流量已经有 13.8 亿美元，比 2016 年增长 139.1%，在所有东盟国家中是增长率第一的国家[57]。据中国商务部合作司数据统计，2018 年 1—8 月中国对老挝非金融类直接投资额达 9.9 亿美元，同比增长 30.3%，投资总额位居亚洲第二。截至 2018 年 8 月，中国对老挝投资超 100 亿美元[58]。据中国海关总署数据统计，2019 年 1—8 月中国和老挝的贸易平稳增长，双边贸易额达到 25.3 亿美元，同比增长 16.6%，在东盟国家中的增幅排名第二。其中中国对老挝出口额为 11.2 亿美元，同比增长 27.4%[59]。2017 年，中国是老挝第二大进口来源地和第二大出口目的地，占比分别为 21.5%和 28.7%。

根据老挝计划与投资部的年度报告，截至 2017 年底，中国投资者在老挝有 771 个投资项目，一共是 74.3 亿美元的投资总额，其中 27.7 亿美元投资于 102 个矿产项目，10.8 亿美元投资于 11 个电力项目，并且中国 100%独资的项目就有 557 个。由此可见，中国在老挝投资基础设施建设的规模逐年增大，已经在基础设施建设的多个方面都进行投资，投资规模大。

3.2 公路

老挝的公路建设还处在以建为主的阶段，我国与老挝在公路方面的合作项目很多，主要有以下一些大项目。

1. 昆曼国际公路项目

昆曼国际公路从中国云南省的昆明市出发，经过老挝，最后到达泰国的首都曼谷，是大湄公河次区域经济发展建设的基础设施，是一条国际陆路通道，全长 1880 千米，于 2008 年 12 月正式通车。连接老挝会晒和泰国清孔的会晒大桥也于 2013 年 12 月正式贯通，昆曼国际公路全线实现无缝连接。

2. 万象—巴色高速公路项目

万象—巴色高速公路项目全长近 500 千米，包括四条车道，每条车道宽 3.5 米，总宽度为 23 米，双面路肩各 3 米，道路将根据东盟 1 级高速公路标准建造，设计时速是 80～100 千米，总造价约 60 亿美元，是老挝境内首个向社会公开招标的 BOT 模式项目，按照 BOT 模式进行融资和开发，共分为四个标段，分别是北灿至甘蒙段，甘蒙至沙湾拿吉段，沙湾拿吉至沙拉湾段，沙拉湾至巴色段。2018 年，中国建筑股份公司有限公司和老挝 PCD 公司联合承包沙湾拿吉至沙拉湾段，共 128 千米，投资金额约为 12.8 亿美元。项目建成后，万象到巴色的行程将由原来的 10 小时缩减到 7 小时[60]。

3. 波里坎塞至巴色高速公路项目

波里坎塞至巴色高速公路项目是老挝南部地区的一个项目，是“一带一路”中国-中南半岛经济走廊纵向公路通道不可或缺的一部分，具有高速通道功能，可以集集散和干线功能于一体。

4. 万象至万荣高速公路项目

老挝万象至磨丁口岸高速公路的第一段就是万象至万荣高速公路，该高速公路全长约460千米，第一段万象至万荣高速公路约为113.5千米。2018年10月，云南建投集团第二水利水电建设有限公司最终以最高分顺利中标万象至万荣高速公路项目，中标总价为290172224元人民币[61]。2019年1月，万象至万荣高速公路土建工程设计技术交流会顺利召开，并有望于2020年实现通车[62]。

5. 老挝13号公路

20世纪60年代，我国援助老挝修建了老挝13号公路，到现在为止，老挝13号公路依然是老挝客运和货运的主要交通要道。2009年，中国又援助老挝修复老挝13号公路的那堆巴孟公路北段（那堆—乌多姆赛路段），并于2013年交付给老挝进行运营。2014年，云南阳光道桥股份有限公司承包修复建设老挝13号公路巴蒙至勐赛段项目的施工建设任务，全长81.5千米[63]。

6. 老挝中部沙湾拿吉道路升级项目

老挝中部沙湾拿吉道路升级项目由中国北方工业有限公司承建，承建内容包括桥涵施工、道路施工、交通指示牌及防护栏安装等工程，承建道路长度为88.2千米，设计速度为每小时80千米，2018年11月该项目正式开工[64]。

3.3 铁路

由于老挝的铁路比较迟才开始建设，到目前为止只有一条3.5千米的国际铁路可以运行，其他铁路都在建设中，而我国跟老挝在铁路方面的合作主要集中在中老铁路上，所以在介绍中国企业在老挝投资铁路基础设施建设的现状中，主要是围绕中老铁路来介绍。

中老铁路北边起于中国和老挝的边境处，南边可到达老挝的首都万象，是第一条以中方为主进行投资建设的境外铁路，中老铁路将会由中国和老挝共同运营，并且会与中国的铁路网连通。中老铁路线路全长414千米，其中桥梁长度近62千米，隧道长度近198千米。项目长期用地（含轨道和车站）一共是30.58平方千米，临时用地一共是8.03平方千米。全线分为6个标段招标，约68亿美元的总投资金额。中老两国政府已商定，两国政府共同出资总投资的40％，剩下的60％由两国的国有企业投资。其中，两国政府共同出资中，中国政府占70％，老挝政府占30％。中老铁路的建设标准为国家铁路标准Ⅰ级、单线设计、电力牵引、客货混运，时速160千米[65]。

至2019年初，中老铁路已经累计完成投资118亿元，已累计完成总投资的31.5%[66]。

中老铁路是泛亚铁路中线不可或缺的一部分，是老挝和东盟国家重要的连接纽带，是老挝真正由陆锁国转为陆联国的关键。中老铁路项目对于中国和老挝意义重大，中老铁路的建成将为中国和老挝带来许多益处。一是有利于改善老挝的交通基础设施，极大方便了老挝人民的出行和货物运输，降低运输成本，提高老挝的运输效率和运输水平，促进老挝物流业、运输业的发展。二是中老铁路建成之后，老挝与其他东盟国家的联系更加方便，国际贸易更加便利，有利于老挝对外资和外国游客的吸引，从而促进老挝的贸易业、旅游业的发展。三是可以以中老铁路为基础，真正实现中南半岛交通基础设施的互联互通。四是中老铁路可以促进中国与老挝的贸易往来，有利于中国与东盟其他国家的合作，为中国西南地区注入新动力。

3.4　矿产

中国是老挝矿产领域主要的外来投资国之一，中国在老挝进行矿产投资的项目较多，在老挝投资矿产的现状较好，投资前景广阔。根据老挝国家统计局的数据可知，截至2017年，中国投资占老挝外商直接投资的60%以上，115家老挝境内矿产资源投资企业中有37家中国企业[11]。据《万象时报》2018年2月5日的消息，在矿产领域中，有52个由中国企业投资的项目进入开采实施阶段，同时进入可行性研究阶段的还有20个项目[67]。

在老挝进行矿产资源投资的中国企业主要是在老挝的北部和南部进行投资，投资的矿种包括铁矿石、铜、铝土矿、钾盐等，投资分布合理，投资格局较好，与其他国家的企业相比有较好的竞争力。

(1) 2003年2月28日，琅勃拉邦省帕奔金矿开发权被辽宁省华锦国际经贸集团公司取得。

(2) 2006年6月19日，甘蒙省欣本县波嫩村铁矿的勘探权被天津物资集团总公司取得。

(3) 2006年8月16日，老挝华潘省88平方千米的铜矿勘查权被中色矿业集团有限公司取得[68]。

(4) 2008年,中国鑫河钢铁矿业发展有限公司,经过老挝政府的同意获得了优质矿产项目的开发权,并在老挝境内进行矿产资源勘查分析服务等[11]。

(5) 在建项目包括:万象附近的铝土矿由中国铝业进行勘探开发;中色国际矿业股份有限公司、云南铜业、中国五矿控股和云南铝业股份有限公司分别投资了老挝南部波罗芬高原附近的铝土矿、北部丰沙里省的铜矿、老挝最大铜矿之一的赛奔铜矿和云铝老挝氧化铝项目;万象平原钾盐矿则由中国水电集团、中农集团、云天化集团等企业负责勘探开发[69]。

3.5 电力

水电发展是老挝的国家发展战略之一。中国与老挝在水电方面的合作项目也很多,既包括老挝水电站的投资和工程承包,也包括输变电项目的工程承包。中国一般在老挝的贫穷地区投资水电站,这些贫穷地区基础设施都很落后,所以中国企业除了建设水电站外,还会进行当地的基础设施建设,为当地建设道路、卫生所、学校、警务室等。

2015年,老挝就已经与中国开展4项水电合作项目。据《万象时报》2018年2月5日的消息,在能源领域,中国在老挝投资的水电站项目,进入商业运营阶段的水电站已经有9座,而处于建设阶段的水电站项目则有10个,除此之外,中国在230千伏和500千伏输变电线路领域中有8个项目正在建设中[67]。

由此可见,中国在老挝的水电领域投资的项目较多。附表6-1是截至2018年中国在老挝投资的部分大型水电项目。

附表6-1 截至2018年中国投资老挝的部分大型水电项目

合同签署或项目开工时间	公司名称	项目名称	总投资金额
2018年	中国电力建设集团有限公司湖北工程公司建设公司	老挝500千伏纳帕变电站	—
2017年	中国电力建设集团有限公司	老挝南法水电站项目	22.23亿元人民币

续附表6-1

合同签署或项目开工时间	公司名称	项目名称	总投资金额
2016年	中国重型机械有限公司	色贡煤电一体化项目(EPC合同)	21亿美元
2015年	中国电力技术装备有限公司	500/230千伏万象环网输变电项目总承包	2.39亿美元
2015年	中国机械设备工程股份有限公司	Kohing-Naphia和Namxam HPP-Houamuang输电线路及配套变电站项目	4.84亿美元
2015年	中国电力建设集团有限公司	南欧江流域梯级水电站(二期)项目	17亿美元
2015年	中国水电建设集团国际工程有限公司	南俄3号水电站项目	12.9亿美元
2014年	浙富水电国际工程有限公司	Xe Pian Xe Namnoy水电站项目	4.6亿元人民币
2013年	南方电网国际有限责任公司	南塔河1号水电站项目	27亿元人民币
2012年	中国电力建设集团有限公司	南欧江流域梯级水电站(一期)项目	10.35亿美元
2011年	中国长江三峡集团有限公司	南椰2号水电站项目	3.45亿美元
2011年	中国水利水电建设集团有限公司	南乌江水电项目开发	20亿美元
2009年	中国水利水电建设集团有限公司	南槛2号、南槛3号水电站和230千伏欣合—琅勃拉邦输变电线路	5.59亿美元

续附表6-1

合同签署或项目开工时间	公司名称	项目名称	总投资金额
2009年	中国葛洲坝集团有限公司	会兰庞雅水电站项目以及北方农村电网改造项目	2.47亿美元
2009年	中国电力工程有限公司	洪沙3×626兆瓦燃煤电站项目	16.8亿美元
2008年	中国水电建设集团国际工程有限公司	南俄5号水电站项目	1.9975亿美元

资料来源:根据走出去智库相关资料整理。

3.6 港口

老挝港口建设项目很少,中国企业投资的老挝港口基础设施建设项目也很少。老挝的两个主要内河港口是万象港口和沙湾拿吉港口,中国和老挝水运方面的合作,主要是在万象港口装卸货物。

中国要运输货物到老挝万象,一般有两种方式:一种是海陆运联合运输,另一种是陆运运输。海陆运联合运输方式主要是通过海运方式将中国货物运到泰国曼谷港口,然后通过陆运方式将货物从泰国曼谷港口运到老挝万象。陆运运输方式主要是把中国货物先运输到广西凭祥或者云南磨憨,从这两个口岸出境经过越南,最后直接运输到老挝万象。因为海陆运联合运输需要绕一个大圈,综合运输成本高,而陆运运输方式则时效快,性价比高,所以中国货物采用陆运运输方式的较多。

不过现在中国要运输货物到老挝琅勃拉邦的话,就不一定要采用上述两种方式,可以直接采用水运运输。2014年12月3日,中国和老挝方面表示要在2025年建成从中国云南思茅港南得坝至老挝琅勃拉邦港的国际航道,该航道长度为890千米,通航能力为500吨级的船舶,并且会在该航道建立一系列货运港口和客运港口,这将有利于改善中国与老挝的水运运输,提高老挝的港口服务功能。2018年6月,中国思茅港至老挝琅勃拉邦港的国际航道开始自由通行,对节省中国到老挝之间的货物运输成本起了很大作用,促进了中国与老挝的货物运输合作[70]。

总的来说，老挝没有自己的海港，内河港口也正在建设之中，不过中国与老挝还是有许多水运方面的合作，随着中国思茅港直达老挝琅勃拉邦港的国际航道的建设，老挝沿湄公河的内河港口设施将会越来越好，中国运输货物到老挝也会越来越便捷，货物运输成本也将有效减少。

3.7 航空

中国投资老挝航空基础设施建设项目不多。20 世纪 90 年代末期，中国云南航空公司就投资了老挝航空公司，和老挝政府共同持有老挝航空公司的股份，21 世纪初期，才改为老挝政府 100%控股老挝航空公司[45]。

2006—2009 年，我国陆续向老挝出口了四架由中国航空工业第一集团公司西安飞机工业(集团)有限责任公司制造的新舟 60 飞机，推动老挝的航空事业发展，提升老挝航空公司的运营业绩。

从 2007 年开始，中国民航飞行学院就为老挝培养民航专业人才。

2008 年 12 月，中工国际工程股份有限公司获得琅勃拉邦机场重建项目，这个项目内容包括为老挝琅勃拉邦机场建立许多机场设施和相应的附属设施，一共是 8642 万美元的合同金额。该项目于 2013 年 6 月竣工。这个项目是中工国际工程股份有限公司在海外的第一个机场 EPC 项目，也是中国进出口银行用优惠贷款支持的第一个机场项目。琅勃拉邦机场重建之后，成为老挝的第二大国际机场，促进了老挝旅游业的发展[71]。

2010 年 1 月，老挝航空公司购买由中国商用飞机有限责任公司制造的两架 ARJ21-700 型支线客机，是首个购买我国 ARJ21-700 型支线客机的海外公司[72]。

2010 年 1 月 5 日，中国民用航空局与老挝民用航空局签署了双边协议，协议内容主要是加强两国之间的合作，以保证航空器可以安全运营[73]。

2011 年，老挝航空机库及维修培训中心项目实验室设备的检定工作和实验室工作人员的培训都是由云南省计量院工程力学所开展的[74]。

2011 年 8 月，中工国际工程股份有限公司与老挝签署了老挝川圹机场和老挝瓦岱国际机场扩建项目，合同金额合计为 11859.96 万美元。2012 年 10 月，老挝万象瓦岱国际机场扩建项目竣工[75]。

由此可知，中国直接投资老挝机场建设的项目较少，但是与老挝在航空方面的合作时间长，有力推动了老挝航空事业的发展。

3.8 通信

近几年来，中国和老挝在通信方面的合作较多，而且合作越来越密切。2016 年 8 月，老挝与香港嘉富控股有限公司签署了关于老挝电信企业的合资协议，老挝政府控股老挝电信企业 49%的股份，香港嘉富控股有限公司控股老挝电信企业 51%的股份，老挝电信企业成为老挝通信业第一家中外合资企业[46]。2016 年，中国与老挝共同成立北斗产业示范园，加强了中国与老挝在卫星导航领域的合作，这对老挝的通信起到了重要作用，对老挝的多方面经济发展提供了帮助[76]。

老挝是中国整星出口的首个东盟国家。2016 年 3 月，中国航天科技集团公司出口的“老挝一号”通信卫星成功交付给老挝运行。2016 年 9 月，老挝亚太卫星有限公司获老挝政府许可，该公司由中国和老挝共同出资建立，主要负责“老挝一号”的商业运营[77]。

2018 年 12 月，中国铁塔股份有限公司和老挝政府、克里克老挝市场咨询有限公司共同出资设立了东南亚铁塔有限责任公司，中国铁塔股份有限公司控股 70%，老挝政府和克里克老挝市场咨询有限公司分别控股 15%。东南亚铁塔有限责任公司的主营业务包括移动通信基础设施的建设、维护和运营，以及从信息化应用、物联网、大数据等方面提供从规划设计、施工到维护运营的全流程服务，极大促进了老挝通信行业的发展，促进了老挝通信基础设施建设[78]。

2018 年 6 月，中国的民营企业华为也与老挝有通信方面的合作，由于华为“未来种子”计划的实施，老挝国立大学、沙湾拿吉大学以及琅勃拉邦苏发努冯大学的 10 名通信专业在校大学生到华为进行培训学习，学习了许多关于 5G、LTE、云计算等前沿通信专业技术，而且进入华为最先进的实验室上机操作，提高了老挝大学生通信技术方面的技能，有利于老挝以后通信事业的发展[79]。

2019 年 2 月 28 日，中国政府援老挝国家电视台三频道改造开工仪式在老挝首都万象举行。中国政府援老挝国家电视台三频道改造项目由江苏江都建设集团有限公司和北京世纪睿科系统技术有限公司联合体承建，总工期 8 个月。项目主要内容为对老挝国家电视三频道进行升级改造，改造后的国家三频道将由原来的标清模拟电视升级为高清数字电视，达到国际先进水平[80]。2019 年 9 月 6 日，中国政府援老挝国家电视台三频道改造项目对外移交仪式在老挝首都万象举行[81]。

2019 年 4 月 9 日，《中国政府援老挝扶贫示范村项目可行性研究工作现场考察会谈纪要》签字仪式在万象举行。该项目计划帮助老挝在万象省及琅勃拉邦省内 30 个村实施数字电视、点亮工程、卫生工程和供水工程，是中国对老挝援助八大工程的首批试点项目[82]。

综上所述，中国投资老挝的基础设施项目一般都是大项目，项目的种类多，而且大多数取得了不错的成绩，为老挝解决了许多难题，促进了老挝基础设施的建设和变革。公路方面，援助的老挝 13 号公路现在依然是老挝客运和货运的最主要运输通道，昆曼国际公路则促进了老挝贸易业的发展，而在建的万荣至万象高速公路、波里坎塞至巴色高速公路、磨丁至巴色高速公路、万象至巴色高速公路等，又将会改变老挝没有高速公路的历史，再次促进老挝公路事业的变革。铁路方面，将于 2021 年建成的中老铁路，会打破老挝只有 3.5 千米铁路的纪录，将老挝的南部和北部相连接，并且在中老铁路的基础上，真正实现老挝与周边国家的互联互通。矿产方面，中国企业投资的矿产项目中，已有 52 个项目进入开采实施阶段，还有 20 个项目正在进行可行性研究，而且中国企业为老挝矿业领域带来中国技术和中国人才。水电方面，中国企业已经为老挝建成 9 座水电站并且成功进入商业运营，另外还有 10 个水电站项目和 8 个输变电线路项目正在建设中，使老挝不仅满足了国内的用电需求，而且有大量电量出口[67]。航空方面，中国企业负责的琅勃拉邦机场重修项目让老挝琅勃拉邦机场成为老挝的第二大国际机场，向老挝销售飞机，还为老挝培养飞机方面的专业人才，让老挝航空业得到发展。港口方面，中国与老挝正在建设中国思茅港至老挝琅勃拉邦港的国际航道，并且建立沿该航道的一系列港口。2018 年 6 月，中国思茅港至老挝琅勃拉邦港已经可以自由通行，在很大程度上节省了中国到老挝的货物运输成本，促进了中国与老挝的货物运输。通信方面，香港嘉富控股有限公司投资老挝电信企业，中老两国政府共同成立北斗产业示范园，中国航天科技集团公司向老挝出口“老挝一号”通信卫星，中国铁塔股份有限公司和老挝政府、克里克老挝市场咨询有限公司共同出资设立东南亚铁塔有限责任公司，中国民营企业华为集团为老挝大学生培训通信行业相关知识等，使老挝的通信行业得到快速发展，获取信息的途径更加方便。

总的来说，中国企业投资老挝基础设施建设的现状较好，投资布局合理，投资覆盖面广，投资项目种类多，投资的项目也取得了不错的成绩，实现了老挝和中国企业双赢的目标。

4 中国企业投资老挝基础设施建设存在的主要问题

世界银行《2018 年营商环境报告》显示，按照投资难易程度排名来看，2017 年世界 190 个经济体中，老挝排第 139 位。老挝首都万象市人口数量最多，相对全国综合情况，排位更靠前一些，建房批准难易程度排名第 47 位，资产注册排名第 65 位，信贷排名第 75 位，合同执行强制力排名第 88 位，商品对外输出排名第 120 位，纳税排名第 146 位，电力安装排名第 155 位，经营活动排名第 160 位，中小企业保护排名第 165 位，破产保护排名第 169 位。世界经济论坛《2017—2018 年全球竞争力报告》显示，老挝在全球最具竞争力的 137 个国家和地区中，排名第 98 位[4]。据老挝《经济社会报》2019 年 4 月 4 日的报道，老挝贸易便利指数在全球 190 个国家中从 2018 年的第 141 位下降到 2019 年的第 154 位，在东盟国家中位列第 9[83]。由此可见，老挝的营商环境在全球来说并不占优势，各项排名都较落后，加上老挝是一个落后的发展中国家，经济发展落后、制度建设落后、人才培养落后等，使中国企业在老挝进行基础设施建设投资遇到诸多困难。

4.1 老挝法律不完善，法律建设滞后，执行力度不够

老挝的法律建设存在滞后性。老挝的法律还处在建设和完善阶段，导致老挝的法律体系不健全。对外国企业进行保护的涉外保障法、广告法、证券法等相关法律还没有制定和颁布，民商法体系的法律也不完整，政府在处理外商直接投资的相关事件时，没有明确清晰的流程，流程不规范和标准不统一的事情经常发生，这些法律的不完善或者缺失使中国企业在老挝境内的法律风险增加，甚至连中国企业的财产和人员的人身安全都不能得到保障。老挝贪污贿赂严重，却没有反对商业贿赂的法律。老挝政府承诺的税收优惠、经营权范围、特许经营内容等事项，没有专门的法律来规范，中国企业在老挝投资时若出现这些方面的争议，很难依靠

法律解决。

有些法律法规和制度不能得到有效的实施。老挝政府对法律法规和制度的执行力度不够，法律的强制性特点不明显。中国企业在老挝投资遇到问题时，按照规定合法地向老挝政府寻求帮助，常常没有得到老挝政府的回应，需要求助大使馆才能得到解决。

有些法律法规和制度的制定，对于中国企业到老挝投资是没有益处的。如老挝政府对矿业开发进行收费，中国矿产开发企业从进项勘查到采矿再到销售矿产都需要向老挝政府交纳费用和产权利息，而且老挝税收种类多，重复收费现象普遍存在，使得中国企业到老挝投资的成本加大，这成为中国企业在老挝投资过程中的一个主要的阻碍因素。

有些法律法规和制度的制定，并不符合老挝的实际国情，实施起来缺乏灵活性，很难将相应的要求实施到位。如在水电开发领域中，老挝制定的很多制度都是以西方的标准为依据，而中国企业人员和老挝企业的员工都不具备相应的技术，最终导致制度要求的内容很难落实，使中国企业与老挝政府产生争议。

4.2　老挝人才的质量和数量不能满足需求，招聘员工困难

公路、铁路、矿产、水电、港口、航空和通信等，无论是哪一方面的基础设施建设都需要专业的人才，需要掌握相应技术的员工，而老挝的教育事业不发达，民众受教育程度低，员工文化水平很低，大部分员工没有技术，所以老挝非常缺乏这些方面的人才。老挝有 100 多所职业院校，可是大多数职业院校开设的专业都只注重农业方面，在技术方面，每年能培养的技术人员只有 1.4 万个[9]，而且培养技术人员的师资缺乏，导致老挝培养出来的技术人员的数量和质量都难以满足老挝基础设施建设的需求。中国企业在老挝投资，如果雇用当地员工，需要进行相应的培训，才能使当地员工胜任基础技术工作，这就增加了中国企业的用人成本。很多高科技工作，老挝员工通过短时间培训也无法胜任，中国企业只能从国内招聘人员过去，需要付出更多的招聘费用和更高的薪资，从而大大增加中国企业的人力资源成本。

4.3　老挝市场化程度低，市场风险大，产业结构不合理

老挝国内的市场化程度低。老挝基础设施的价格几乎是老挝政府主

导和控制的，并不由市场决定，基础设施价格不能反映基础设施建设的市场变化。老挝政府将基础设施作为一种公共服务项目，定价偏低，中国企业从商业角度出发，以盈利为目的，希望定价偏高一点，对基础设施价格的期望不同，常常导致不能达成项目合作。

老挝国内的融资机制不完善，融资市场化程度低。老挝的金融行业落后，政府没有放开对基础设施的融资，政府依然是基础设施融资的主体，老挝的融资没有做到市场化，许多民间资本无法参与到基础设施建设中。中国企业在老挝通过控股、参股等方式进行投资的成功案例不多。中国企业在投资老挝的基础设施建设时，没有融资决策权，在融资方面有很大的困难，而且基础设施建设一般时间长、成本投入大、收益小、成本回收期长，所以融资的风险很大。

老挝的产业结构分布不合理。中国企业需要面临老挝产业结构单一，产业链不完善的问题。在投资老挝矿产领域时，因为产业链短，无法对矿产品进行加工，往往以半成品形式销售，附加值低，可替代性强，需求量变化大，销量不稳定，利润低。在进行其他方面的基础设施建设时，由于老挝的产业链不完善，一些材料、工具配件需要从国外进口，增加建设成本，而且产业结构单一，很容易出现产业萎缩，抵抗市场变化的能力弱。

老挝市场风险大。老挝经济落后，国内市场容量有限，电力和矿产品都过多依赖出口，如果国际市场发生波动，国际需求变小，将会直接影响老挝电力和矿产品的价格，影响需求量。在进行基础设施建设时，需要分析市场需求，国际市场分析难度大，如果分析出现差错，可能建设成本就无法收回。

4.4 文化差异、信息不对称、地理劣势、外汇风险、排华情绪等阻碍投资

老挝与中国在文化、宗教方面存在很大差异。中国企业到老挝进行投资时，需要充分了解并尊重当地的文化习惯、风俗习惯和宗教信仰，否则很难将中国企业的企业文化融入当地的文化中，甚至会引起文化冲突，影响项目进展。老挝语属于小语种，在项目合作时可能会存在翻译偏差和交流障碍，造成项目经济损失。

中国没有专门提供了解老挝信息的平台，中国企业要了解老挝时，获取信息的渠道很乱，收集信息很困难，从而增加中国企业投资老挝基础设

施建设的风险。

老挝属于多山地带，境内80%都是山地和高原，这种地形对于基础设施建设是不利的，无论是进行哪方面的基础设施建设，都需要挖挖填填，加大施工难度，工程成本大大提高，对技术要求更高，如果建设不当，还会存在隐患。

老挝各个方面的基础设施都很不完善，导致各个方面的基础设施建设互相制约，如进行矿产领域开发时，交通、电力基础设施不完善，使矿产开发难度加大，而矿产、电力开发不足，又会让老挝经济发展缓慢，从而影响老挝交通基础设施的建设。这些基础设施现状，使中国企业在老挝投资时，需要帮忙其进行项目外的基础设施建设。

基普是老挝货币的计量单位，但是美元是中国企业在老挝投资时项目的结算计价单位，中国企业还不能使用人民币在老挝开展跨境贸易和投资合作，而中国进出口银行提供的贷款和老挝政府还款的计价单位是人民币，因此，项目的结算就会涉及汇率兑换，整个项目的结算会受到市场上汇率变化的影响，所以中国企业在投资老挝的基础设施建设项目时，还需要预防外汇风险。

国际上一些不实的“中国威胁论”，加上其他国家企业的竞争和老挝国内排华情绪的存在，使得老挝政府对中国企业进行的投资持有不信任态度，甚至会限制中国企业的投资，从而使中国企业在老挝投资受到较大的影响。

总的来说，中国企业在投资老挝基础设施建设时遇到的问题是方方面面的，投资风险大。在进行投资时，需要收集尽可能多的信息，客观分析投资利弊，时刻保持谨慎的投资态度，方能减少投资失败的概率。

5 促进中国企业投资老挝基础设施建设的对策建议

老挝发展落后，在多个方面还不能达到发达国家水平，中国在老挝投资基础设施建设会遇到各种各样的问题，所以本附录据此提出一些对策建议，希望可以帮助中国企业有效解决一些问题，方便投资老挝基础设施建设。

5.1 协助老挝进行法律建设,成立老挝法律法规政策研究小组

中国与老挝都是社会主义国家,中国在进行改革开放并取得了良好的效果,而老挝一直在进行革新活动,中国和老挝有着相同的社会制度和相似的发展历程,因此中老两国政府可以对法律法规和制度的事宜进行积极协商沟通,协助老挝完善法律,为中国企业在老挝投资基础设施建设提供法律保障。中国政府可以派出中国相关领域的法律专家协助老挝完善他们相应领域的法律,或者邀请老挝政府制定法律的人员来中国参观学习我国的法律,加快老挝的法律建设。因为法律的完善是一项重大的工程,需要经过法定的程序,耗时太长,在老挝法律不断完善的期间,中国政府也可以与老挝政府签订一些双边协定或者贸易条约,弥补老挝法律的不完善之处,或者与老挝政府商定,在中国投资老挝基础设施建设的过程中,适用第三方国家的法律或者国际法律或者中国的法律等,明确中国企业在老挝投资基础设施建设时可以受到哪些法律的保护以及存不存在需要额外补充条款的地方,从而保护中国企业投资老挝基础设施建设的合法权益。

老挝的法律一直在变动,中国企业需要不断关注最新法律法规、政策的出台和修订。一方面,中国企业可以聘用老挝的一些律师事务所和老挝政府部门中的资深法律专家作为法律顾问,向他们询问老挝的法律法规和政策制度,及时掌握老挝的法律法规和政策制度方面的动态,在与老挝签订投资合同之前需要让这些法律顾问检查一遍,确保没有合同漏洞;另一方面,有意向长期投资老挝基础设施建设的中国企业,可以在企业内部成立一个老挝法律法规政策研究小组,小组成员包括中老两国的法律专家和熟悉国际法、东盟贸易协议的专家等,专门研究老挝的相关法律法规和老挝实施的政策以及中国政府针对老挝制定的政策等,全面了解老挝政府制定的各种优惠政策,确保老挝政府承诺的优惠政策有法律依据。因为老挝在一些领域是有自己本国的标准的,比如老挝水电站的建设是以西方的标准为依据的,所以在投资之前,要明确知道中国企业需要遵守哪些法律法规和制度,并且针对法律中存在的漏洞,及时与老挝政府协商沟通,将具体要求和详细内容写在与老挝政府合作的合同上,避免因老挝法律不完善导致中国企业利益受损。

5.2 鼓励中老高校合作，实行人才培养计划，优待老挝留学生

老挝的员工普遍受教育程度低，老挝教育事业不发达，人才培养存在困难，所以中国政府可以和老挝政府合作，两国都制定相应政策来鼓励中国高校和老挝教育行业的合作，加大力度鼓励中国部分高校尝试与老挝合作办学，在老挝当地建立中国高校的国外分校，开设针对老挝基础设施建设专业的课程；或者学习中国教育的定向培养制度，中国企业与老挝当地的职业学校合作，通过开展特定课程，专门为自己企业培养所需要的专门人才，通过与这些特定培养的专门人才签订工作协议，中国企业可以为这些专门人才提供学费补助和生活补助，等他们毕业后，他们需要在中国企业工作一定年限。例如中国的华为就通过实施"未来种子"计划，为老挝国立大学、沙湾拿吉大学以及琅勃拉邦苏发努冯大学的通信专业学生开展培训，扩大他们在通信领域的视野，增长他们的技能。除此之外，中国政府可以继续制定相应政策鼓励老挝学生来中国留学，对于来中国留学的优秀老挝留学生，如果愿意在毕业回国后，到老挝境内的中国企业工作，中国政府可以给予奖学金奖励、生活补助、学费优惠等。这样既可以为老挝培养人才，发展老挝教育事业，也有利于中国树立大国形象，宣传中国文化，输出软实力，赢得老挝人民的信任，而且一旦老挝的人员素质得到提升，技术能力提高，中国到老挝投资的企业就不用对老挝员工进行过多的培训，减少企业的用人成本。

5.3 注意员工招聘和管理

由于老挝劳动法规定，外籍体力劳动者不能超过劳动者总人数的15％，脑力劳动者不能超过25％，规定工作期限为2年，可续期2年，最长不能超过4年，超过4年者不予批准工作证、居住证和工作签证，需间隔2年后才可再申请[4]，所以中国企业在老挝投资基础设施建设必然涉及雇用老挝当地员工和中国本国员工的问题，而且中国企业无论是招聘老挝当地员工，还是招聘中国的员工到老挝工作，都会有许多手续需要履行，都会遇到许多问题，因此中国企业在老挝投资基础设施建设时需要额外注意员工方面的管理。在招聘之前，中国企业要做好员工成本核算，合理安排员工数量，确定老挝当地员工与中国本国员工的数量比，将员工成本降到最低。如果要招聘中国员工到老挝工作，则需要严格遵守老挝的劳动法，中国企

业要为员工办好居住证、就业证、多次往返证等证件，做好档案记录，并注意这些证件的有效期，提前办理延期手续，为员工买好商业保险，确保员工的身体、财产安全。如果要招聘老挝当地员工，则要充分尊重他们，了解他们的礼仪习惯并避免触犯他们的一些禁忌，在与他们发生冲突时，尽量不要扩大事情的影响，采取更为柔性的方法来解决问题。同时，因为老挝员工不习惯受约束，可能会不习惯中国企业文化，离职率高，所以中国企业在招聘老挝当地员工时，需要考虑员工离职风险和员工重置成本，做好应对措施。

5.4 大使馆要了解企业投资情况和老挝国情，企业要妥善处理各方关系

若老挝政府采取不当措施损害了中国企业的利益，中国驻老挝大使馆要及时与老挝政府沟通，通过政府间谈判解决一些企业无法解决的政治问题和其他敏感问题。中国驻老挝大使馆要密切关注中国在老挝投资的企业，掌握其详细信息，采取有效措施领导和引导他们在老挝合法投资，当他们遇到困难，无法通过法律途径向老挝有关部门申诉时，中国驻老挝大使馆要及时给他们提供帮助。中国驻老挝大使馆或者中国政府有关部门需要与老挝政府密切交流，了解其办公程序，通过两国政府的友好交往，引起老挝政府对中国企业的重视，在老挝国内尽量为中国企业办理手续提供更高效的途径，提高中国企业在老挝投资基础设施建设的效率。

针对老挝政府办事效率低、服务态度差的问题，中国企业应提前想好应对措施，做好心理准备，比如需要老挝政府审批的事项，预留足够时间给老挝政府审批，一旦中国企业利益受损，中国企业可以向老挝相关政府部门申诉，申诉没有回应，可以寻求大使馆的帮助，由大使馆出面与老挝政府沟通。同时，中国企业要学会妥善处理与老挝政府相关部门、执法部门和工商会、贸易促进会等社会中介组织的关系，他们在办理手续、处理事情时可能会存在差别对待，我们需要理解这些差异，并且积极与他们沟通和接触，积极了解他们的实际办事程序；学会妥善处理与老挝执法人员的关系，海关人员、税务人员、警察和其他执法人员是老挝维护国家秩序的国家行政力量，我们要尊重他们的工作，积极配合他们执行公务，如果遇到不公平待遇时，中国企业也不要与他们发生正面冲突，更不要因此违反老挝的法律，要通过合法渠道维护我们的权益。

5.5　谨慎投资，充分发挥中国进出口银行和中国出口信用保险公司的作用

老挝市场和融资机制都不完善，中国企业在投资老挝的基础设施建设之前，一定要收集相关信息和数据，了解老挝的国内国际情况，了解老挝的国内需求和国外需求，分析投资的利弊以及可能存在的风险，做好对项目和贸易客户及相关方的资信调查和评估，做好商业风险和政治风险的分析与规避，考虑汇率变动的风险、资金风险、竞争风险、进出口贸易风险、市场风险、违约风险和信用风险等，做好项目的可行性分析和成本预算，谨慎投资，尽可能将风险降到最低。目前，老挝基础设施建设的融资主要由老挝政府控制着，中国政府可以继续鼓励中国进出口银行加大与老挝政府的合作，为中国在老挝投资的企业提供更多的资金支持。中国政府也可以试着与老挝政府讨论更多融资方面的合作，让老挝政府给予中国企业更多的融资自主权，互相探索一条合适的国外资本融资道路，既弥补老挝融资不完善的现状，又可以解决中国企业在老挝投资基础设施建设中存在融资难的问题。中国企业在老挝投资的市场波动大，风险高，中国政府可以制定相应措施来帮助在老挝投资的中国企业，通过政策倾斜，让在老挝投资的中国企业可以更加容易地以更低费用与中国出口信用保险公司达成合作，为中国企业提供商业保险和政治风险等风险保障产品，为中国在老挝投资的企业因为政治变动、动乱、违约等各种因素提供各种风险保障，从而为中国企业转移一部分在老挝投资基础设施建设的风险。

5.6　建立老挝信息化平台

针对中国企业难以获取老挝信息方面，中国政府可以联合各方力量建立一个老挝信息化平台，由政府主导，各方力量协助建立。中国现在有许多关于老挝研究的小平台，可是没有联合在一起，各个小平台的信息是独立的，无法做到信息的相互联系，所以中国政府可以将这些小平台联系在一起。例如，可以由中华人民共和国驻老挝大使馆作为主导方，联合广西大学东盟研究院的老挝研究所、广西北部湾经济区规划建设管理办公室、中国-东盟矿业信息服务平台和老中总商会等机构，将他们收集到的数据接入到这个新建立的平台，将老挝各方面的信息分门别类地放在这个平台上，最后形成一个关于老挝方方面面的数据库，中国企业和人民可以在这

个平台上搜集、查询数据，在决定投资老挝之前就可以对老挝有一个全面的了解，降低中国企业因为信息不对称而投资失败的概率。

5.7 积极开展文化交流，充分利用老挝主流媒体并参与公益事业

中国企业文化与老挝文化存在差异，中国企业到老挝投资基础设施建设时，需要尊重老挝当地人民，尊重他们的风俗习惯，积极与他们沟通交流，与他们接触，主动了解一些关于佛教的事情，避免触犯他们的禁忌，充分利用老挝当地的环境，尽量学习一些老挝当地的语言，拉近中国企业与老挝人民的距离。学会宣传中国文化，向老挝人民宣传中国热爱和平的形象，积极向老挝的人们解释中国的发展战略，让老挝人民更加了解我们国家；同时注意在员工内部要营造友善、包容、和谐的氛围。中国企业要主动加入老挝当地的一些商会或者协会，并在这些商会或者协会中发挥积极作用。要学会妥善处理与老挝主流媒体的关系，充分利用老挝通信社、老挝国家电视台、《人民报》和《万象时报》等政府主导和主管的媒体来正面宣传中国企业与老挝实现互利共赢的思想，扩大中国企业在老挝的正面形象，从而扩大企业的影响力，方便中国企业与当地人民和市场的交流。中国文化部门可以与老挝有关部门开展合作，积极开展文化交流。例如与老挝文化部开展老中文化交流年活动、中国春节联欢活动和老挝新年泼水节活动，与老挝旅游部开展老中文化旅游年活动，与老挝教育部开展孔子文化交流节活动等。既有利于中国企业了解老挝的文化习俗，避免在投资时因文化差异引起摩擦，又有利于老挝人民了解中国的文化，实现文化输出，增强中国软实力。

老挝作为世界上最贫穷的国家之一，一直依赖世界组织和一些国家的援助来发展经济，所以中国企业在老挝投资基础设施建设的同时，要承担社会责任，积极参与公益事业，帮助老挝人民改善他们的生活，让老挝在2025年可以脱离最不发达国家行列，改变老挝人民对中国的错误看法，实现中国企业在老挝的长久发展。例如，中国政府现在已经陆续开展对老挝的援助项目了，可以借鉴中国东部城市援助西部开发的战略，把对老挝的援助落实到在老挝投资的中国企业中，通过中国企业对老挝的对口援助，帮助老挝发展经济，实现中国企业与老挝经济的协同发展。

总而言之，中国企业在老挝投资基础设施建设中遇到的问题，单独靠中国企业是无法解决的，需要中国企业、中国政府、老挝政府、各界人士等的帮助，需要从法律法规和制度方面、人力资源方面、老挝政府工作方面、市场和融资机制方面以及其他一些方面努力，最后经过大家的共同努力，使老挝的营商环境越来越好，基础设施建设水平不断提高，中国企业在老挝投资基础设施建设更加便捷。

参考文献

[1] 中国驻老挝大使馆经济商务参赞处.2017 年老挝经济增长率 6.9%[EB/OL].[2018-03-26]. http://la.mofcom.gov.cn/article/jmxw/201803/20180302723834.shtml.

[2] 中国驻老挝大使馆经济商务参赞处.2017 年老挝宏观经济总体平稳[EB/OL].[2017-11-21]. http://la.mofcom.gov.cn/article/jmxw/201711/20171102673520.shtml.

[3] 中国驻老挝大使馆经济商务参赞处.2018 年老挝进出口贸易额达 112 亿美元[EB/OL].[2019-04-02]. http://la.mofcom.gov.cn/article/ztdy/201904/20190402849077.shtml.

[4] 杨卓娟.广西大学中国-东盟研究院老挝舆情周报[EB/OL].[2019-04-09].http://cari.gxu.edu.cn/info/1368/16681.htm.

[5] 商务部亚洲司.中国-老挝经贸合作简况[EB/OL].[2018-11-19].http://yzs.mofcom.gov.cn/article/t/201811/20181102807831.shtml.

[6] 商务部国际贸易经济合作研究院，中国驻老挝大使馆经济商务参赞处，商务部对外投资和经济合作司.对外投资合作国别(地区)指南——老挝(2018 年版)[EB/OL].[2019-02-01]. https://www.doc88.com/p-719646119560.html.

[7] 黄洁，白捷伊.昆曼公路通而不畅问题分析[J].特区经济，2016(10)：18-22.

[8] 盖轶婷，任青，刘贺.老挝高速公路建设融资运作模式分析[J].交通企业管理，2018(5)：9-11.

[9] 李光宇.老挝交通基础设施 PPP 项目融资风险识别研究——基于我

国资本视角[D].昆明:云南财经大学,2018.
[10] 韦健锋.中老铁路与老挝地缘战略价值的提升[J].东南亚南亚研究,2017(4):14-19.
[11] 周永胜.促进老挝矿业发展问题研究[D].南宁:广西民族大学,2016.
[12] 杨卓龙,王利,邢佳韵,等.老挝矿业投资现状及投资建议[J].中国矿业,2017(11):70-73.
[13] 杨繁荣.老挝矿产资源开发引入外资问题研究[D].哈尔滨:哈尔滨工业大学,2018.
[14] 覃元义,刘建.合作方式安置老挝某水电站移民可行性探讨[J].红水河,2013(5):106-108.
[15] 姜慧,韩琪.东盟新四国电力基础设施与中国投资策略研究[J].国际经济合作,2016(8):75-79.
[16] 林三奇.老挝水电出口问题研究[D].青岛:青岛科技大学,2016.
[17] 冯明磊,侯志强,肖银松.老挝南欧江一期实施项目建设征地移民安置咨询工作分析[J].水力发电,2016(5):81-84.
[18] 齐风亚.老挝航空公司空中乘务员工作倦怠与激励满意度关系研究[D].南宁:广西大学,2014.
[19] NORASINGHA X, MACHIKITAB T, UEKIC Y. South-South technology transfer to Laos through face-to-face contacts [J]. Journal of business research,2015(68):1420-1425.
[20] VONGPRASEUTHA T, CHOIB C G. Golbalization C G C, foreign direct investment, and urban growth management: Policies and conflicts in Vientiane, Laos[J]. Land use policy,2015(42):790-799.
[21] SUSSANGKARN C. 泰国、中国、老挝铁路合作如何实现“三赢”?[J].博鳌观察,2015(1):42-44.
[22] SAYATHAMA M, SUHARDIMANB D. Hydropower resettlement and livelihood adaptation: The Nam Mang 3 project in Laos[J]. Water resources and rural development,2015(5):17-30.
[23] KIRCHHERRA J, MATTHEWSC N, KATRINA J, et al.

"Learning it the Hard Way": Social safeguards norms in Chinese-led damprojects in Myanmar, Laos and Cambodia[J]. Energy policy,2017(102):529-539.

[24] 中国驻老挝大使馆经济商务参赞处.老挝政府公共债务率逐年上升[EB/OL].[2018-04-10]. http://www.mofcom.gov.cn/article/i/jyjl/j/201804/20180402730389.shtml.

[25] 葛欣然.老挝金融环境对交通基础设施融资的影响研究[D].昆明:云南财经大学,2017.

[26] 柯吴达.老挝公路运输发展模式研究[D].长沙:中南大学,2013.

[27] 坎佩邦维莱.中国·老挝公路建设资金筹集方法研究[D].西安:长安大学,2004.

[28] 安邦咨询.老挝拟打造陆路国际物流中心[J].时代金融,2016(13):40.

[29] 周洋.老挝拟兴建6条铁路全面打造地区"陆联国"[EB/OL].[2017-08-29]. https://news.china.com/internationalgd/10000166/20170829/31223708.html.

[30] 掌中寮.老泰铁路Ⅱ期项目启动7.5公里路段造价9.947亿泰铢[EB/OL].[2018-01-18]. http://news.ifeng.com/a/20180118/55251403_0.shtml.

[31] 中国东盟报道.中老铁路:中国在东南亚"跑得最快"的铁路项目[EB/OL].[2019-07-19]. http://baijiahao.baidu.com/s?id=1639414248403523612&wfr=spider&for=pc.

[32] 老挝快讯.万象—永昂港的铁路连线项目正在进行可行性研究[EB/OL].[2017-05-19]. https://www.imsilkroad.com/news/p/13709.html.

[33] 驻胡志明市总领馆经商室.老挝万象至越南永昂铁路项目需投资50亿美元[EB/OL].[2018-07-25].http://hochiminh.mofcom.gov.cn/article/jmxw/201807/20180702769668.shtml.

[34] 陆舟.中老铁路,一条互联互通的复兴路[EB/OL].[2018-08-09]. http://www.rmhb.com.cn/2t/ydyl/201808/t20180809_800137825.

html.m/v2/article/detail/DE0BHL4C0519B084.html.

[35] 包罗万象-老挝.今年,老挝政府批准了140多个采矿项目![EB/OL].[2018-09-01]. http://dy. 163. com/v2/article/detail/DQK80A2F0534067W.html.

[36] 老挝快讯.老挝政府取消了15个采矿项目的特许权[EB/OL].[2017-05-09].http://toutiao.manqian.cn/wz_bQVtG7j0ybz.html.

[37] 中国驻老挝大使馆经济商务参赞处.老挝61个水电站已实现发电[EB/OL].[2018-11-30]. http://la. mofcom. gov. cn/article/jmxw/201811/20181102812184.shtml.

[38] 中国驻老挝大使馆经济商务参赞处.2019年老挝将建成12座水电站[EB/OL].[2019-01-02]. http://la. mofcom. gov. cn/article/jmxw/201901/20190102822444.shtml.

[39] 包罗万象-老挝.老挝能源部门计划增加电力出口[EB/OL].[2018-08-27].http://dy.163.com/v2/article/detail/DQ7KSG7N0534067W.html.

[40] 韦梦.老挝电力产业发展政策研究[D].南宁:广西民族大学,2016.

[41] 陈清清.老挝水电开发的政策、成效及影响[D].昆明:云南大学,2016.

[42] 中国-东盟博览会.《老挝投资指南》自然资源和基础设施[EB/OL].[2016-07-22].http://www.caexpo.org/index.php? a=show&c=index&catid=120&id=214161&m=content.

[43] XinHua老挝要闻.老挝政府研讨利用越南海港[EB/OL].[2017-04-24].http://www.imsilkroad.com/tags/%E6%B8%E6%98%82%E6%B8%AF%E9%A1%B9%E7%9B%AE.

[44] 环球网.老挝总理:中国"一带一路"倡议对全世界都极具意义[EB/OL].[2018-06-13]. http://baijiahao. baidu. com/s? id=1603133349949213783&wfr=spider&for=pc.

[45] 民航资源网.老挝航空公司[EB/OL].[2019-03-30].http://data.carnoc.com/corp/airline/qv.html.

[46] 老挝信息.老挝政府寻求合作伙伴共同经营老挝航空[EB/OL].[2018-05-28]. http://www. mhwmm. com/Ch/NewView. asp?

ID:24386.

[47] 百度百科.万象机场[EB/OL].[2017-08-01]. https://baike.baidu.com/item/%E4%B8%87%E8%B1%A1%E6%9C%BA%E5%9C%BA.

[48] 百度百科.琅勃拉邦国际机场[EB/OL].[2019-04-27].https://baike.baidu.com/item/%E7%90%85%E5%8B%83%E6%8B%89%E9%82%A6%E5%9B%BD%E9%99%85%E6%9C%BA%E5%9C%BA.

[49] 百度百科.巴色国际机场[EB/OL].[2018-08-16].https://baike.baidu.com/item/%E5%B7%B4%E8%89%B2%E5%9B%BD%E9%99%85%E6%9C%BA%E5%9C%BA.

[50] 苏金达.老挝LTC公司经营战略研究[D].南宁:广西大学,2018.

[51] 陈本宗.老挝电信行业"大事件":两家被"收购",一家要"上市"[EB/OL].[2017-11-10]. http://www.ccpit.org/Contents/Channel_4114/2017/1110/911787/content_911787.htm.

[52] 杨卓娟.广西大学中国-东盟研究院老挝舆情周报[EB/OL].[2019-09-22].http://cari.gxu.edu.cn/info/1368/16473.htm.

[53] 中国贸易报.加速网络基础设施建设让亚欧共享数字经济成果[EB/OL].[2017-06-23]. http://www.ccpit.org/Contents/Channel_4124/2017/0623/829153/content_829153.htm.

[54] 包罗万象-老挝.老挝4G网络正快速发展,覆盖范围扩大[EB/OL].[2018-09-12].http://dy.163.com/v2/article/detail/DRGV7IG30534067W.html.

[55] 中国驻老挝大使馆经济商务参赞处.2019年1—8月我对老工程承包新签合同额达16.2亿美元[EB/OL].[2019-10-10].http://la.mofcom.gov.cn/article/jmxw/201910/20191002903174.shtml.

[56] 中国驻老挝大使馆经济商务参赞处.截至2019年8月我对老派出各类劳务人员达25681人[EB/OL].[2019-10-10].http://la.mofcom.gov.cn/article/jmxw/201910/20191002903175.shtml.

[57] 中国驻老挝大使馆经济商务参赞处.我对老挝投资增长率在东盟国家中位居首位[EB/OL].[2018-02-01].http://la.mofcom.gov.cn/

article/jmxw/201802/20180202707070.shtml,2018-02-01.

[58] 中国驻老挝大使馆经济商务参赞处.2018 年 1—6 月我对老挝非金融类直接投资位居亚洲第二[EB/OL].[2018-09-06]. http://la.mofcom.gov.cn/article/jmxw/201809/20180902783786.shtml.

[59] 中国驻老挝大使馆经济商务参赞处.2019 年 1—8 月中老贸易平稳增长[EB/OL].[2019-10-10]. http://la. mofcom. gov. cn/article/jmxw/201910/20191002903173. shtml.

[60] XinHua 老挝要闻.中国建筑海外发展老挝有限公司签署老挝高速公路建设项目[EB/OL].[2018-10-28]. https://www. sohu. com/a/271701227_749047.

[61] 孔维团,朱永亮.第二水利水电公司中标老挝万象至磨丁口岸高速公路万象至万荣段建设项目[EB/OL].[2018-10-17]. http://www.ynjstzkg.com/index.php? m=content&c=index&a=show&catid=19&id=20133.

[62] 广西交通设计集团有限公司.老挝万象至万荣高速公路土建工程设计技术交底会顺利召开[EB/OL].[2019-01-17]. http://www.gxjtsjy.com/html/comnews/935.html.

[63] 陈保江.老挝 13 号公路巴蒙至勐赛段项目开工[EB/OL].[2014-04-10].http://cpc.people.com.cn/n/2014/0410/c87228-24872509.html.

[64] 章建华,刘艾伦.中企承建的老挝道路升级项目开工[EB/OL].[2018-11-25]. https://baijiahao. baidu. com/s? id = 1618090222907868691&wfr=spider&for=pc.

[65] 中国经贸导刊.中老铁路项目正式落地[J].中国经贸导刊,2015(33):43.

[66] 中国一带一路网.中老铁路 2019 年将完成九成已招标桥隧工程[EB/OL].[2019-02-15]. https://baijiahao. baidu. com/s? id = 1625488202843279577&wfr=spider&for=pc.

[67] 中国驻老挝大使馆经济商务参赞处.中老两国能矿领域合作前景广阔[EB/OL].[2018-02-15]. http://la. mofcom. gov. cn/article/jmxw/201802/20180202708590. shtml.

[68] 兰番文.中老矿业投资合作的现状、问题及对策研究[D].昆明:昆明理工大学,2013.

[69] 新老挝网.云铝老挝年产 100 万吨氧化铝项目力争年内开工[EB/OL].[2016-06-30].http://www.xinlaowo.com/news/2016-06-30/368.html.

[70] 央广网.中国思茅港至老挝琅勃拉邦港澜沧江国际航道恢复[EB/OL].[2018-06-28].http://baijiahao.baidu.com/s?id=1604540551398413823&wfr=spider&for=pc.

[71] 荣忠霞.中国公司承建的老挝琅勃拉邦国际机场交付使用[EB/OL].[2013-06-02].http://money.163.com/13/0602/10/90C0FM6N00253B0H.html.

[72] 中国外交部.老挝航空公司购买两架 ARJ21-700 型支线客机[EB/OL].[2010-01-11].http://news.sina.com.cn/0/2010-01-11/073616911922s.shtml.

[73] 中国民用航空局网站.航局与老挝民航签署持续适航双边协议[EB/OL].[2010-01-26].http://caac.gov.cn/XWZX/MHYW/201001/t20100126_12528.html.

[74] 纪亮.云南省计量院服务国际合作项目赢得赞赏[J].中国计量,2011(1):96.

[75] 一财网.中工国际中标 7.58 亿元老挝两机场建设项目[EB/OL].[2011-08-21].https://www.yicai.com/news/1029258.html.

[76] 黄艳梅.中国-东盟北斗智能产业园落户广西南宁[EB/OL].[2018-06-11].http://baijiahao.baidu.com/s?id=1602987161800191292&wfr=spider&for=pc.

[77] 百度百科.老挝一号广播通信卫星[EB/OL].[2018-08-16].https://baike.baidu.com/item/%E8%80%81%E6%8C%9D%E4%B8%80%E5%8F%B7%E5%B9%BF%E6%92%AD%E9%80%9A%E4%BF%A1%E5%8D%AB%E6%98%9F/18585343?fr=aladdin.

[78] 孟月.中国铁塔打响出海"第一枪"在老挝设立子公司[J].通信世界,

2018(24):11.

[79] 徐德霖,徐毅然.华为"未来种子计划"助力老挝培养通信人才[EB/OL].[2018-06-09]. http://baijiahao. baidu. com/s? id = 1602786443800410542&wfr=spider&for=pc.

[80] 中国驻老挝大使馆经济商务参赞处.中国援老挝国家电视台三频道改造项目开工仪式在万象举行[EB/OL].[2019-03-01].http://la.mofcom.gov.cn/article/zxhz/201903/20190302839349.shtml.

[81] 中国驻老挝大使馆经济商务参赞处.援老挝国家电视台三频道改造项目移交仪式在万象举行[EB/OL].[2019-09-06].http://la.mofcom.gov.cn/article/jmxw/201909/20190902897020.shtml.

[82] 中国驻老挝大使馆经济商务参赞处.《中国政府援老挝扶贫示范村项目可行性研究工作现场考察会谈纪要》签字仪式在万象举行[EB/OL].[2019-04-10]. http://la. mofcom. gov. cn/article/jmxw/201904/20190402851268.shtml.

[83] 中国驻老挝大使馆经济商务参赞处.2019 年老挝贸易便利指数位列全球第 154[EB/OL].[2019-04-04]. http://la. mofcom. gov. cn/article/jmxw/201904/20190402849994.shtml.

附录7　中国企业投资越南基础设施建设探讨

1　引言

1.1　选题背景与意义

中越两国于2004年就“两廊一圈”提议达成一致，并决定对其进行共同建设，其中“开发运输基础设施建设是中越两国建设‘两廊一圈’过程中最优先考虑的因素”[1]。

中越领导人就“一带一路”倡议与“两廊一圈”战略对接达成共识，中越战略的对接有利于打造命运共同体，共同造福于两国人民[2]。“两廊一圈”战略与“一带一路”倡议有诸多契合之处，有利于进一步深化中越双方多方面的合作。越南作为“一带一路”的沿线国家，且是在东盟国家中唯一一个与中国有海陆相连的国家，其具有独特的地理优势。1986年以来越南综合经济增长率居东盟首位，使其在东盟中具有更高的话语权，且近年其对外开放力度不断加大，越南在中国与东盟的关系中发挥着尤为重要的作用[3]。越南国内矿产资源与劳动力资源丰富，劳动力与土地成本较为低廉。此外，在越境内投资享有很多优惠政策，如优惠的税收与优惠贷款政策[4]。越南经过多次修改与完善《投资法》，简化了投资流程，总体上使外国投资者在越南享有更多权益，使在越投资更自由化[5]。中越都希望深化两国全面战略合作伙伴关系。中国积极投资越南基础设施建设，有利于越南《越南第七个电力总体规划》与《到2020年展望2030年越南高速公路网络发展规划》的实现。截至2019年1月，有51个国家和地区对越投资，其中中国(不含港澳台地区)对越投资3.08亿美元，位居第三。截至2017年底，中方对越直接投资存量57.5亿美元；2017年对越直接投资净额76440万美元；2017年，中国对越南承包工程完成营业额287860万美元。中国对越南投资主要集中于加工制造业、房地产和建设行业等。基础设施领域中，中国常以承包方式开展与越南的合作[6]。在电力行业中，截至2013年，我国对越仅有小型水电投资项目。越南港口主要由其国有企业和国有控股企业开发运营。此外，新加坡港务等也已经进入越南港口领域，但难以找到中资港口企业的身影[7]。若近期对越北南高速公路北部部分路段投标成功，中国企业到2020年对越南的高速公路的承建将不低于越南高速公路总里程的60%。

由于经济发展状况不同，所以中越双方在经济合作中存在互补性，但在具体合作中也存在一些问题，如资金不足，法律不完善，有些由中国承建的基础设施质量不高等，本附录通过中国对越南基础设施投资情况的分析，指出存在的问题，给出相应的对策。

1.2 研究综述

随着经济全球化的不断深化，对外投资逐渐兴起，我国关于对越投资的研究也越来越多。莫婷(2015)[8]在《中国对越南直接投资问题研究》中提出，如何在中越关系日益紧密且都具备投资需求的前提下，进一步加强投资合作实现双赢。文献[8]中分析了对越投资影响因素，并运用中国对越南的投资数据建立多元回归模型，得出中国对越直接投资创造效益不断增强，从这个结论出发，进一步提出政府应加强中国企业对越投资的支持，包括简化投资审批流程，加强投资保障，提供更全面便利的信息服务等；企业应合理选择投资地区与投资行业，进行充分的风险评估等。Than Pham Minh(2018)[9]对中国企业投资越南的规模、行业分布等的现状进行了描述，通过SWOT分析，得出中国企业投资越南存在投资过于集中，转移能力不足等问题，并就存在的问题，提出越南需要进一步完善投资法，中国企业应提高管理者水平，制定科学的投资策略，推动多样化的投资。赵鸿鑫(2015)[10]在对越南投资环境以及投资现状进行分析的基础上，得出中国企业投资越南的特点、存在的问题，并进一步得出中国企业投资越南存在的机遇；为进一步促进中国企业在越南的发展，作者还提出了相应的政策建议，如充分利用地缘优势，加大投资，促进产业转移，投资时应该注意遵守当地法律法规等。以上作者对中国企业投资越南所做的研究大多是从越南的整体来看的，并没有细化到投资越南的某一个领域，学者们提出的投资所存在的问题及投资的政策建议有利于更好地引导企业和政府进行与投资相关的措施的调整，有利于减少投资的盲目性，但其涉及的面较为宽泛，政策建议缺乏一定的针对性。

除中国企业投资越南的整体研究外，也有不少学者针对中国企业投资越南的某一领域或某一行业或具体的案例进行具体的分析。

阮氏幸(2015)[11]、武玉灵(2012)[12]、谢恩光(2012)[13]等学者对中国投资越南某一领域进行了研究,他们所研究的行业包括钢铁及其制品、纺织服饰、农药、农副产品加工、医药行业、塑料原料工业、电脑、家电行业、摩托车等,但其对中国企业投资越南基础设施的相关内容却介绍得很少。

不少学者也从法律层面对中国企业投资越南进行了较为广泛的研究。如黄令仪(2017)[14]针对中国企业投资越南的加工制造业的法律风险进行了研究;黄慧娜(2017)[15]简要说明了越南矿产领域的法律环境,并为中国企业投资越南矿业提出了合理的法律建议;王书华(2010)[16]对越南投资法进行研究,并以中国企业投资越南为例,说明中国企业投资越南所需要面临的法律风险;张世虹(2016)[17]对越南以及中国与投资相关的法律进行了研究,提出中国国内对外投资的法律机制仍未建立,越南的投资法也存在不透明、不稳定等问题,并就这些问题提出了法律层面的政策建议,说明两国在进行合理协商后,可促进两国经济上更好的合作。

投资模式也受到学者们广泛的关注。李业长、王松江(2005)[18]就中国企业以 BOT 模式投资越南基础设施建设进行了风险分析。在简要说明了越南基础设施的现状,阐述越南对外商投资其基础设施的需求大的前提下,李业长等指出中国以 BOT 模式投资越南,将会实现共赢,中国企业以 BOT 模式可享受诸多优惠政策,而该模式下中国对越南的投资又有利于弥补越南政府资金不足的问题。为充分发挥 BOT 模式的优势,减少风险,李业长等提出规避或减少风险,转移风险,与其他企业共担风险等政策建议,为中国企业以 BOT 模式投资提供了参考。闫茂春(2017)[19]以中国企业投资成功的项目——越南海阳 BOT 电厂项目为基础,总结了该项目应对风险的策略,为企业以 BOT 模式投资越南提供了借鉴。李业长(2006)[20]在分析了中国企业投资越南的机遇后,提出了 TOT 模式对中国企业的意义,说明了相较于 BOT 模式,以 TOT 模式投资所需要的资金额更小,风险也更小。但是以 TOT 模式投资越南的基础设施,相较于其他行业,金额仍比较大,以该模式投资虽然相较于 BOT 模式风险小,但是仍然存在比较大的风险。李业长比较详细地介绍了以 TOT 模式投资的风险识别问题,并就相应问题提出了政治、金融、信用、自然等风险管理的对策,说明由于基础设施对一个国家不仅具有经济意义，更具有政治意义，所以以TOT模式投资越南基础设施建设受政治风险影响较大，而且汇率、税收政策的变化，自然灾害的发生均会加大中国企业投资风险。因此李业长提出，应尽量避免政治风险大的项目，关注合同中涉及自身利益保护的条款，积极购买保险等相关政策建议。

也不乏学者就某些具体的投资案例展开具体的分析。如岳小月(2008)[21]对TCL在越南的发展状况进行了描述，并指出了当年TCL在越南能走好国际化战略的原因。阮文生(2018)[22]也针对TCL、广西电力工业勘察设计研究院、新希望越南子公司在越南的投资情况以及企业投资时的背景进行了分析，并就这些企业投资越南所得出的经验进行了总结。阮氏恒海(2013)[23]、陈光德(2017)[24]等学者也就中国企业投资越南的具体案例进行了简要的分析。杨琼(2015)[25]从政治、经济、社会、技术方面对越南的投资环境进行了分析，列举了中国多家企业在越投资的具体案例，其中提及了TCL、华为、广西电力工业勘察设计研究院、上海远慕生物科技有限责任公司对越的投资，说明了不同企业在越投资过程中遇到的问题以及其应对策略。以上学者通过分析具体案例，提出中国企业要在越南站住脚，谋求长远发展，就应该尊重当地的法律法规，保护当地环境，在发展中走本土化战略，注重产品与服务的质量，在盈利的同时，也需要认真履行社会责任。

从上述文献看，国内对中国企业投资越南的研究十分的广泛与深入，涉及了对越南投资对策的研究、投资风险的研究、法律的研究、各个具体行业的研究等。很多学者不仅描述了投资现状，还进一步提出了中国企业投资存在的问题，大多数学者还就相应的问题提出了自己的看法。虽然有些研究所涉及的具体领域不同，但是本质上都是中国企业投资越南存在的问题，有一定的借鉴作用。但目前就中国企业投资越南基础设施的研究还很少，只有部分学者提到了中国企业投资越南基础设施的某一方面，缺乏详细而全面的研究。

2 越南基础设施建设现状

越南基础设施薄弱，世界经济论坛发布的全球基础设施竞争力指数显示，越南的基础设施竞争力得分和排名在全球位列偏后。经济高速增长给越南的基础设施需求带来了巨大的压力，越南水、电、道路以及其他基础设施日益不足。

2.1　公路

公路运输为越南的主要运输方式，国道、省道和高速公路构成其主要公路交通网。截至2017年底，上述三类已投入使用的公路总里程为45817千米，其中，国道17300千米、省道27700千米、高速公路817千米。2017年其公路系统共运送旅客约38.5亿人次，运输货物约11.2亿吨，均呈增长趋势。

目前，越南在建与拟建的高速公路有40多条线，全长6313千米，分5个路网：一是南北高速路网，含2条线路，全长3621千米，其中东线长1753千米，西线长1868千米；二是北部高速路网，含6条线路，全长1074千米；三是中部和西部地区高速路网，含4条线路，全长524千米；四是南部高速路网，含8条线路，全长1094千米；五是河内和胡志明市环城高速路网，含3条线路，其中河内三环线长56千米，四环线长136千米，胡志明市三环线长83千米。越南政府2017年5月批准了交通运输部呈报的关于越南南北高速公路项目建设投资方案，项目总长1372千米，预计投资总额140亿美元，共分三期建设。

2.2　铁路

越南国家铁路网总长3160千米，包括3类轨宽，主要为1米轨（占85%），其余为标准轨和1435级套轨。河内—胡志明市铁路线全长1726千米，经3次提速后全线行程约29小时。2017年，越南铁路共运送旅客约945万人次，同比减少3.5%。

随着廉价航空和高速公路的快速发展，越南的铁路运输业虽然正在改善售票服务、车站质量和服务风格，但因运行时速不足90千米、设施设备老旧、费用竞争力不足而面临激烈竞争。目前，越南铁路客运量占全国旅客交通运输量的比重不足1%，原因是铁路基础设施落后，与其他交通方式相比，旅客把乘坐火车作为最后的选择。根据越南的《至2020年面向2050年交通运输发展战略》，今后越南将重点发展城市铁路交通及连接城内与郊区的铁路运输，优先改造和升级河内—胡志明市铁路线。

2017年，南方九龙江平原相关省市已启动胡志明市—芹苴快速铁路可行性研究，并组建跨省(市)部联合工作组。为加快与中国铁路连通，进而打通去往中东和欧洲的铁路通道，2018年4月越南交通运输部组织召开专家研究会，研究建设海防—河内—老街391千米标准轨电气化铁路线，该线客车设计运行时速将达到160千米。在调整后的铁路发展规划中，越南将在2050年前分期分段建设南北高速铁路，到2050年，列车运行时速将逐步从160千米提升至350千米。

2.3 空运

目前，越南共有21个航空港正在运营，其中7个国际港，14个国内港。年总运营能力为7000万人次。河内内排机场和胡志明市新山一机场是越南目前两个最大的枢纽航空港，均达到4E标准(ICAO)。2017年，越南民航共运送旅客约4639万人次，同比增长14.1%。越南民航业拥有本土航空公司4家，共有当地注册民用客机161架，主要机型包括空客(320型、321型、330型、350型)、波音(737型、767型、777型、787型)等机型，最新型的空客350和波音787的数量不断增加。目前有52家外国航空公司经营越南航线，已开通连接越南国内20多个城市和中国、韩国、日本、美国、泰国、马来西亚、俄罗斯、德国、澳大利亚、法国、英国、印度等国家和地区的70多条航线，越南民航在各国和地区设有28个办事处和1000多个代理点；航班延误率约为13%。

越南航空产业发展潜力巨大。2013—2017年，越南在全球航空市场发展速度排行榜上排名第七。其中，国际客运量增长6.9%，国际货运量增长6.6%。2015年东盟经济共同体成立，越南面向东盟国家开放航空运输业，使越南航空旅游需求得到很大增长。

随着中越交流与合作日益密切，两国间的航空运输量也突飞猛进。越南的越南国家航空(Vietnam Airlines)、越捷航空(Vietjet Air)和捷士达太平洋航空(Jestar Pacific)，中国的中国国际航空、南方航空、东方航空、四川航空、厦门航空、海南航空等参与中越航线经营，目前每周往返两国间的正班航班(不含包机)约320班次。越方航点主要有胡志明市、河内、观港、芽庄和富国岛，中方航点主要有北京、上海、广州、深圳、成都、重庆、昆明、长沙、厦门、南宁、杭州等地。

2015 年 6 月，越南国会正式通过关于投资建设龙城国际航空港的决议。位于南部同奈省的龙城国际航空港建设项目总投资 336.63 万亿越盾（约合 160.3 亿美元），分三个阶段建设年旅客运送量 1 亿人次、年货物吞吐量 500 万吨的 4F 级区域性国际航空枢纽港，建成后该国际航空港将成为越南最大的机场和东南亚地区的航空运输中心之一。目前，该项目仍处于征地拆迁和设计阶段。

2.4　水运

在河内运输方面，目前，越南管理、开拓内地水路总长 1.9 万千米，大部分为自然开拓，其中 6700 千米为国家级内运线。北部船驶深度为 2～2.5 米，南部船驶深度大于 3 米。越南内河的货运量与客运量仅次于公路运输，在全国运输业居第二位。越南内地水路港口共 131 个，主要位于胡志明市、河内、河北、越池、宁平、和平等省市。内河运输是越南普遍使用的运输方式。

近年来，越南海洋运输发展较快。2019 年，根据越南最新调整的海港分类，越南目前有特类海港 2 个，一类海港 13 个，二类海港 11 个，三类海港 8 个，以上四类海港分别是大型国际中转港、服务国家或跨区域经济社会发展的大型海港、服务于区域经济社会发展的中型海港与服务于海港所在地经济社会发展的小型海港，各类海港具体如下[26]：

特类海港：海防港、头顿港；

一类海港：广宁港、清化港、义安港、河静港、承天—顺化港、岘港港、广义港、归仁港、庆和港、平顺港、胡志明市港、同奈港、芹苴港；

二类海港：太平港、广平港、广治港、广南港、龙安港、前江港、同塔港、朔庄港、后江港、安江港、茶荣港；

三类海港：南定港、富安港、宁顺港、平阳港、槟椥港、永隆港、金瓯港、坚江港。

2.5　通信

越南通信业发展较快。截至 2017 年底，越南共有 30 家通信企业获准经营网络通信业务。2017 年，越南电信行业营业收入 167.4 亿美元，同比增长 7.3%；电话用户 1.274 亿户，其中移动用户 1.197 亿户；有固定电话的家庭比例为 9.3 %，上网家庭比例为 28.35%，网民比例为 54.19%。移动覆盖率达到全国95%,全部乡镇通电话并设有邮政服务点。无线电覆盖面积98% ,覆盖人口99.5%,地面电视覆盖率90%。

2.6 电力

近年来,越南电力需求增长较快,长期以来电力供不应求,限电情况时有发生。工贸部是越南政府电力主管部门,国有的越南电力集团(EVN)是集全国电力生产、供应和分配调度于一体的电力中枢企业。2018年,越南缺电地区占全国面积的25%。2017年,越南电力集团生产和购买电力1925亿千瓦时,比上年增长8.6%;商品售电量1740亿千瓦时,同比增长8.92%,基本满足生产经营活动和民众生活用电需求。

为适应清洁能源发展潮流,减少环境污染,越南政府鼓励对太阳能、风能等清洁能源领域的投资。早在2011年,越南政府就出台了关于风电发展机制的第37号决定,提出鼓励风电发展的政策措施,具体包括将风电并网价格提高至7.8美分/千瓦时(火电和水电并网价格约5.5美分/千瓦时),将风力发电列入越南第七个电力发展规划。2017年,越南政府总理签发关于在越南发展太阳能发电项目鼓励机制的第11/2017/N Q-ttg号决定,对构成太阳能项目固定资产的进口货物进行免税。同时,责成越南电力集团以2086越盾/千瓦时(约合9.35美分/千瓦时)的价格全额收购并网太阳能发电站所生产的全部电力。

2011—2015年,越南国家电网规模和覆盖率持续扩大,电力生产力水平不断提高,满足全国日益增长的用电需求,尤其是南部地区居民生产生活用电需求。2011—2015年的5年间,越南供售电量年均增长率达10.84%。工业、建设领域电力供应年均增长9.6%,贸易服务、农业领域电力供应分别增长14.1%和20.1%。5年间,越南电力集团的投资总额达479.62万亿越盾(约合228亿美元),是上一个五年的1.37倍,完成计划的95.7%。越南电力集团共有73家电厂投入运营,总功率达17929兆瓦;动工兴建10个电力项目,总功率为5629兆瓦。

2016—2020年,越南有针对性地对重点工程项目进行投资,保障工程项目质量和施工进度。按计划,未来5年越南电力集团将建设并投入运营总装机容量5819兆瓦的11个电力项目。

3 中国企业投资越南基础设施建设现状

随着越南投资环境的不断改善，对外开放力度的不断加大，且越南与多国签订了自贸协定，使其吸引了大量的外企前去投资，其中也包括中国。截至 2018 年 11 月底，中国对越南投资项目 2000 多个，注册资金达 130 亿美元，在对越投资的 129 个国家和地区中排名第 7[27]。截至 2019 年 1 月，有 51 个国家和地区在越南有投资项目，其中日本投资近 3.64 亿美元，占总投资的 19%；其次是韩国，投资 3.314 亿美元，占总投资的 18.3%；中国投资 3.08 亿美元，占总投资的 16.1%。由于中越在地理、产品互补上有优势，中越投资合作会有更大的发展空间。中国企业直接投资越南基础设施建设较少，多采用承建方式。据统计，中国承建了越南工程总量的 90%以上。其中，越南海阳燃煤电厂是“一带一路”的重点工程，也是迄今为止中国公司在越南单笔投资金额最大的项目。除此之外，中国企业在越南承包了许多电力项目以及公路铁路项目等。

3.1 公路与铁路

近年来，越南不断加快其国内公路的建设，但由于其资金不足，需要通过吸引大批外商投资来减小资金压力，这为我国企业投资越南提供了条件。目前，越南的南北高速公路正在紧张地筹划中，越南南北高速公路项目整体长 654 千米，建设期为 2017—2020 年，以 PPP 模式启动投资建设，预计投资总额为 46 亿美元，其中国家投资 18 亿美元。整个项目共分为 11 个子项目，其中 3 个由国家财政投资，另外 8 个以 PPP 形式引进资金。越南高速公路的发展一直很薄弱，南北高速公路是其规划得非常大的项目，中国的多家企业已积极参与该项目的投标。越南的高速公路也是近几十年建设起来的，总长 817 千米，中国积极参与和支持越南高速公路的建设，对其高速公路的承建占较大比重，且中国企业承建了吉灵—河东轻轨线，它是越南首条试运行的城市轻轨项目。它的建成标志着中国成套城市轻轨技术“走出去”取得重大突破，成为“一带一路”和越南“两廊一圈”建设的标志性成果。中国企业在越投资的其他公路铁路项目如附表 7-1 所示。

附表 7-1　中国在越投资的部分公路铁路项目

项目名称	项目总金额（万美元）	项目简述
胡志明市沿河路5号	4620	项目位于胡志明市古芝县，长 2.975 千米，宽 60 米，占地面积 18 万平方米。投资方式：BT
胡志明市城轨1号（西贡—堤岸—西部车站）	25000	项目始发站为白藤公园，终点站为西部车站，全长 12.5 千米。投资方式：BT、BOT、PPP
胡志明市城轨6号线	13000	建设地点：胡志明市。起点站为 Ba Queo 站，终点站为富琳站，全长 6.7 千米。投资方式：ODA、BOT、BT、PPP
胡志明市城轨2号线	35000	建设地点：胡志明市。起点站为阮文灵路 50 号，终点站为守添新城区。项目全长 14 千米。投资方式：BT、BOT、PPP
22号国道泛亚公路扩建项目	61770	项目经过胡志明市 12 郡、古芝县和霍门县，全长 20 千米，将建设高架桥。工程建设面积约 240 万平方米
第7沿渠路	4800	项目占地 20.8 万平方米，全长 4016 米，宽 40～50 米。合作形式要求：融资，合作，技术转让。投资方式：BT。项目位于交通大动脉 22 号国道至西宁、隆安及柬埔寨金边交接处，距新山一机场 25 千米
高架路2号	76000	全长 10.2 千米，宽 17.5 米，设 4 个车道
胡志明市高架路3号	50000	全长 7.3 千米，宽 17.5 米，设 4 车道，车道宽 3.5 米
胡志明市城轨3号线	20000	项目起点为鹅邑，终点为新时协，全长 8.5 千米。投资方式：ODA、BOT、BT、PPP
高架路1号	71600	全长 10.8 千米，宽 17 米，设 4 车道，每车道宽 3.5 米。采用钢筋混凝土结构建设

续附表7-1

项目名称	项目总金额（万美元）	项目简述
边和—头顿铁路项目	72018	全长114千米，新建复线标准轨全电气化铁路
芽庄—胡志明市铁路项目	1000000	全长364千米，新建复线标准轨全电气化高速铁路，最高时速350千米
老街—河内—海防铁路项目	437869	全长381千米，为复线全电气化标准轨铁路
KEP—LUU XA铁路项目	2400	全长56千米，预计总投资5000亿越盾，为旧铁路恢复改造项目
以安—禄宁铁路项目	41290	全长128千米，预计总投资8.6万亿越盾，地基可建设复线标准轨，第一阶段建设单线米轨铁路，符合泛亚铁路标准
海防国际港口铁路项目	72018	全长57千米，总投资15万亿越盾，为新建复线标准轨
占婆塔—大叻铁路项目	19204	全长84千米，预计总投资4万亿越盾，为旧铁路恢复改造项目
河内—荣市铁路项目	1200000	全长331千米，新建全电气化复线标准轨高速铁路，最高时速350千米
海云铁路隧道项目	12003	全长8～10千米，预计总投资2.5万亿越盾
云峰国际中转港铁路项目	8162	全长28千米，预计总投资1.7万亿越盾，为新建复线标准轨
西原铝土矿开发服务铁路项目（得农—平顺）	69617	全长253千米，预计总投资14.5万亿越盾，为新建复线标准轨

续附表7-1

项目名称	项目总金额（万美元）	项目简述
石溪铁矿铁路项目	16132	全长60千米，预计总投资3.36万亿越盾，为新建单线铁路
东河—劳保—美水港铁路项目	21893	全长114千米，预计总投资4.56万亿越盾，为新建二级单线轨道
Vinhang—Tanap—Mu Gia铁路项目	36489	全长119千米，总投资7.6万亿越盾，首先新建设单线米轨，与昆明—新加坡泛亚铁路网相符
胡志明市—芹苴铁路项目	138274	全长150千米，预计总投资28.8万亿越盾。复线标准轨高速铁路，全电气化，最高时速200千米
Trang Bog—和兴铁路项目	52813	全长49千米，预计总投资11万亿越盾。其中Trang Bog—边和段为单线铁路，边和—平赵段为复线铁路，平赵—和兴段为高架铁路
落道—兴安铁路项目	44651	全长39千米，预计总投资9.3万亿越盾，为新建复线标准轨高速铁路，列车区域运营，车站平均间隔3～5千米
河内吉灵—河东县城铁	86800	全线长13千米多，起点站是栋多郡吉灵站，终点站是河东郡安义站，全程共设12个站口。该项目列车共13列，每列四车厢，列车间隔时间将由初步阶段的3～5分钟缩短至2分钟

来源：根据中国商务部相关数据整理。

3.2 电力

为加快实现“一带一路”倡议同“两廊一圈”战略对接，我国鼓励更多中国企业赴越南参与大型基础设施项目投资。目前，中国企业投资承建的越南海阳燃煤电厂、永新一期燃煤电厂等代表中国水平的大项目进展顺利，两国战略对接成效显著。越南海阳燃煤电厂计划总投资18.685亿美元，由中国能源建设集团（中国能建）联合马来西亚捷硕能源集团公司共同投资，中国能建旗下西南电力设计院有限公司和中国能建国际工程有限公司组成联合体以“设计—施工—采购”的EPC方式承建。而越南海阳燃煤电厂项目是中国在越单笔投资金额最大的项目。海阳燃煤电厂项目是越南国内装机容量最大的项目之一，预计年发电量将达到81亿千瓦时，项目建成后将有效改善越南北部电力短缺状况。中国企业在越南投资的大型电力项目的成功，为我国企业投资越南电力项目打下基础。为进一步加快我国与越南电力项目的合作，除上述所说的金额较大且较成功的两项投资外，中国企业还投资承建了越南首家垃圾焚烧发电厂，这表明我国在越南投资电力项目已经具有一定的竞争力。中国企业在越南投资的大型电力项目已占有一定市场，具体投资项目见附表7-2。

附表7-2　中国在越投资的部分大型电力项目

项目名称	承建单位（部分）	金额
海防一期热电项目一号机组	中国东方电气集团公司	总合同额为4.76亿美元
锦普热电厂一期项目	中国哈尔滨电站工程有限公司	项目一期工程总投资3.49亿美元
越南锦普二期300兆瓦燃煤电厂	中国哈尔滨电站工程有限公司	工程总承包合同额为2.46亿美元
“三线一枢”一期	中兴通讯股份有限公司	使用中方优惠贷款5.3亿元人民币
永新燃煤电厂一期项目	中国能源建设集团广东省电力设计研究院有限公司与广东火电工程有限公司组成的联合体	计划总投资17.55亿美元

续附表7-2

项目名称	承建单位(部分)	金额
越南太原安庆热电厂	中国人民电器集团有限公司	合同金额 1.68 亿美元
富叻一期风电项目	中国水电工程顾问集团有限公司	合同金额 4000 万美元
沿海一期燃煤电站 1 号机组	中国东方电气集团有限公司	—
沿海三期燃煤电站 1 号机组	中国成达工程有限公司	—
越南中宋水电站	中国电建集团中南勘测设计研究院有限公司	—
南定 2×600 兆瓦燃煤电站项目(EPC)	中国能源建设股份有限公司	项目总金额 1400784 万美元
安庆北江 650 兆瓦燃煤电厂项目(EPC)	中国电力工程顾问集团有限公司	投资总额 70000 万美元
油汀 420 兆瓦光伏电站项目	中国电力建设集团有限公司	项目总金额 400000 万美元
(首个)芹苴市垃圾焚烧电站项目(EPC)	中国电建集团山东电力建设有限公司	项目总金额 314000 万美元
越南海阳 2×600 兆瓦燃煤电厂	中国能源建设集团安徽电力建设第一工程有限公司	项目总投资达 18.685 亿美元

来源：根据中国商务部相关数据整理。

此外，中国在越投资的电力项目也更讲究环保与质量，随着越南光伏项目所需的投资增大，中国企业在越承建了大量光伏项目，对越南新能源产业发展有促进作用，可进一步改善越南电力短缺的问题，中越新能源领域存在很大的合作空间。近期，中国企业参与了不少越南的光伏项目，具体如附表 7-3 所示。

附表 7-3　中国近期参与的越南光伏项目

序号	承建单位	项目名称	安装容量(兆瓦)
1	中国二十冶集团有限公司海外工程技术公司	越南平安光伏项目	50
2	福建永福电力设计股份有限公司与全资子公司福州新创机电设备有限公司	地面光伏项目	49
3	中国二十冶集团有限公司	光伏场区建安工程	36.72
4	中国电建集团昆明勘测设计研究院有限公司与中国水电建设集团国际工程有限公司	越南永新 2(42.65 兆瓦)光伏电站 EPC 总承包项目	42.65
5	中国能源建设集团华东建设投资有限公司	越南西宁光伏项目	30
6	中国能源建设集团华东建设投资有限公司	越南富安华会 257 兆瓦光伏项目	257
7	中国能源建设集团有限公司	越南 SON MY 3.1 光伏发电项目	42.315
8	中国能源建设集团安徽电力建设第二工程有限公司	越南永好光伏发电项目	30

来源：中国拟在建项目网。

4　中国企业投资越南基础设施建设存在的主要问题

4.1　中越南海冲突不断，投资越南风险上升

中越南海问题由来已久，南海问题具体包括海洋领土主权以及海域划界、资源争夺、外在力量介入[28]等方面的问题。

越南是在南海地区占我国岛礁最多的国家。历史上，南海确实是由中国首先发现且越南曾经承认了中国在南海的主权，但越南统一后就一改当时的声明，不再承认南海是中国的领土。近年来，中国不断强大，国防实力

日益增强，发展海洋强国战略成为必然，越南十分警惕中国的强大，对中国在南海的一切行为都表现得尤为敏感。为了获得其在南海的利益，越南不断把南海问题国际化，希望在南海问题上获得其他国家的同情与支持。

2014 年的“981”事件[29]和 2018 年越南颁布《特别经济行政区法》条款[30]，使部分越南民众对中国企业在越投资产生一定误解。

越南与中国的南海争端问题，由于美国的参与变得更为复杂化。美国“重返亚太”以来，积极介入南海问题，其介入是为其自身利益而考虑的。

近年来，中国经济高速发展。2018 年，中国 GDP 总量位居世界第二，某些发达国家试图采取措施减小中国对东盟国家的影响[31]。南海资源丰富，含有大量油气资源，被称为“第二个波斯湾”。整个南海的石油地质储量初步估计为 230 亿～300 亿吨，约占整个中国石油总储量的三分之一[32]。越南为维护利益，实行“大国平衡”战略[33]，所以越南不断加深与美方的合作，尤其在贸易与投资领域。2018 年美越双向贸易额约达 600 亿美元，这给美越双方都带来了利好[34]。

南海问题存在复杂性[35]，南海目前局势虽然比较稳定，但是由于其参与方多，影响因素广，其潜在风险始终存在，且南海问题的解决是一个长期的过程[36]。

4.2 个别项目建设不能如期完成以及质量不佳

由于中国企业对越南的经济现状、地形地貌等不够了解，导致工程进度受到影响。个别中国企业进入越南投资时，并没有进行详细调查，在开始施工时才发现原定的计划根本无法按期实行。由于越南基础设施相对薄弱，产业链不完整，很多大型设备都无法直接在越南本地购买，需要从中国购买，购买后还需要从中国运输过去，需要一定的时间，即使互联互通在不断推进，但是基础设施的不断完善是一个长期的过程。所以企业在进行正式施工前的准备工作花费了相当多的时间，这大大增加了施工的成本。施工中运用的部分材料有时也面临同样的问题，需要从国外进口才能满足需求，在施工过程中，若大型机器损坏无法正常运行，在越南也难以获得及时的维修。所以当中国企业投资越南基础设施建设时，很容易因对当地情况了解不充分而造成无法按时完工的现象。

此外，也存在过分低估越南发展状况而导致工期受到影响的情况。2008年，中建承包越南的项目时就遇到了类似问题，由于对越南状况不了解而匆忙开展了施工活动，在其施工后才发现，有些原材料是可以直接在越南购入的，且在越南购买的成本并不比直接从中国进口要高，但前期由于不了解情况，大量的原材料和机器均从国内购买，由于运输需要时间，中建在前期也因此而耽误了施工时间。

有时也存在因低估工程难度而造成工程进度受到影响的情况。2018年，我国对海阳发电厂项目施工3个月后，越南政府突然单方面宣布如果中国企业超时完工一天罚款45万元。该项目中国投资18.685亿美元，其建成之后可有效缓解越南电力紧张的现状，直接推动海阳市经济的发展。但是因为施工难度十分大，中国前期施工速度较为缓慢。越南政府担心中国不能及时完工，于是便单方面对中国下达这样的通知。

中国企业投资越南的项目除不能按时完成外，个别项目还存在项目质量差的问题。中国企业刚进入越南时少数企业想用低价格、低质量的产品来吸引顾客，却不知道越南人民注重品牌，低质量产品只能引起越南消费者的反感，损坏中国企业的信誉。

4.3　越南与投资相关的法律法规不够完善

越南与投资相关的法律法规主要有《投资法》《税法》《劳动法》《环境保护法》等。其中越南的《投资法》经过多次修订，总体上而言，越南新的《投资法》更有利于吸引外资，它对投资行业的限制有所减少，且对优惠政策进行了更为详细的说明。但是越南的《投资法》也存在一定的问题，首先是修改过于频繁，不到三十年的时间，越南的《投资法》就已经进行了四次修订，而其他与投资相关的政策变动更是频繁。投资法律的不稳定性给企业投资带来了较大的风险，原来在旧《投资法》中得到保证的权益，在新《投资法》中不一定仍存在。此外，越南《投资法》还存在不够透明的问题。因为其相关规定表达模糊不清，规定过于笼统，在实际操作中不仅缺乏指导作用，还可能导致产生一些纠纷。

外国投资者投资越南还需要面对"附带许可"问题，这种"附带许可"是非法的，但是却与特定群体的利益密切相关。如与自然资源及环境有关的程序问题，据越南商业和工业部的调查结果显示，对于企业而言，该程序最复杂、最麻烦。又如，税收程序问题，税收程序十分烦琐，且增加了企业投资的成本。还有超负荷的审查问题，企业对越投资，要经过不同的公共职能部门的审查，复杂的行政管理活动会花费企业大量的时间与金钱。一个商业项目的审批经常需要花费一年时间或多花费 5%的成本[37]。

此外，越南《投资法》还没有形成完整的体系，关于投资的相关规定在众多不同的法律法规中甚至会出现冲突的现象，这进一步加大了中国企业投资越南的风险。

4.4 资金不足

投资基础设施建设前期需要大量的资金，如冒溪燃煤电厂项目，项目总投资 5.77 亿美元；"三线一枢"一期，使用中方优惠贷款 5.3 亿元人民币；永新燃煤电厂一期项目，计划总投资 17.55 亿美元；河内吉灵—河东县城铁，投资总额 8.68 亿美元。除投入金额巨大外，还存在建设周期长的问题，一项大型的基础设施建设的建设时间至少要 3—5 年，如果是以 BOT 模式投资，在项目建设好后，企业可以在一定年限内行使运营权，从而取得收益，但这是一个比较长的过程，如果企业资金有限，需要在收回之前项目的建设成本后，才可以进行下一步的扩大化投资，这会造成企业资源的闲置与浪费。有些企业盲目追求市场占有率，采取自动降价策略，却没有考虑到实际的情况。如对越南永新 BOT 电厂项目进行投标时，我国企业为了稳定其市场占有率，在报价比较合理的情况下，还选择主动降低标价。而这样做会增加企业自身的风险，容易造成施工过程中资金不足或项目亏损[38]。

由于越南近年来发展迅速，越南政府在公路、铁路、航运、电力等方面均有较大规模的总体规划，但仅凭政府的资金远远不足以满足这些基础设施建设的需要。

除因工程大而导致的费用高外，越南的人力成本也在上升。据越南国家统计局数据可知，越南 2019 年前 10 个月，吸引了 3094 个新项目，注册资本总额为 128.338 亿美元，项目数量增加 25.9%，虽然较 2018 年同期有所减少，但是增量仍比较大。并且中美贸易战以来，大量外资企业迁入越南。

据《美国新闻与世界报道》公布的 2019 年最具投资吸引力经济体排行榜可知，越南超过马来西亚、印度尼西亚和新加坡等东盟国家，从 2018 年的第 23 位跃居至 2019 年的第 8 位[39]（附图 7-1）。

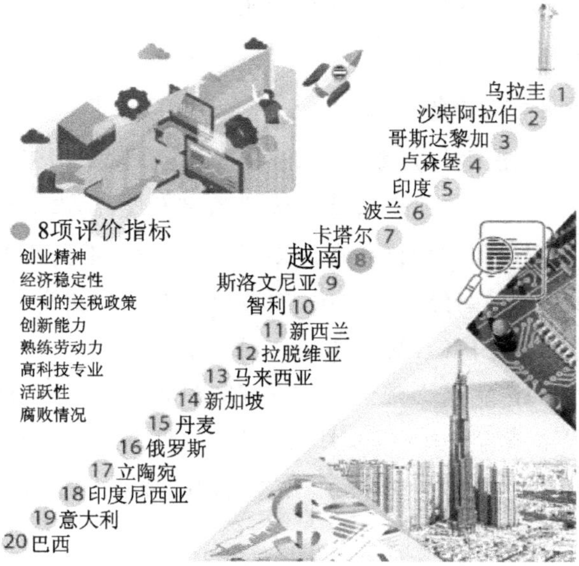

附图 7-1　越南跻身全球最具投资吸引力经济体 20 强

（来源：越通社）

越南投资吸引力的增强，意味着会有更多的投资者选择到越南投资。随着外商投资的不断进入，对越南的劳动力需求会不断增加。

此外，除因客观原因导致的劳动力需求上升进而成本增加外，越南政府近年来也不断增加最低工资标准，使得人力成本进一步上升。

2019 年 7 月 11 日下午在河内越南全国工资理事会经过第二轮谈判后，决定 2020 年地区最低工资标准将上调 5.5%。即自 2020 年 1 月 1 日起，一类地区最低工资标准将增加 24 万越盾，从 418 万越盾增至 442 万越盾（约合人民币 1339 元）；二类地区最低工资标准将增加 21 万越盾，从 371 万越盾增至 392 万越盾（约合人民币 1187 元）；三类地区最低工资标准将增加 18 万越盾，从 325 万越盾增至 343 万越盾（约合人民币 1039 元）；四类地区最低工资标准增加 15 万越盾，从 292 万越盾增至 307 万越盾（约合人民币930元)。

由现在越南的发展态势看,其最低工资水平将会不断提升。

基础设施的前期投资成本高,周期长,以及在施工过程中面临的越南劳动力成本不断上升的情况,均使得企业压力增大,投资一项基础设施建设将比原来需要更多资金。

4.5 越南劳动力质量偏低

越南生产工人的平均月薪为126～180美元,比中国工人的平均月薪低了38%～54%[40]。但随着越南经济的迅速发展,越南劳动力成本也迅速上涨,劳动力质量和结构仍存在许多不足,相对较低的生产效率制约着中国对越的投资。越南经济结构中,农业仍占有很大比重,参与正式劳务市场的劳动力比例还较低,约为30%。截至2017年1月16日,越南人口为94970597人,15岁以上的劳动力为53984200人,其中农村劳动力为37073300人[41]。截至2018年9月,15岁以上劳动力达5520万人,增加了58.15万人。2018年前9个月,受过专业培训的劳动力占21.8%,非农业非正式劳动力占56.2%[42]。

世界银行评价越南极其缺乏熟练劳动力和高级技术人员。根据世界银行发布的《全球竞争力报告(2016—2017)》,以十分制评分标准评估,越南劳动力质量仅为3.79分,在参与世界银行排名的12个亚洲国家中排第11位,韩国、印度和马来西亚分别达到6.91分、5.76分和5.59分。根据世界经济论坛《全球竞争力报告(2016—2017)》,在138个经济体中,越南劳动力市场效率排在第63位,中国排第39位。相较于越南,我国劳动力质量与市场效率均较有竞争优势。

5 加快推进中国企业投资越南基础设施建设的对策建议

5.1 针对中越南海冲突不断,投资风险上升问题

5.1.1 政府层面措施——加强政治交流,坚定立场

南海问题涉及的面很广,应从多个角度入手。解决南海问题不仅要关注中越双方,也应关注对南海问题影响大的周边国家以及其他介入南海问题的大国。只有从多角度思考南海问题的解决策略才能真正减少中国企

业投资越南存在的政治风险。

加强中越的沟通与合作。中国政府应积极推进南海问题的解决，中越双方在经济领域的合作应该不断推进，让越方感受到双方经济合作会实现共赢，而南海问题造成的两国经贸关系受阻对中越都是有害而无利的，双方应该就南海和平问题进行进一步磋商[43]。中国应进一步加强与越南的政治交流，提高两国政治互信[44]。南海问题的激化与越南的媒体也有很大的关系，越南媒体往往鼓吹“中国威胁论”，将一些客观冲突描述成中方刻意侵犯越南领土主权，使得越南群众对南海问题反应过激。中国应积极引导中国媒体跟越南媒体进行有效的沟通[13]，让越媒更多地了解“一带一路”，了解到中国“一带一路”为其带来的机遇，加强其对中越双方合作的理解，让其明确合作中越方可获得诸多利好，有利于缓解中越在南海问题上的摩擦和冲突。此外，政府应进一步鼓励民间开展中越文化交流，促进中越多种形式的文化交流，使得越南民众感受到中国人民的友好[45]。

对南海问题进行深入的研究，从多方面证明南海是中国的固有领土。这有利于我国驳回某些国家的非法诉求，维护我国的合法权利。

5.1.2 企业层面措施——全面评估风险

在投资前企业应对投资风险进行充分评估，慎重选择合作方，对合作方的信誉、实力等进行相关的调查与评估，尽量避免各类投资与合作所带来的风险[46]。中越关系总体而言呈良好的发展态势，但越南人民有较强的民族主义思想[47]，中越关系看似健康良好却存在着较大隐患，因此，中国企业投资前应事先判断，并针对可能存在的风险制定相应的应对措施。如可购买政治风险保险[48]，当遇到政治风险时，这一措施将有利于对政治风险的管控，缓解政治风险给企业带来的巨额损失。企业应积极利用中国出口信用保险公司、中国进出口银行等政策性银行提供的产品与服务，积极寻求化解风险的方法。中国企业在越南投资期间，应积极履行社会责任，可建设履责评估体系，完善激励与约束机制，传播企业文化。企业在谋求自身发展的同时，应该充分重视人权、环境、健康、安全等社会责任问题，走可持续发展的道路[49]。企业在履行社会责任过程中，给越南本地人民留下较为良好的印象，减少在两国政治关系不稳定时越南人民对企业的仇视感，加强他们对企业的认同感。

中国企业除从自身角度寻求减少风险的方法外，更应该积极利用越南《投资法》进行自我权益的保护。越南《投资法》规定，当遇到政治风险时会给予外国投资者一定的补偿。随着中国经济的不断发展，中国在国际上的地位也日益提升，我国拥有越来越高的话语权。当遇到重大问题或涉及较大金额损失时，通过企业自身力量无法解决时，应该积极寻求我国相关机构的帮助，通过中方与越方交涉尽量维护企业的正当权益。

5.2 针对个别项目建设不能如期完成以及质量不佳问题

5.2.1 政府层面措施——合理监督，发挥引导作用

政府应对对越投资的企业进行合理的监督，首先应该设置一定的准入规则和标准，准入规则与标准中应该包括对企业的技术水平、资金实力、经验等的具体要求，如对要投资越南基础设施的企业要求其技术水平符合国际标准，要求对外投资的企业达到一定的资金水平，同时需要对通过合资和联合投资的企业进行类似的规定，等等。

除进入越南投资前对企业进行一些限制外，还应该进行项目运行中的监控。中国企业投资越南的基础设施建设往往在项目实际运行时出现一些问题，如偷工减料、谎报项目完成进度等，只有做好事中的控制才能进一步保证项目完成的进度与质量。项目完工后的运行与验收，中国政府也应该进行完成效果的统计与分析，作为企业投资越南的评估标准。对于完成效果好，且项目比较重大的，可以给予一定的奖励；而对于完成效果差的，可以适当进行惩罚并提供一定的指导与支持。政府除了针对个别企业进行支持外，更应该提供给各个企业相同的更为全面与广泛的帮助。企业投资越南出现工期延误与质量差问题，不仅是因为对其监管不到位，更多的是与其自身对越南投资环境的不够了解，缺乏总体的战略规划以及资金有限有关。

政府应该组成专业的小组对越南的投资法、劳动法、投资现状、潜在风险等进行深入的调查研究，撰写更为详细的投资风险管理报告，说明企业投资会遇到的各种风险并提出切实可行的解决方案。同时，将研究结果进一步反馈到政府管理层，以完善对企业的监督机制、政策支持等。政府还

可以给企业提供咨询服务，解决企业遇到的具体投资风险问题。由于越南政府资金不足，中国企业在越南能吸引到的资金也十分有限，中国政府应该引导我国的银行等机构，进一步放开中国对外投资企业的优惠贷款与税收等政策。

5.2.2 企业层面措施——做好全面可行性研究

企业进行对越投资前应该进行可行性分析，如对市场需求、资源供应、建设规模、环境影响等方面进行充分的分析，并了解投资可能存在的风险，制定相应的风险管理措施。企业可通过购买政治、经济等保险，减少遇见突发事件时可能造成的损失。如越南与我国一直存在着领土争端，越南反华游行发生时，会对投资企业产生十分负面的影响，政治保险则可以为企业减少损失，较好地管控风险。

企业投资时也要尽量避免与其他中国企业产生恶性竞争。为获得项目而盲目低价中标，不考虑风险与成本往往会造成企业名誉受损，不利于长期的发展。企业投资时，应该制定总体的投资与发展计划，不能盲目从众，应该积极建立与越南的长久合作。

5.3 针对越南与投资相关的法律法规不够完善问题

5.3.1 政府层面措施——加强与越南沟通，完善中越双边投资保护协定

(1) 中国政府应该进一步推进与越南政府的多方面沟通与合作，对越南《投资法》中不够明确、含糊不清的表达进行相关的讨论，明确其内涵与具体意义，增强其实际可操作性。此外，针对越南《投资法》中不够合理的有冲突的部分，也采取同样的措施，对相关的法律进行沟通达成共同认知后，我国政府可拟定一份更为翔实的关于越南法律的报告提供给我国投资者参考，减小因法律的不确定性造成的风险。同时，中越应该进行进一步磋商，完善越南的相关投资法，增强投资相关法律的可操作性。

(2) 中国政府应该加快建立健全我国对外投资法，2019 年李克强总理在博鳌亚洲论坛演讲时表示，为确保《外商投资法》有效实施，目前中国政府已启动配套法规、规章制定工作，以细化《外商投资法》确定的主要法律制度，形成可操作的具体规则。这将在 2019 年年底前完成，确保 2020 年 1 月 1 日与《外商投资法》同时实施。《外商投资法》是中国打造法治化、国际

化、便利化营商环境的重要举措。该法的实施更有利于企业的长远发展。

同时，政府应尽快修改与完善中越双边投资保护协定。应争取取消越南法院对中方与越南政府之间就中方对越南直接投资纠纷的管辖权，增加中国政府在纠纷解决中的主动权，可通过规定所有的中方对越南政府的直接投资纠纷都应交由中立的仲裁庭或者国际投资仲裁机构如国际投资争端解决中心(ICSID)进行裁决。该措施更有利于构建公正、高效的海外投资纠纷解决机制[50]。

5.3.2　企业层面措施——主动了解越南法律法规

企业应首先通过各种途径对越南的相关法律法规进行了解，如通过中国商务部提供的《越南投资国别指南》或到中华人民共和国驻越南社会主义共和国大使馆经济商务参赞处等对与投资越南相关的法律法规进行了解，并搜集关于中国企业投资越南的相关投资动态，将越南的投资法律与投资的实际情况相结合，更好地了解越南的投资优惠政策以及其所存在的不足与缺陷等，进而寻找出既能较好利用优惠政策，又可减小投资风险的投资策略。

越南比较注重保护工人的切身利益，其中《劳动法》中就有对工人的劳动时间和工资的详细规定。越南的《环境保护法》也对投资企业应该具备的条件进行了相关规定，如鼓励保护、合理使用和节约自然资源，严禁破坏和非法开发自然资源；严禁采用毁灭性的工具和方式开发生物资源；严禁不按环保技术规程运输、掩埋有毒物质、放射性物质、垃圾和其他有害物质；严禁排放未处理达标的垃圾、有毒物质、放射性物质和其他有害物质；严禁将有毒的烟、尘、气体排放到空气中；严禁进口或过境运输垃圾；严禁进口未经检疫的动植物；严禁进口不符合环保标准的机械设备。从相关描述可以看出，越南对于环境保护日益重视[51]。企业应根据所了解到的法律对投资进行严格的把关，尽量避免出现强迫越南工人加班，破坏当地生态环境的情况发生。当由于越南法律不明晰等因素而造成中国企业利益受损时，可以运用越南《投资法》中的相关规定进行维权，越南法律规定承认和保护投资者的合法权益。此外，还应充分利用投资保护协定和投资担保公约等国际法规保护我国企业对越的投资，有利于防范我国企业的投资风险[52]。

5.4 针对资金不足问题

5.4.1 政府层面措施——完善金融支持体系，简化项目审批流程

我国政府应完善金融支持的辅助系统，健全信贷担保体系，为对外投资企业提供更多的优惠贷款和优惠税收政策，给予在越投资的企业更多的便利，提供更多的资金支持[53]。鼓励除亚投行以外的各类银行进一步放开对我国对外投资企业的优惠贷款政策，进一步降低企业投资的成本或增加企业的收益。但需要注意，在实行各项优惠政策时，相应的监督体系要跟上，防止企业滥用贷款，造成效率低下的问题。

此外，政府应该进一步简化对各项目的审批流程，减少企业等待的时间。政府还应该进一步完善对对外投资企业的管理，可以为企业提供咨询与指导服务。如对于一些技术水平不佳的企业，为进一步降低其成本，可以为其提供相应的技术培训服务，减少企业因为能力不足而面临工期延误进而导致巨额亏损的情况。

5.4.2 企业层面措施——积极拓宽融资渠道

充分利用越南的优惠政策和投资扶持政策。其中，越南特别鼓励投资“太阳能、风能、生物燃气、地热及海潮等新型能源应用；工业区、出口加工区、高新技术区、经济区及由政府总理批准重要项目的基础设施建设”，对特别鼓励的投资项目适用10%的所得税率，减免期限为4～15年，根据不同的地域还可以进一步享受更为有利的税收减免政策。如果企业在做投资计划时充分考虑了这些因素，对投资进行整体的规划，可以进一步降低企业投资成本，增加收益。

企业还可以选择合理的投资方式，目前中国企业在越投资方式比较多样化，直接投资方式就包括：外商独资；合资的企业共同投资；按BOO、BOT、BTO和BT合同方式进行的投资；通过购买股份或融资方式参与投资活动管理；通过合并、并购当地企业的方式投资；等等。为减小投资成本，企业可采用BOT、BTO以及绿地投资等方式。其中，采用“建设—经营—移交”(BOT)投资方式的企业其标准税率为10%。

企业可通过各种渠道进行融资。“一带一路”政策支持金融资源服务于沿线国家和地区的实体经济发展，重点支持基础设施等的融资。此外，

国家开发银行、中国进出口银行以及中国出口信用保险公司等开发性、政策性金融机构，以及各商业性金融机构均通过多种方式加强对企业“走出去”进行金融支持。世界银行和亚洲开发银行等多家国际金融组织也在我国设立了促进企业对外发展和投资的机构，这些机构融资成本低、贷款周期长，只要企业能够做好自身的制度建设，达到申请条件与标准，就能从这些机构得到资金支持[54]。

此外，在融资过程中，如果企业需要向银行进行大额的贷款，尽量将要贷款的金额分散至多家银行，避免因贷款金额过大，银行不予办理。分散贷款可减小企业贷款失败无资金填补空缺的风险。当单个企业要投资某大型基础设施项目时，由于资金、技术能力的不足，可以选择与其他企业合作投资的方式，各企业发挥自身的优势，更好地完成项目的建设。

企业应积极对越南的工作人员进行培训，虽然培训在一定程度上会增加成本，但是有利于后续工作的开展，培训后高效率的工作能够为企业减少成本支出；或设置一定的激励制度，提高员工的工作积极性，以提高效率的方式，减小由于工资上涨导致的资金压力。

5.5 针对越南劳动力质量偏低问题

5.5.1 政府层面措施——加强职业教育投入与合作

越南劳动力质量偏低，会增加我国企业在越投资的成本。为减小成本，可从两方面入手：一方面，我国政府可通过加强与越南的合作与交流，帮助越南进一步促进其教育事业的发展；另一方面，我国政府可引导中国企业加强对人力资源的培训与管理，进一步开通人才选拔的渠道。

首先，加强教育投入，需要依靠越南政府、社会各界等对教育事业的关注与支持。而我国政府只能辅助其人才的培养，进而使我国在越能聘用到更多越南的高素质人才，减少用工荒与入职不匹配现象。我国可通过进一步完善与越南之间的教育交流，以此来提升越南劳动力的质量，如鼓励两国高校教师互派、学生互换、学分互认、学位互授，以及互派留学生等。据中国教育部公布的消息可知，2015 年越南在中国的留学生人数就已达 10031 人，且近几年来越南在中国的留学生人数也维持在 1 万左右。但除注重在中国的越南留学生数量外，更应重视质量，我国高校对留学生的管理普遍较为宽松，与发达的欧美国家相比，我国对外国留学生的培养仍存在较多问题。

其次，通过培训减少因越南劳动力质量偏低而造成的越南劳动力不符合企业要求的现象，培训的具体工作是企业需要做的，而政府应该为企业提供资金与政策上的扶持，与越南共同建立起更为公开、透明的劳动力市场，使企业更好地根据自身需求寻找到更对口的人才。

5.5.2 企业层面措施——加强职工技能培训

企业可通过规范化的招聘流程，合理与具有针对性的培训，提升企业员工的工作绩效，减少因越南劳动力质量偏低给企业带来的不利影响。

为提升劳动者素质，企业应对已招聘的越南职工进行一定的培训，应建立与完善企业内部的培训体系，可以借鉴国外的精细化管理等方法，结合企业自身需要，对不同岗位的员工进行有针对性的培训，以提升其专业能力，增加对企业的认可，给员工可上升的空间，通过培训增加员工的工作绩效，达到企业的预期。此外，应该更注重员工的招聘，根据所需人才层次的不同采取不同的招聘策略，如高级人才可以在全球范围内招聘，不一定仅限于越南国内，而针对一些做简单工作的员工，可直接招聘越南本地人，但在招聘本地人时也应按照招聘原则进行员工的甄选，尽量避免招到不符合企业价值观的员工。

参考文献

[1] 李碧华.越南“两廊一圈”的政策规划建设与中越共建“一带一路”[J].东南亚纵横，2016(5)：37-40.

[2] 张辉.中国驻越南大使洪小勇：中越两国“一带一路”合作空间巨大[J].中国报道，2017(6)：26-28.

[3] 蓝瑶.中越关系分析报告：斗而不破 和而不同[EB/OL].[2019-12-08].http://cari.gxu.edu.cn/info/1354/15662.htm.

[4] 齐力.在越南投资可以享受哪些政策优惠[J].中国对外贸易，2017(11)：68-69.

[5] 马牧原.越南《投资法》类法规修改评述[J].公民与法(法学版)，2016(9)：2-4.

[6] 潘金娥.越南以疑虑眼光审视“一带一路”[J].社会观察,2015(12):16-17.
[7] 史济辰,刘思伟,马彦勇.基于中国企业视角的越南港口投资研究[J].水运工程,2018(6):6-10.
[8] 莫婷.中国对越南直接投资问题研究[D].南宁:广西大学,2015.
[9] Than Pham Minh.中国企业对越南直接投资现状及对策研究[D].重庆:重庆交通大学,2018.
[10] 赵鸿鑫.中国对越南、老挝和缅甸的投资机遇分析[D].昆明:云南大学,2015.
[11] 阮氏幸.中国企业在越南跨国经营战略研究[D].杨凌:西北农林科技大学,2015.
[12] 武玉灵.中国企业对越南直接投资研究[D].哈尔滨:哈尔滨工程大学,2012.
[13] 谢恩光.中国企业扩大对越南直接投资研究[D].上海:华东师范大学,2012.
[14] 黄令仪.中国对越南加工制造业投资的法律风险研究[D].南宁:广西大学,2017.
[15] 黄慧娜.越南矿产领域的法律环境及投资法律建议[J].新西部(理论版),2017(6):66-67.
[16] 王书华.越南投资法律制度研究[D].昆明:昆明理工大学,2010.
[17] 张世虹.合作博弈视角下中国对越投资法律制度的完善[D].昆明:昆明理工大学,2016.
[18] 李业长,王松江.中国企业以 BOT 模式投资越南基础设施的风险分析[J].东南亚纵横,2005(7):21-24.
[19] 闫茂春.BOT 项目风险防范[J].国际工程与劳务,2017(2):62-64.
[20] 李业长.中国企业以 TOT 模式投资越南基础设施的风险管理[D].昆明:昆明理工大学,2006.
[21] 岳小月.TCL 如何扎根越南[J].进出口经理人,2008(8):64-65.
[22] 阮文生.中国企业对越南直接投资案例分析[D].延吉:延边大学,2018.

[23] 阮氏恒海.中国企业在越南经营的案例研究[D].上海:华东理工大学,2013.

[24] 陈光德.中资企业在越南跨国经营的现状与对策研究[D].南宁:广西大学,2017.

[25] 杨琼.越南的投资环境与中国企业对越投资策略研究[D].昆明:云南大学,2015.

[26] VănT. Dê uấat Danh mục phân loại cāng biên Viêt Nam[EB/OL].[2019-11-29]. http://baochinhphu. vn/Chinh-sach-moi/De-xuat-Danh-muc-phan-loai-cang-bien-Viet-Nam/378533.vgp.

[27] 越通社.越中促进经济合作论坛在河内举行[EB/OL].[2019-11-30].http://cn.qdnd.vn/cid-6153/7190/nid-556186.html.

[28] 李铭."21 世纪海上丝绸之路"对中国-东盟在南海问题上的影响[J].经济师,2018(3):96-97.

[29] 曾勇.南海"981"钻井平台冲突折射的越南南海政策[J].当代亚太,2016(1):124-153.

[30] 岳平.谁是越南反华游行的幕后推手[J].世界知识,2018(13):28-29.

[31] 于翠萍.美国介入南海问题的动因、影响及中国对策[J].中国石油大学学报(社会科学版),2018,34(3):31-36.

[32] 何志工,安小平.南海争端中的美国因素及其影响[J].当代亚太,2010(1):132-145.

[33] 陈奕平,王琛.大国关系变动下东盟国家的战略选择——基于 20 世纪 60 年代末以来历史演变的分析[J].广东农工商职业技术学院学报,2017,33(4):11-16.

[34] 人民报网.越南政府副总理兼外交部长范平明会见美国前商务部部长卡洛斯·古铁雷斯[EB/OL].[2019-11-29].https://cn.nhandan.com.vn/political/national_relationship/item/6722401.html.

[35] 杨泽军.后"仲裁案"时代南海局势峰回路转[J].亚太安全与海洋研究,2017(5):74-90.

[36] 巩建华.南海问题的产生原因、现实状况和内在特点[J].理论与改革,2010(2):144-147.

[37] 邓珊.对越南国际直接投资法律政策问题研究[J].东南亚纵横,2017(6):50-54.

[38] Yen Tran Thi Hai.越南 BOT 电厂项目风险管理案例研究[D].大连:大连理工大学,2016.

[39] 越通社.图表新闻:越南跻身全球最具投资吸引力经济体 20 强[EB/OL].[2019-11-29].https://zh.vietnamplus.vn/图表新闻越南跻身全球最具投资吸引力经济体 20 强/102578.vnp.

[40] NGUYENTHEKIEN.越南农村劳动力素质存在的主要问题及其提高对策研究[J].环渤海经济瞭望,2017(12):70-71.

[41] Nguyen The Kien.越南农村劳动力素质存在的主要问题及其提高对策研究[J].环渤海经济瞭望,2017(12):70-71.

[42] 越通社.前 9 月越南劳动力市场发生积极转变[EB/OL].[2019-11-29].https://zh.vietnamplus.vn/前 9 月-越南劳动力市场发生积极转变/87403.vnp.

[43] 徐全龙.南海问题对中越经贸合作的影响分析[D].南宁:广西大学,2016.

[44] 刘文钊.新世纪以来中越关系的发展及其制约因素[D].济南:山东师范大学,2018.

[45] 蓝瑶.推进中越民间外交的意义构建与路径解析[EB/OL].[2019-12-08].http://cari.gxu.edu.cn/info/1354/13562.htm.

[46] 魏占福.中国对东盟直接投资存在的问题及对策[J].企业技术开发,2014,33(7):104-105.

[47] 李春霞.南海问题中的越南民族主义[J].太平洋学报,2014(7):39-48.

[48] 高桂芳.南海争端视域下的中越关系[D].北京:中共中央党校,2016.

[49] 王秋蓉.中国海外矿业投资可持续发展国际研讨会:责任指引采矿业高水平走出去[J].WTO 经济导刊,2015(5):30-31.

[50] 吕娜娜.中国对越南直接投资争端解决机制评述及完善[J].前沿,2016(9):43-46.

[51] 商务部国际贸易经济合作研究院,中国驻越南大使馆经济商务参赞

处，商务部对外投资和经济合作司.对外投资合作国别（地区）指南——越南（2018 年版）[R/OL].[2019-01-29].https://www.rdi.org.cn/article/1179.html.

[52] 杨陶."一带一路"倡议下中国企业投资风险的防范[J].人民论坛，2017(27)：89-91.

[53] 黄超.中国企业"走出去"战略所面临的风险与挑战[J].山东化工，2016，45(7)：154-155.

[54] 罗琳，冯娜.云南对越南直接投资的现状及问题研究[J].红河学院学报，2019，17(1)：14-18.

附录8 中国企业投资文莱基础设施建设探讨

1 引言

1.1 选题背景与意义

文莱是东盟的中心地带，也是东盟中最富有的国家之一，其政局稳定，贸易优势明显，税收制度有利，与中国隔海相望，地理位置优越，政策透明度较高，贸易和投资风险相对较低。近年来，文莱政府为建设良好的贸易环境提供了很好的税收政策。中文两国自1991年建交以来，年年都有高级政府官员互访。2000年，中文关系取得了长足的进展，同年11月，双方签署了投资协议和备忘录。在新时期，中文两国友好关系又有了新的发展。从2013年两国建立“战略合作关系”到2018年习近平主席访问文莱，双方元首同意进一步加强经贸投资、基础设施等领域的合作，推动广西-文莱经济走廊等项目的建设[1]。2019年8月，王毅会见文莱外长，双方愿意深化合作，加强高层往来。早在2009年，由中国和当地合资企业联合建成了都东大坝、德里—鲁姆公路和365套住房。同年，广西与文莱的农业合作项目推出，这也是中文经济合作的开局。在文莱提出的“2035宏愿”中，文莱政府将提供足够的社会基础设施建设，包括电力、通信、交通、能源等方面。

目前，中国企业成为在文莱投资的主力军，但中国企业在文莱的基础设施投资建设中，仍然存在着投资方式、资金、劳动力、产业标准对接、与政府部门的沟通以及宗教等方面的问题。因此，全面、准确地分析中国企业在文莱的基础设施投资现状极为重要，这对两国之间增强互信、密切经贸联系、推动东盟建设具有重要意义。

1.2 国内外文献综述

1.2.1 国内文献综述

目前，随着中国与文莱两国之间互联互通的不断增强，“一带一路”项目的推进，双方的经贸联系不断增强，2018年1—9月，中文的贸易总额为13亿美元，比上年同期增加88.7%[2]，两国有着广阔的贸易空间。在目前国内的研究中，对文莱跨国基础设施投资研究较少，对“一带一路”投资研究比较多，对文莱投资研究大多都停留在投资环境、市场分析等方面。如李岩(2008)[3]研究文莱的市场机会、中文之间经济的互补性及投资环境；张军红(2017)[4]则是以信达文莱有限公司为切入点，分析中国企业在文莱投资的优势以及注意事项，但总体上，缺乏对文莱基础设施投资的分析；黄瑛、罗传钰、黄琴(2015)[5]从总体上分析了文莱经济情况、发展战略，“一带一路”倡议在文莱的发展现状和中国企业投资需要注意的事项，但仍然缺乏对基础设施的具体分析；宗会明、郑丽丽(2017)[6]主要研究“一带一路”背景下中国与文莱经济社会发展互动分析、贸易格局，从东南亚地区的角度出发进行分析，缺少对文莱系统的、针对性的分析；邓佩颖(2018)[7]从我国对文莱投资的法律风险进行探讨研究；钟税针(2017)[8]研究中国与文莱双边贸易合作发展的提升路径，很少涉及对文莱基础设施领域的分析；马静、马金案(2019)[9]阐述了文莱的政治社会、经济和对外关系；姜巍(2017)[10]、蔡彤娟、郭小静(2019)[11]等分析了中国面临的新挑战与对策；刘畅(2018)[12]从坚持共商共建共享讨论共同繁荣。这些研究基本都是从整体上分析“一带一路”沿线国家和地区的投资环境、投资机遇，而对中国企业投资文莱基础设施建设领域的研究不够详细和全面，针对性不足。

1.2.2　国外文献综述

国外文献对文莱的分析研究很大程度上集中在卫生、教育、社会及自然环境等方面。如 S.Shahif 等(2019)[13]对文莱心理健康以及精神疾病进行了研究；Z.Yusrita(2019)[14]对目前文莱的护理实践的伦理层面进行了探索与分析；A.M.M.Haziq F 等(2019)[15]分析了文莱鸡肉中大肠杆菌中发现的一种新的质粒介导的多黏菌素抗性决定因子。S.K.A. Rahman(2017)[16]比较详尽地分析了文莱目前语言教育的状况和发展，以及所面临的问题；A.D.Ahad 等(2017)[17]研究了智能手机在文莱青年人中的使用情况。另外，大量的文献资料针对文莱过度依赖油气行业从而提出需经济多元化，牛津大学 B.Michael(2017)[18]主要是研究了文莱中小企业的法律政策。综上，国内外文献针对文莱基础设施的研究数量不多，而专门针对中国企业在文莱基础设施投资情况的分析研究就更显不足。本文将在已有文献的基础上，结合最新数据，分析中国企业在文莱基础设施投资的现状，剖析存在的问题并提出相应的对策与建议。

2 文莱基础设施现状

文莱长期政局稳定，国内环境安定，经济上依靠自身丰富的石油和天然气资源，进行大量的石油和天然气出口；在东盟各国中，文莱经济较为发达，整体基础设施基本完整。

2.1 公路方面

截至2016年底，文莱公路总长已达3404.8千米[19]；2016年6月，中国企业在文莱建成了长135千米的Tris-Lu高速公路。2012年，文莱就已拥有145901辆注册车辆，其中，129583辆私家车，平均每1000人拥有367辆汽车。2015年，文莱使用中的车辆达到了300897辆，是东南亚拥有最多私人汽车的国家之一。

在公共交通方面：文莱各个城区之间都设有长途汽车站，可以开往文莱各个主要城区。斯里巴加湾市和其他城镇如文莱—穆阿拉地区有不规则公共汽车交通线六条，分别为Central line、Circle line、Eastern line、Northern line、Western line、Southern line。尽管如此，当地公交系统站点不明显，线路混乱，并且运营工作时间短、票价高。其主要交通集中在斯里巴加湾。因为文莱几乎家家都有私家车。所以，文莱的公共交通不算完善，民众利用率不高。为解决这一问题，文莱政府欢迎外国投资者对其交通道路进行投资，早在2014年，文莱政府就曾发布《文莱陆路交通总规划》，发展本国的公共交通系统[20][21]。

2.2 航空运输方面

文莱国际机场于1974年完工并对外开放，由国际航站楼、货运航站楼以及皇家航站楼组成。文莱国际机场的客运航站楼年最大客运量可达1500万游客，货运航站楼年最大运货量可达5万吨，皇家航站楼，顾名思义，只为文莱苏丹服务。而在经历过1981年的扩建之后，文莱国际机场新建了候机大厦和大型货仓，相关配套设备也进行了改进升级。

文莱国际机场航运的主要目的地是周边的航站楼，如新加坡、吉隆坡和马尼拉[21]。文莱每周有几个航班飞往多个国家和地区。此外，文莱与中国东方航空、香港航空等公司开通了代码共享航线。2013年10月1日，新航运大厅建成。近年来，文莱国际机场正在扩建，将提高年客运量。文莱有直飞中国香港和上海的航班，每周一、周三和周五有一趟航班通往香港和上海；2019 年 7 月文莱航空获得在北京大兴机场的降落权[24]。

2.3　铁路方面

文莱国土面积不大，而私家车较多，其国内目前并未制定建设铁路的计划。

2.4　水运方面

文莱临海，同时位于“21 世纪海上丝绸之路”的重要交通要塞，因此，水运同样是文莱重要的交通运输方式。2017 年文莱港口集装箱吞吐量为 124919 箱。

文莱的海港包括：

(1) 摩拉深水港，共占地 24 万平方米，码头长 861 米，有 8 个泊位。2016 年扩建之后，吞吐能力达到 33 万标箱，吃水深度为 12.5 米，有能力停泊较大吨位轮船。同样，有相关配套客运站和汽车站，水陆相连[23]。

(2) 斯里巴加湾市的商业码头，为军方和政府船舶使用的泊位，以及旅客码头。斯里巴加湾市作为文莱的首都，如今仍是世界上最大的水上村庄，水路交通极其发达。

(3) 马来奕港，港区面积不大，可停靠两条船，有 744 平方米的货舱以及 1837 平方米的露天存货场。

(4) Shiria 和 Lumut 港口，主要用于石油和天然气出口。

文莱也有几条河流在货运和客运方面发挥了一定作用。

2.5　通信方面

文莱的国家固定电话网已完工，目前使用的是华为“下一代网络”(NGN)服务，可以与 160 多个国家进行通信业务。2015 年，文莱共有电话交换线 38400 条，平均每百人拥有 9.2 条。截至 2018 年，文莱固定电话装机为 78322 站，移动电话使用用户为 565949 人次。文莱的互联网普及率在东南亚地区位居前列。2015 年其互联网用户就达到 45481 人次，渗透率接近 11%。其固定宽带峰速可达 15 Mbps。华为与 DST 合作开发的 4G 网络峰速为 20 Mbps。通信信息行业是文莱重点发展的产业之一，在“2035 宏愿”中也明确提出了要促进文莱通信基础设施的完善，并制定了电子政务发展计划，希望以通信及其配套产业的发展来推动文莱整体的发展。目前，文莱的电子政务和信息技术正在普及[21]。

2.6 电力方面

截至2016年，文莱用电普及率为99.9%，电力装机容量为777.7兆瓦，2018年发电总量为4294吉瓦时，相较于2017年增长了137吉瓦时。2018年，电力总消耗为3684吉瓦时。文莱的电力供应充足，能满足工业和农业生产的基本要求。下一步，文莱政府准备发展水电、太阳能、新能源电力等可再生能源，以取代部分国内天然气发电[24]。

2.7 能源方面

在传统能源方面：文莱油气资源丰富，而油气行业同样是文莱的支柱性产业。截至2017年底，文莱已探明的石油储量为11亿桶，天然气存量为3000亿立方米，石油和天然气存量几乎都占全球储量的0.1%，考虑到文莱的国土面积，其油气资源储量算是非常丰富了。文莱90%的天然气都来自7个海上油田：Champion、Southwest Amba、Fairly、Fairly-Baram、Magpei、Gannet、Iron Duke。文莱这7个海上油田共有钻井平台46个，油井490个，海底输油和输气管道1300千米。2017年，文莱平均每日生产石油113170桶。而中国企业恒逸石化集团投资了文莱PMB石油化工项目，一期项目，投资约为34.5亿美元，平均每年使文莱原油加工能力增长800万吨。在二期项目投产后，计划每年将增加1400万吨原油加工能力、150万吨乙烯和200万吨对二甲苯[21]。

在新能源开发方面：早在2014年，文莱政府就宣布本国发展新能源的坚定立场，在"2035宏愿"完成后，预计将可持续能源消费比重提升到10%。2018年4月21日，文莱举行了建设世界上首个全球氢气供应链示范工厂项目的奠基仪式。该项目为日本与文莱合作的项目，项目园区位于文莱双溪梁工业园区，技术支持由AHEAD(先进氢能源技术开发协会)提供。其项目设计主要将文莱的化石能源转化为清洁的氢能源，同时也会涉及以水为原材料分解制氢。该项目代表着文莱将逐步进入一个能源清洁的时代，将对文莱新能源的发展提供坚实的基础[25]。

2.8 排水供水方面

文莱为热带雨林气候，终年高温多雨，同时地势低洼，这给当地排水系统造成了很大程度上的挑战。因此,“水屋”为当地的民居特设,在很大程度上缓解了排洪泄洪压力,而在城区以及极大工业园区,排水供水系统较为完善,乌鲁都东水坝的修建,为都东县比拉镇的排水供水提供了保障。

文莱为实现经济社会中长期发展规划,出台了很多吸引外来投资的优惠政策,为我国进行供给侧结构性改革出现过剩的产能提供了投资机会,中国企业可利用自己的优势,结合文莱需求,在基础设施建设、石油化工、农牧渔业、清真食品等领域开展优势互补的合作。

3 中国企业投资文莱基础设施建设现状分析

3.1 中国企业投资文莱基础设施建设现状

文莱“2035 宏愿”中明确表达了加强基础设施建设的愿景,而伴随着“一带一路”的契机,越来越多的中国企业参与投资文莱的基础设施建设。

从产业布局来看,电力、交通、住房建设、石化和农渔业是中国企业在文莱基础设施投资的关键领域。据中国商务部统计,2017 年度中国对文莱直接投资流量 7136 万美元。截至 2017 年末,中国对文莱直接投资存量 2.21 亿美元。2017 年中国企业在文莱完成承包工程营业额 7.10 亿美元,在文莱劳务人员 4028 人。

近年来,中方在文莱承包的大型工程项目包括:

2016 年 1 月 16 日,文莱最长的跨海大桥淡布隆跨海大桥工程开工,全长 30 千米,是文莱历史上最大的基础设施项目,将桥梁连接两地的路程时间缩短了 1 小时 40 分钟,极大地促进了淡布隆地区的发展。而其中中国建筑公司承接的 CC4 段共 11.8 千米,且其中 11.6 千米都是沼泽地。

2018 年 5 月,由中国港湾集团公司建设的大摩拉岛大桥竣工,是亚洲最大的单箱单室箱梁结构大桥,包括长 2680 米、宽 26 米的跨海大桥,长 310 米的西接线路和 2925 米的东接线路。该桥作为标志着新时代“中国制造”走出去的工程项目,让文莱,让世界又一次认识到中国水平。

2019 年,浙江恒逸集团有限公司投资了文莱 PMB 石油化工项目。该项目作为国家“一带一路”下的重点项目,是文莱国内最大的实业投资项目。一期项目,投资约为 34.5 亿美元,这将使文莱原油加工能力增长 800 万吨/年、对二甲苯 159 万吨/年和苯 50 万吨/年。2018 年 10 月 29 日,二期项目设计合同正式确立，预计将于 2020 年投产，项目投产后，计划每年将增加 1400 万吨原油加工能力、150 万吨乙烯和 200 万吨对二甲苯；除油气之外，该项目还计划建设罐区、海水淡化等配套公用工程[26]。

2015 年，华为与 DST 合作开发了 4G 网络。2019 年，华为成为文莱 5G 合作伙伴，未来将与文莱合作建立 5G 网络[21]。

2018 年，中海油田服务有限公司与文莱皇家石油服务公司合资成立了文莱中海油服务合资有限公司，标志着中国与文莱正式开启关于油气方面的合作[27]。

2017 年 6 月，乌鲁都东水坝项目正式完工，该水坝位于距文莱首都斯里巴加湾市 100 千米的热带雨林深处，由中国电力建设股份有限公司与文莱百科地公司共同承建，而其中挑战较大的水坝建设由中国电力建设股份有限公司来完成。该项目不仅很好地改善了当地的水灾，并且解决了当地的用水需求，为当地的人口增长提供了保障[28]。

2017 年 10 月 10 日，葫芦岛钢管有限公司全资成立的公司——钢管厂文莱分厂正式开工。一期建设一条生产线，年产量为 3 万～4 万吨。二期工程建成后预计年最大产量为 10 万吨。葫芦岛钢管厂的建立很大程度上填补了文莱制造业的空白[29]。

2017 年中文双边贸易额达 10 亿美元，同比增长 36.5%。其中，中国出口 6.5 亿美元，同比增长 26.8%，进口 3.5 亿美元，同比增长 58.8%；2018 年 1—9 月，中文双边贸易额达 13 亿美元，较 2017 年同期增长 88.7%[30]。

从长远来看，中国与文莱在能源、农业、渔业和数字经济领域的互利合作将会加强。

3.2 中国企业投资文莱基础设施的潜在机遇

3.2.1 从东盟角度分析潜在投资机遇

在文莱的外交政策中，与东盟的关系是最重要的，文莱认为东盟对于其国内的安全稳定起着最关键的作用。而对于中国来讲，东盟作为一个新兴的具有重大潜力的经济体，在我国的外交战略中也发挥着不可比拟的作用。从 2003 年建交以来(中国与东盟一直保持着良好的外交关系，中国连续九年成为东盟的第一大贸易合作伙伴)，再到 2018 年的东亚合作系列外长会议，中国与东盟已经进入全方位的发展新阶段。

在贸易方面，随着中国-东盟自由贸易区实施，中国与东盟各国贸易额不断增加，2015—2018 年中国与东盟各国贸易额呈上升趋势。从附表 8-1 可看出，中国与东盟各国之间的贸易不断增强，涉及的相关领域不断扩充，但与文莱经济贸易合作不是太密切。根据中国海关总署提供的数据，从中国与文莱的贸易关系来看，双方投资项目有限，贸易额小，规模有限，贸易极不平衡，具体见附表 8-2。中国出口文莱的规模相对较大，但中国从文莱进口的产品相对单一，主要是石油、石油产品和相关材料。近年来，文莱已开始在中国投资，但规模很小。在"一带一路"的大环境下，深化与文莱在基础设施领域的投资与合作，将成为引导经济复苏，实现两国间设施互联互通和经济长效发展的重要突破口。如果将文莱基础设施投资需求与中国的剩余资本和优势产业有机结合，将有效促进文莱的设施连通、贸易顺畅、经济一体化和共同发展，实现合作共赢。

附表 8-1 2015—2018 年中国与东盟贸易额（单位：亿美元）

国家和地区	进出口贸易额			
	2015 年	2016 年	2017 年	2018 年
越南	958.5	982.3	1212.7	1478.4
马来西亚	972.6	869.4	960.3	1085.9
泰国	751.5	757.3	802.9	875.1
新加坡	795.6	704.2	792.4	827.8
印度尼西亚	542.3	535.4	633.2	773.5
菲律宾	456.5	472.1	512.8	556.7
缅甸	152.8	122.8	135.4	152.3
柬埔寨	44.3	47.6	57.9	50
老挝	27.7	23.4	30.2	34.7
文莱	15.1	7.2	10	18.4
合计	4716.9	4521.7	5147.8	5852.8

数据来源：文献[30]、[31]、[32]和[33]。

在投资方面，中国对东盟各国的投资中，新加坡的占比最大，文莱的占比最小，2017 年，对新加坡投资存量为 445.7 亿美元，对文莱仅为 2.2 亿美元(附表 8-2)可见,中国企业在文莱还有很大的投资发展空间。

附表 8-2 2015—2018 年中国对东盟各国直接投资存量(单位:亿美元)

国家名称	直接投资数量			
	2015 年	2016 年	2017 年	2018 年
菲律宾	7.1	7.2	8.2	9.3
柬埔寨	36.8	43.7	54.5	36.0
老挝	48.4	55	66.5	—
马来西亚	22.3	36.3	49.1	—
缅甸	42.6	46.2	55.2	—
泰国	34.4	45.3	53.6	17.4
文莱	0.7	2.0	2.2	—
新加坡	319.8	334.5	445.7	5.5
印度尼西亚	81.3	95.5	105.4	528.0
越南	33.7	49.8	49.7	132.0
合计	627.1	715.5	890.1	—

数据来源:文献[34]~[39]。

在承包业务量方面,随着我国"走出去",以及"一带一路"倡议的实施,中国企业对东盟各国工程承包业务营业额在 2015—2017 年达 878.8 亿美元,而对文莱仅为 13.5 亿美元,约为新加坡的 12%。2015—2017 年中国对东盟各国工程承包当年营业额见附表 8-3,从中可以看出,这与文莱丰富石油、天然气储量和富裕程度不匹配,也与文莱基础设施建设需求不符。

附表 8-3 2015—2017 年中国对东盟各国工程承包当年营业额(单位:亿美元)

国家名称	当年营业额		
	2015 年	2016 年	2017 年
菲律宾	20.4	16.6	18.9
柬埔寨	12.1	16.5	17.6
老挝	32.2	29.5	42.3

续附表8-3

国家名称	当年营业额		
	2015 年	2016 年	2017 年
马来西亚	35.6	47.5	81.5
缅甸	18.9	19.2	16.1
泰国	28.1	29.3	33.8
文莱	0.9	5.5	7.1
新加坡	35.4	37.6	34.4
印度尼西亚	48.1	40.9	55.6
越南	35.2	33.2	28.8
合计	266.9	275.8	336.1

3.2.2 从文莱国内外情况分析

(1) 文莱拥有稳定的社会环境,享有"和平之邦"之称,鲜有重大社会治安问题,且国内至今未出现恐怖势力现象。同时,文莱地处我国实施"一带一路"倡议的中心地带,石油、天然气储量丰富,石油、天然气等精细化工行业需求巨大;国民人均收入达到世界前列。文莱鼓励企业和个人创新创业,同时大力扶持中小企业的发展。文莱实施经济多元化战略,推出了吸引外资的诸多措施,引导外资流向港口设施业、渔业、海产养殖业、海洋生态旅游业和周边国家互联互通设施建设上;这些产业的发展无一不是需要以良好的基础设施为依托,而文莱在相关领域基础设施建设上仍旧不够完善,如文莱全国几乎没有公共交通服务,没有建设铁路设施,而被誉为"基建狂魔"的中国在公路铁路的建设已达到世界领先水平。未来在文莱投资油气下游加工、高新科技产业、清真产业、道路建设等重点行业将会迎来良好发展机遇。目前,文莱经济开发程度较高,是东盟地区税率最低的国家,营商环境较为宽松,在世界银行《2019 年营商环境报告》中文莱排名第 55 位,在《2020 年营商环境报告》中尽管文莱在世界排名上下降了 11 位,但报告显示在九项重点评估数据中,文莱信贷排名第一,开办企业排名第 16 位。

(2) 在与中国的关系上,文莱苏丹一直与中国政府保持着良好的关系。2018 年,国家主席习近平访问文莱,2019 年 8 月,王毅会见文莱外长,双方表示，愿意在农业、渔业、能源、基础设施建设、清真食品和数字经济等领域加强务实合作。同时，广西-文莱经济走廊建设的进一步推进，为中国和文莱在农业领域进一步深化合作打下了坚实的基础。国家、政府层面的良好关系有利于中国企业在文莱投资建设。同样，文莱目前的几大主流媒体 *Pelita Brunei*、*Brunei Darussalam Newsletter*、*Borneo Bulletin* 等对华态度友好，对中国企业以及在文务工华人鲜有负面报道。

4 中国企业投资文莱基础设施存在的主要问题及对策

4.1 中国企业投资文莱基础设施存在的主要问题

文莱作为一个君主专制国家，其国内政治环境、经济社会体制、法律和政策体系、政府办公效率等与中国都有较大的差别，在文莱投资与国内相比增加了协调的难度和不可预测的风险。因此，中国企业应特别注意相关风险的调查了解，分析评估，切实保障自身权益。此外，中国企业投资将影响当地已有产业，破坏当地资源和环境，这些争议和矛盾可能给中国的基础设施投资带来压力和挑战。因此，中国对文莱基础设施的投资必将承担更高的协调成本和投资风险。

4.1.1 劳务合作问题

（1）劳动力供给

目前，文莱本地存在严重的劳动力匮乏问题。一方面，文莱本身就存在国小民寡的现象，截至 2017 年，文莱全国总人口仅为 44.36 万人，适龄劳工人口数量少；另一方面，尽管文莱本国教育系统较为完善，覆盖面也较为广阔，但在文莱国内，接受过良好教育的国民普遍向往在政府部门就职。因此，文莱缺乏本地劳动力和技术类人才，外资企业招募本地劳工时就必须对其进行劳动技能培训。在文莱注册的私营企业中，有 10 万余名是来自印度尼西亚、尼泊尔等地的外籍工人，外籍劳工占劳工总数的比率高达 65%。文莱本地劳动人口的就业意向与私人企业多元化的用人标准严重错位。究其根本，这与当地的就业观念、人才培养不够合理有关。文莱高等教育阶段学习科学技术专业的学生少，截至 2017 年文莱的职业技术学校仅 9 所，公立学校职业技校生为 3707 人次，大学生有 10211 人；私立学校职业技校生 1151 人次，大学生有 1816 人[21]。本地劳动力和专业技术人才的缺乏阻碍了中国企业参与投资文莱的基础设施建设。而文莱对于外国人在文莱务工要求要有工作准证。如果企业未经许可招聘外来员工，将会受到 10000 文元的罚款或者是半年至三年的监禁[21]。

（2）劳动时间

在文莱每天正常的工作时间为 8 小时，在法定节假日工作，或者每天工作时长超过 8 小时，都算为加班时间。尽管，文莱实施的法律中并没有对文莱的加班时薪进行明确的规定，但文莱员工普遍抵触加班，因此，加班成本也会随之抬升。同样，文莱有众多的法定节假日，在每周五中午 12 点到下午 2 点，穆斯林必须去教堂祈祷，外国企业没有权力剥夺其祈祷的权利。

（3）劳动成本

除工资外，所有雇主和雇员各按雇员工资的 5％向"文莱雇员准备基金"缴费，并各按雇员工资的 3.5％向"补充贡献养老金"缴费。雇主还必须向雇员支付保险和医疗体检费。企业支付员工的工资最晚不能超过当月 10 日，如果延期，雇主可能会受到一定数额的罚款。若雇主无法支付工人工资，甚至将面临监禁[21]。

附表 8-4 为文莱最低工资水平。再结合文元对人民币 1∶5.1829 的汇率来看（截止时间 2019 年 11 月 3 日），中国企业在文莱所要承担的劳务费用较高。

附表 8-4　文莱最低工资水平

工种	计酬时间单位	基本工资（文元）
半熟练技工	天	25
熟练技工	天	60
会计	月	1500
打字员	月	600
秘书	月	1400
仓库管理员	月	1000
机械操作员	月	2000

续附表8-4

工种	计酬时间单位	基本工资(文元)
工厂维修技工	月	1500
专业技术人员	月	2500
质检员	月	1500
一般劳工	月	600

4.1.2　当地政府部门工作效率低

文莱人的安逸生活方式和节奏缓慢是其普遍的社会现象。文莱的节日较多,除了每周的双休日之外,其法定假期还有1月1号的元旦节,2月3号的国庆节,4月6号的回历新年,5月31号的文莱皇家武装部队庆祝节,回历6月15号的默罕默德诞辰日,7月5号苏丹的华诞等节日,从而使得其政府的有效工作时间较短;另外政府基础设施项目都要求招投标,并获取各种许可证,其法律和审批程序耗时较多。

4.1.3　宗教文化与风俗习惯问题

在宗教问题上,文莱为东南亚唯一的一个政教合一的伊斯兰国家,文莱苏丹既是政府首脑又是宗教精神领袖。尽管大部分中国员工并不信仰宗教,但也一定要记住,在文莱禁止传播任何宗教活动或者宗教信仰,禁止在社交媒体上,如微博、朋友圈等传播对于伊斯兰教的看法及评论。有些可能会涉及宗教的特定词汇都要避免,无论是在口头上还是书面上。《伊斯兰刑法》实行分段实施,这就说明,在刑法逐渐普及的过程中,一定会有很多问题出现,这些都会对中国企业在文莱的投资贸易、经济文化活动产生影响,加大了文莱吸引国外资本和人才的难度,为中国企业在文莱投资增加了不稳定因素。

在风俗习惯上,每个国家都有自己独特的风俗习惯,文莱也不例外。作为一个宗教国家,文莱有很多国人或者外来务工人员需要注意的风俗习惯。如在参观当地的清真寺或者进入当地人家中做客时,一定要事先脱下鞋子以表示尊重;不要用自己的食指去指别人,而要四指成拳,拇指紧贴在食指上;也不能去摸小孩子的头,这种在中国被视作友好的举动,在文莱却被认为会带来厄运。作为一个伊斯兰国家,文莱忌吃猪肉,禁止黄赌毒,同时还禁酒，旅客入境只能带275毫升酒自用，公众场合是禁止喝酒的。在文莱左手被认为是不纯洁的，因此在与别人握手或者是递东西时，要用右手。文莱皇室的代表色为黄色，因此，如果要进出文莱皇室，不要身着黄色的衣服等。

4.1.4　成本回收难，投资风险大

一方面，基础设施本身就有资金投入大、建设周期长、成本回收期长、直接受益少、多为间接受益的特点。境外投资项目启动，资金是关键。基础设施建设需要很高的初始资金投入，而资金的回收也需要一个足够长的周期。在一个项目建成后，投入运营才能获得收入，但是由于建设成本很高，企业很难在短期内收回成本，这将使企业再无足够资金投入下一个项目。中国企业境外投资筹集资金方式单一，很少能获得境外银行贷款支持，而国内银行贷款意愿不高，即使在有资产抵押的情况下，贷款利率也会较高，这在无形中加大了中国企业的投资成本和风险。

另一方面，文莱的国家经济实力及国民消费能力有限。在文莱投资，规模小无法抗御风险，规模大短期内难以回收投资成本。文莱政府行政办事程序复杂、各种经营证照办理手续烦琐，整个国民服务企业意识不强，无形中加大了企业管理成本，影响经济增长；过高的社会福利及薪酬又增加了企业经营成本；同时对投资者的权利保障不足，规章制度并不完善，加上对自主经营约束较多、配套设施增加缓慢，给企业投资经营带来极大的困难。在市场规模投资有限的条件下，科技含量不高、经济实力不强的企业很难投资成功。

文莱的财政收入绝大部分依靠石油和天然气，近几年受国际油价下滑影响，文莱财政收入大幅下降，经济增长乏力，甚至出现负数。文莱的财政收入长期依赖石油和天然气，使文莱人习惯了衣食无忧的生活，过度的支出和超前的享受，致使近三分之一的家庭需靠借贷来支付正常开销，一半的家庭没有银行储蓄。文莱贫富不均，差距较大。在这样的情况下，中国企业直接投资或与文莱政府合作投资大型项目，能否及时收回投资成本和投资收益，将是投资者不得不考虑的问题。

4.1.5　存在政治风险

目前国际形势瞬息万变，尽管中文一直保持着较为良好的关系，但是，

国际政局的走势以及南海事件将会影响到两国油气资源的共同开发。目前,文莱在中国和美国之间保持公正和中立,符合中文两国的国家利益,而在文莱国内,其政策导向、皇室的最新动态都可能对企业经营规划造成极大的影响,投资者应该综合考虑这些政治因素可能带来的风险。

4.2 相关对策建议

我国的经济实力日益增强,使得中国在全球基础设施建设行业占据了突出的位置,中国企业积极促进文莱实现经济多元化,两国合作有能力建设好重点合作项目,但在文莱投资应未雨绸缪,采取以下措施防范投资风险。

4.2.1 针对劳务合作问题

中国投资者在文莱进行基础设施投资时要面对劳动力紧缺的问题,外籍劳工在文务工,需要向文莱劳工局提前申请工作准证,需要中国企业提前向有关方面申请劳动配额。为了进入的劳工人员不影响文莱本地人的生活习惯和价值观,文莱政府实行一事一批或个案处理的办法;文莱政府规定劳动者的年龄不能超过 55 岁。投资者需要提前关注文莱的劳工政策,根据投资项目和投资企业需求提前申请工作准证和具体工作岗位,与文莱劳工部门做好对接,招聘东南亚、南亚劳动力成本较低的劳工进行技术培训;遇到麻烦,企业可以查询法律,或参照中方与文莱签订的双向投资保护协定,如《促进贸易、投资和经济合作谅解备忘录》,同时也可以向中国驻文莱使馆求助,寻求正确的渠道解决问题。

4.2.2 针对当地政府部门工作效率较低

中国企业应制订出具有前瞻性的投资计划,并事先部署好行政审批的各项工作,将相关手续证件办理齐全,同时也要把政府公关工作做到位,加强和各个环节审批人员的交流沟通,增进相互了解,努力提升各项审批工作的可预期性。在投资基础设施时,一是依照项目管理承包(PMC)模式聘请一家有实力的项目承包商,对项目全过程进行集成化管理。具体项目包括施工、设备采购以及对分包商的管理,均由施工承包商负责。二是选择其国内服务意识强的中介机构和著名的法律工作者,作为前期介入文莱基础设施投资的前哨,由他们与文莱当地政府沟通,以规避投资文莱基础设施不利的市场经营环境。

由于文莱产业基础薄弱,经济结构单一,因此在评估、审查外资项目时缺乏一套完整的投资标准,往往倾向于参照西方发达国家的标准体系,在某些领域,一定程度上与中国的投资标准、产业标准、管理标准及管理规范都有偏差。如项目验收标准、交通运输术语,电子口岸管理,海关、检验检疫的标准和程序,海关和检验检疫互认,"单一窗口"和"一站式通关"等投资便捷化措施不能实现无缝对接,这些都将极大地影响项目的实施以及交付。因此,针对产业标准对接问题,中国企业需要做一定程度上的改变,这样才能更好地通过政府部门的审核,推进项目进展。

4.2.3　针对宗教文化及风俗习惯的问题

伊斯兰教是文莱的国教,富有独特的宗教文化和风俗习惯。中国公民在文莱投资应尽量做到入乡随俗,尊重当地的风俗习惯和相关约定,例如斋月期间有许多禁忌与中国的风俗习惯迥异,因此,中国人在文莱投资、经商及务工要注意文莱禁忌,减少误会,避免因文化和习惯差异造成的不必要的纠纷和冲突。中国企业也有义务去开展教育培训大会,告知中国员工及外国雇员一些宗教常识和禁忌事项。

4.2.4　针对成本回收难,投资风险大的问题

(1) 完善投资策略,积极探索投资合作新方式

① 根据文莱国内需求及优势产业,结合自身条件,选准投资方向、投资重点,重点领域采取循序渐进方式,稳扎稳打,开展先行先试;选择文莱国内有实力、信誉好、有一定影响力的合作伙伴,这对在文莱投资经营非常重要。投资时要详细了解合作伙伴的资质、信用记录,为企业的投资做足功夫,保证投资成功。

② 与当地政府合作,实行投资园区管理新模式,借鉴中国投资巴基斯坦瓜达尔港口园区投资模式,争取文莱政府为经济长远发展设立投资基金,建设各类园区配套的基础设施,并利用文莱吸引外资的各种优惠政策,在石油开采、加工及海产品加工等优势领域进行实体投资,多种方式回收投资成本和收益。发挥国有企业的稳定性和民营企业的灵活性,探索项目混合所有制形式,积极探索国有企业与当地企业合作投资新模式,在合作的基础上努力争取到当地更多的政府与社会资源。这样可在一定程度上提高资源的利用效率,有助于减轻中国企业在文莱投资合作的阻力。

(2) 采取灵活多样的融资模式

在文莱进行基础设施投资时,应寻求多方资金支持。一是可以利用文莱与西方国家的良好关系,寻求亚洲开发银行、世界银行等国际金融机构的资金支持;二是通过亚投行等融资平台,争取中国政府对"一带一路"沿线国家基础设施投资的政策性资助;三是运用BOT(建—营—移)、PPP(公私合营)、ABS(资产证券化)等模式,以此来解决投融资及成本、利润回收难题。

(3) 分散风险

中国企业还可以利用保险、银行等金融机构所展开的业务来有效分散在文莱投资基础设施建设的风险,保障自身利益,如信用保险、财产保险、银行的保理业务以及一些担保业务。在此方面,企业可以优先考虑选择由国家出资成立,支持保护本土企业对外开展投资活动的中国出口信用公司。该公司为国有保险公司,业务面较广,能满足企业的较多需求,更是唯一一家政策性的出口信用保险业务的机构,其公信力、稳定性也是值得企业信赖的。

4.2.5 针对政治风险问题

在政府层面,需要提升中国政府与文莱的政治互信,双方政府之间要建立更加完善的多领域、多层次、多类型的互联机制。如举办高层互访和领导人会议,建立定期磋商机制以及开展一些次区域性的合作。在中文焦点问题上需要双方及时沟通和交流,加强相互了解与信任。同时,可以协商签订或完善相关双向投资协议,方便中国企业在文莱基础设施建设的顺利开展。

在企业层面,需要中国企业密切关注国际局势的变化,关注政治导向。同样,中国企业需要与文莱有关政府部门打理好关系,关心政府人员的调整,了解皇室的最新动态,以及最新的经济政策。与执法人员保持良好关系,在遇到不合理情况时,切莫与执法人员发生冲突,可以找律师或是当地的华人社团帮忙处理,或是向中国驻文莱大使馆寻求帮助。

4.2.6 其他建议

(1) 做好宣传及增信工作

增进双方文化交流,以文化来促进相互交流、相互了解,最后达到相互理解、相互融合。在文莱投资的中国企业需要对中国人员进行多方面培训，树立中国人诚信、有礼、包容的形象。同时可把中国的传统文化带入文莱，在传统文化的基础上，增进彼此之间的相互信任，通过文化合作，来促进经济合作。如中国恒逸公司定期举办双方会谈，听取当地民众的诉求，参与盛大的龙舟赛活动，积极融入当地民众的生活，不仅为自己赢得了良好的声誉，增进了当地人对中国企业的好感，同时也有利于项目的推进。

(2) 履行社会责任，实现互利共赢

一是保护当地生态环境，充分考虑当地民众的利益诉求。文莱政府对森林实行禁采，限制生态性旅游开发。文莱经济社会发展主要依赖油气资源输出，但其非常重视经济社会发展对生态环境的影响。中国企业应寻求环境保护绩效、履行社会责任绩效与投资回收效益的结合点，实现共同发展。在这方面，中国电力建设股份有限公司承建的乌鲁都东水坝项目就很好地做到了对当地环境的保护。其在施工现场配备洒水车，防止扬尘对空气的污染，对施工以及员工在工程期间产生的垃圾进行了处理，不破坏当地生态。同时，严禁员工进入原生态的雨林区捕猎、砍伐树木、在河水中游泳等，这些举动受到了文莱和政府民众的一致好评。

二是开展属地化经营，落实就业保障。文莱政府吸引外资投资基础设施的目的就是促进本国经济发展，增加就业岗位，提高国民就业收入。这就要求我们的企业在投资时，应尽量与当地企业合作，实行属地采购，壮大当地企业规模；培养当地的管理和技术人才，在同工同酬的前提下侧重雇用当地员工，在条件允许的情况下可以适当地进行对当地民众的助学募捐活动。

三是中国企业要严格守法，坚决抵制受贿行贿的腐败行为。

(3) 重视当地华人社团的作用

目前，华人占文莱总人口的10%左右，主要为客家人和潮州人。而且，当地华人社团众多，在当地有着较大的影响力，如华人春节被定为文莱法定节假日。文莱比较有影响力的华人社团组织有如下几个：

地缘性社团：马来奕琼侨公会、马来奕福州公会、客属公会、琼州公会、广惠肇公会、大埔同乡会、福建会馆。

业缘性社团：斯市中华商会、马诗中华商会、文莱建筑商公会学缘性社团、文莱留台同学会、汶中校友会、中正校友会宗教团体等。在文华人与马来人关系较为融洽，如果能够有效地利用华人社团的作用，能够使企业的发展顺利许多[40]。

综上所述，投资文莱基础设施从根本上符合两国的利益，但在具体实施时既要考虑经济因素，又要考虑政治因素，配合中国政府“一带一路”倡议的大方向，投资者要预测投资合作风险，做好前瞻性规划，通过战略对策对接，加强合作，实现共赢。

参考文献

[1] 中国共产党新闻网.弘扬人民友谊共创美好未来——习近平在纳扎尔巴耶夫大学的演讲[EB/OL].[2013-09-09].http://cpc.people.com.cn/n/2013/0908/c64094-22843712.html.

[2] 刘威，崔玮祎.澎湃际[DB/OL].[2018-11-18].http://www.thepaper.cn/newsDetail_forward_2646778.

[3] 李岩.和平之邦文莱的市场机会[J].环球市场，2008(10)：36-37.

[4] 张军红.文莱，袁平的一带一路投资样本[J].经济，2017(9)：1-3.

[5] 黄瑛，罗传钰，黄琴.文莱经济社会发展与“一带一路”建设的互动分析[J].东南亚纵横，2015(11)：15-19.

[6] 宗会明，郑丽丽.“一带一路”背景下中国与东南亚国家贸易格局分析[J].经济地理，2017，37(8)：1-9.

[7] 邓佩颖.我国对文莱投资的法律风险研究[J].法制博览，2018(11)：29-31.

[8] 钟税针.中国与文莱双边贸易合作发展的提升路径研究[J].现代商业，2017(10)：33-35.

[9] 马静，马金案.文莱：2018 年回顾与 2019 年展望[J].东南亚纵横，2019(1)：23-28.

[10] 姜巍.“一带一路”沿线基础设施投资建设与中国的策略选择[J].国际贸易论坛，2017(3)：71-79.

[11] 蔡彤娟，郭小静.从 TPP 到 CPTPP 分析中国面临的新挑战与对策

[J].全球治理,2019(2):5-16.

[12] 刘畅.中国始终坚持双赢多赢共赢,坚持共商共建共享——为各国共同繁荣增添强劲动力[N].解放军报,2018-11-24(3).

[13] SHAHIF S, IDRIS D R, LUPAT A, et al. Knowledge and attitude towards mental illness among primary healthcare nurses in Brunei: A cross-sectional study[J]. Asian journal of psychiatry, 2019,45:33-37.

[14] YUSRITA Z. Negotiated ethical responsibility: Bruneian nurses' ethical concerns in nursing practice[J]. Nursing ethics, 2019, 26:756.

[15] HAZIQ A M M, APOSTOLOS L, DAVID B, et al. A novel plasmid-mediated polymyxin resistance determinant (mcr-1.8) in Escherichia coli recovered from broiler chickens in Brunei Darussalam[J]. The Journal of Antimicrobial Chemotherapy,2019,74(11):3392-3394.

[16] RAHMAN S K. Jawi in Malay language education in Brunei Darussalam: A review of empirical research [J]. International journal of humanities and social science,2017,7(5):162-169.

[17] AHAD A D, ANSHARI M, RAZZAQ A. Domestication of smartphones among adolescents in Brunei Darussalam[J]. International journal of cyber behavior, psychology and learning,2017,7(4):26-39.

[18] MICHAEL B. The effect of competition law on Brunei's small and medium enterprises. [DB/OL].[2013-03]. https://www.researchgate.net/publication/318877420_The_Effect_of_Competition_Law_on_Brunei%27s_Small_and_Medium_Enterprises.

[19] 商务部.走出去公共台[DB/OL].[2019-03-38].http://fec.mofcom.gov.cn/article/gbdqzn/#.

[20] 商务部国际贸易经济合作研究院,中国驻文莱大使馆经济商务参赞处,商务部对外投资和经济合作司.对外投资合作国别地区指南——文莱 2017 版[R/OL].[2017-12-28]. http://fec.mofcom.gov.cn/article/gbdqzn/#.

[21] 商务部国际贸易经济合作研究院,中国驻文莱大使馆经济商务参赞处,商务部对外投资和经济合作司.对外投资合作国别地区指南——文莱 2018 版[R/OL].[2019-01-29]. https://www.rdi.org.cn/article/1276.html.

[22] 百度百科.文莱国际机场[DB/OL].[2019-08-14]. https://baike.baidu.com/item/%E6%96%87%E8%8E%B1%E5%9B%BD%E9%99%85%E6%9C%BA%E5%9C%BA/6523386?fr=aladdin.

[23] 商务部.文莱摩拉港集装码头预计将于 2016 年完成扩建[EB/OL].[2014-09-25].https://m.hexun.com/news/2014-09-25/168855220.html.

[24] 梁励.葫芦岛钢管厂:文莱"先锋产业"计划下第一家钢管企业[EB/OL].[2017-10-23]. https://dwz.cn/xXlBTdJ1?u=f2b2dd0aa3a54a99.

[25] 能源界.文莱进入绿色科技的新时代[EB/OL].[2018-06-06].http://www.nengyuanjie.net/article/10172.html.

[26] 东南亚圈.文莱首座跨海大桥——大摩拉岛大桥[EB/OL].[2018-06-04].http://m.sohu.com/a/234057319_99934379.

[27] 香港登尼特第三事业部.中国与文莱正式启动油气开采合作[EB/OL].[2018-09-04].http://www.tannet.net/tannet/111/3621.

[28] 人民湖北.我们也有了引以为豪的大坝[EB/OL].[2018-12-13].https://rn.mbd.baidu.com/7kcjtar?f=cp&u=9d61ccdfe74c5afe.

[29] 人民湖北.葫芦岛钢管厂:文莱"先锋产业"计划下的第一家钢管企业[EB/OL].[2017-10-23].http://m.sohu.com/a/199947119_750572.

[30] 刘威,崔玮祎.中国与文莱互利合作推动双边贸易快速增长[EB/OL].[2018-11-18]. https://www.thepaper.cn/newsDetail_forward_2646778.

[31] coowor.com.2018 年中国对外进出口贸易主要 40 个国家和地区数据分析[DB/OL].[2019-05-22]. https://www.coowor.com/news/view/20190522161213JLHO.html.

[32] 杨国英.重磅!四年贸易额增至 100 亿美元,"柬铁"到底是怎么样炼成的?[EB/OL].[2019-01-22]. http://www.sohu.com/a/

290785899_389570.
[33] 宋小宝.2012—2018 年中国从老挝进出口商品总值统计[EB/OL].[2019-02-23].https://www.huaon.com/story/405719.
[34] 浩文.2018 年中国对柬埔寨投资 36 亿美元[EB/OL].[2019-01-22].http://www.sohu.com/a/290805708_99978839.
[35] 智易天安投资.中国对泰国直接投资发展迅速[EB/OL].[2017-11-13].http://m.sohu.com/a/204160028_99918933.
[36] 大公网.中国对新加坡非金融直接投资 277 亿[EB/OL].[2019-02-12].http://www.takungpao.com/news/232108/2019/0212/246035. html.
[37] 黄忠世.越南与中国的双边贸易额达 1060 亿美元.中国-东盟博览会[EB/OL].[2019-03-21].http://www.caexpo.org/html/2019/info_0321/233099.html.
[38] 黄晓明.排斥中国投资后,印度尼西亚总统候选人称已赢得过半选票?结果打脸[EB/OL].[2019-04-19].http://www.360kuai.com/pc/99f2a959b22756a53? cota=3&sign=360_57c3bbd1&refer_scene=so_1.
[39] 北部湾发布.中国对东盟五国的投资呈现四大特点[EB/OL].[2017-12-31].https://www.sohu.com/a/213935128_732289.
[40] 百度百科.文莱华人[EB/OL].[2019-08-29].https://baike. baidu.com/item/%E6%96%87%E8%8E%B1%E5%8D%8E%E4%BA%BA/8550131? fr=aladdin.

附录9　中国企业投资菲律宾基础设施建设探讨

1　引言

1.1　选题背景与意义

“一带一路”建设是全新的理念，各方本着广泛协商、共同贡献、共享利益的原则，加强合作，共同建设，这样分歧也就会得到解决。据中方统计，截至2017年7月底，中国企业在菲承包工程总额为190.4亿美元，营业额为139.8亿美元。2017年1—7月，合同金额22.9亿美元，增长263%；成交额8.2亿美元，增长59.8%。近年来，我国对菲律宾的投资份额呈飞速增长趋势。2018年菲律宾通过了营商便利法案以及对投资提供竞争履历的激励政策，包括精简程序、所得税免税期、原料免税进口、简化清关程序等。同时，菲律宾与中国政府签署了《中菲经济合作发展规划》，菲方期待在铁路、电站等基础设施领域与中方加强合作，以期减少贫困。截至2018年，中方已投资建设渗水网箱养殖基地、Panay-Guimaras-Negros桥梁项目、达沃市高速公路项目以及合资电信运营商等近百亿的基础设施项目。然而，我国政府不断加大对菲律宾的合作时，我国企业对于菲律宾的投资额度仍然维持一个相对低的数额。因此，要从菲律宾的实际情况来突破，找出存在的问题，并提出相应的解决措施对加快中国-菲律宾互联互通建设进程具有重要意义。

1.2　文献综述

1.2.1　国内文献综述

在杜特尔特上任后，国内学者聚焦在杜特尔特总统任期内政策分析，包括杜特尔特的经济学、基础设施建设纲要以及菲律宾对“一带一路”的贡献与帮助。然而，这些研究很多都是从东盟的角度出发，从东盟的大视角来谈论菲律宾的基础设施建设，并没有结合菲律宾的实际特殊地理环境以及其特殊的殖民历史来分析中国企业到菲律宾投资基础设施建设的成因。如赵姝岚(2018)[1]、王勤(2018)[2]、金瑞庭(2016)[3]等学者都是通过从整个东盟的角度来研究我国与东盟国家的双边贸易以及政策解释，还有从经济形势来说明我国与东盟国家的合作关系，并估计未来东盟各国政治、经济形势走向。但是对于与菲律宾的基础设施建设合作并没有大面积地提及，而且上述学者更偏向于研究贸易往来，对于菲律宾的基础设施建设只是一笔带过，并没有详细深入地介绍菲律宾的基础设施投资环境。贾康(2014)[4]、邱敏(2019)[5]、王润泉(2018)[6]、姚景涔(2019)[7]等都给出了PPP模式的发展以及基础设施建设的具体建议，但都仅限于方法指导，并没有实际联系某一地区、某区域进行确切的分析归纳，很少对企业在具体国家基础设施投资进行研究。崔艳、樊琳琳(2019)[8]分析了大型交通基础设施项目PPP模式投融资模式，研究了各种融资模式以及相应的特点，并探索了多种模式并行的可行性。裴小军、李旭蓉(2018)[9]研究了关于境外电力投资建设项目终止赔偿价值计算方法，研究了BOT境外电力投资终止的原因，以及购买方和销售方双方的损益，并给出相应的损失公式。盖轶婷、任青、刘贺(2018)[10]研究了老挝高速公路建设融资运作模式，从高速公路、海外PPP融资模式、BOT＋政府投资入股、横向一体化开发等对老挝基础设施建设进行分析。盖轶婷、尹莉俊、赵满(2018)[11]研究了非洲国家基础设施建设投融资，在“一带一路”的背景下非洲国家的融资渠道，并且提出了伊斯兰债券的特点，给跨国企业融资与投资提供了实证分析。

近年来，在双方的共同努力下，中菲关系迅速走出低谷。因此，两国在经贸、投资、旅游等各领域的合作也逐渐升温。这一转变，最重要的原因是从两国领导人的战略高度和长远角度出发，为两国关系的发展发挥主导作用。徐波霞和张峰(2018)[12]分析了菲律宾的财政因素，从宏观形势、行业发展、企业竞争力、投资环境等方面进行前景分析，给企业去菲律宾投资提供了基本的指导方案。丁子涵(2018)[13]就“一带一路”背景下中菲经贸关系的研究，提出中菲的签证制度会制约双方的发展，在文中作者有提到我国对菲律宾的投资，但是鲜有提及基础设施的具体投资建设，同时从菲律宾的挑战与机遇来说明中菲的经贸情况。唐玉浩、崔彬(2018)[14]就我国企业投资菲律宾矿业进行了前景分析，分析了有利因素和不利因素，但只分析了菲律宾基础设施建设的某一方面，没有从整体来分析整个基础设施建设的现状。

1.2.2 国外文献综述

国外对于跨国投资模式研究较多，但是对于具体国家的基础设施建设的研究仍不足。仅从跨国公司的投资研究并不能很好地反映出该国的具体情况、历史背景和政治走向，往往不能对实际操作给出具体的解决方案。现有的文献集中在 PPP 模式的跨国投资，并降低投资风险。H.W.Yin 等(2011)[15]在其文章中主要提及了 PPP 模式在跨国之间的应用。D.A. Hollar、W.Rasdorf(2013)[16]在其文章中通过将基础设施建设中的路桥建设项目管理、路桥初步工程、施工前服务、建设成本估算及桥梁预建，经过回归建模得出一般性的基础设施建设的数学模型。文章还介绍了一种模型，使管理人员能够就基础设施建设管理做出更好的决策。该模型准确估算了桥梁基础设施的初步工程成本项目，以便可以更好地规划未来的预算。E.D.L.van、M.L.Barry(2011)[17]在其文章中写到南非的基础设施建设问题在于南非的失业率高升，不能使劳动力得到充足的利用，并且失业率的高涨会导致社会剧烈动荡、犯罪率增高等一系列问题的出现，从而阻碍基础设施建设的推进。C.Amadi(2018)等[18]在其文章中重点关注发展中国家公私合作伙伴关系(PPP)项目利益相关方管理方面的内容的看法。其目的是从外部利益相关者的角度确定 PPP 项目成功的关键因素。利益相关者的看法对 PPP 项目的结果具有压倒性的影响。由于利益相关者的反对，一些 PPP 项目，特别是低收入和中等收入国家的 PPP 项目都失败了。这使得投资者必须了解外部利益相关者的作用以及如何通过不同的 PPP 项目阶段对其进行管理。虽然调查结果提供了改善利益相关者参与的洞察力，但研究范围存在局限性。该研究仅限于尼日利亚的两个关于公路运输部门的案例研究，对不同的地理区域、不同部门因有不同的文化背景而不能适用该研究。该研究还仅限于公路运输部门，其他部门的特点不适应。J.R.Warsen 等(2018)[19]着眼于 PPP 关系方面的作用，研究了信任和管理活动与 PPP 项目中的绩效和合作过程的关联程度。文章认为在 PPP 模式中，私人与政府之间信任度的提高可以使项目的绩效得到提升，指出在公共和私营伙伴之间具有较高信任度的 PPP 项目将以合作伙伴之间更好的合作为特征。L.M.Sastoque 等(2016)[20]和 L.Kumar 等(2018)[21]分别研究哥伦比亚和印度如何将 PPP 模式运用到基础设施建设中，并认为

PPP模式对于基础设施建设的项目成本、投资风险和财务分析均具有重要意义。

现有文献是关于中国企业在菲律宾投资现状、风险预测和有利因素等的分析，虽然这些研究也会提及基础设施建设，但还不够深入、全面，所以需对中国企业在菲律宾投资进行全面的分析。

2 中国企业投资菲律宾基础设施建设现状分析

2.1 菲律宾基础设施建设现状

菲律宾现有基础设施较为落后，其中能源问题比较突出，已经成为制约菲律宾城市经济发展的重要因素。除部分大型城市之外，菲律宾许多地区都被限制供电。除此之外，菲律宾在住房方面也有很大需求。在杜特尔特总统上任后，菲律宾国内经济政策转向发展国内基础设施建设，引领菲律宾快速步入工业化时代。在国家发展中，一个齐全的国家基础设施建设体系特别是在能源基础设施建设方面尤为必要。从地理因素看，菲律宾岛屿众多，国家面临着自然灾害频发等问题，因此社会对防洪、供水和灌溉等基础设施提出了更高的要求，由此，菲律宾政府需投入大量资金和人力来进行设施的重建与维护。旅游业作为菲律宾的重要经济支撑行业，客观上也要求政府提供完备的交通设施，例如机场、公路等设施，来满足世界各国游客的需求[12]。

(1) 公路铁路方面

根据菲律宾商务部给出的报告，马尼拉地区主要有四条正在修建的运输铁路。菲律宾政府计划将国家铁路网络在三年内扩展到1900千米，并将其作为经济刺激政策的核心。可以看出，现下菲律宾国内正在掀起一股基建热。

(2) 电力方面

菲律宾是东盟能源投资的新兴市场。因菲律宾国内人口呈现快速增长、产业链进一步完善、经济持续保持中高速增长等因素，导致国民电力需求日益增长，但电力设施的不完善，使得菲律宾的电力供需矛盾日益突出。除首都马尼拉、宿务及其他几大城市外，都实行严格的限电供应措施。根据2016年菲律宾相关数据统计，菲律宾电力装机缺口达到8000兆瓦以上[22]。在菲律宾的电力装机容量中，油电占20%、水电占19%、地热占12%、煤电占29%、天然气占20%。预计至2030年，菲律宾售电量将从2008年的55417兆瓦时增长至149067兆瓦时[22]。菲律宾电价总体偏高，处于全亚洲第二。

(3) 港口水运方面

作为千岛之国的菲律宾，海运和港口设施的重要性不言而喻。现有数据显示，菲律宾拥有水运总长3219千米，共有大小港口数百个，马尼拉、宿务、卡加延德奥罗、怡朗、三宝颜和达沃等是菲律宾最主要的六大对外港口，承担着全国近80%的港口交通。其中，马尼拉港是六大港口中最大的一个，年货物吞吐量约为1874万吨。80%的进口货物和15%的出口货物通过马尼拉港转运。马尼拉港的国际集装箱码头是亚洲五个效率最高的码头之一。菲律宾第二大港口位于宿务中部地区，主要作为国内水运枢纽，承担国内外的船运业务。

(4) 通信移动方面

从目前菲律宾的通信市场状况来看，截至2017年末，菲律宾手机用户的市场渗透率约为113%，国民电信用户3G及4G渗透率分别是53.5%和12.0%。由此看出，菲律宾国内电信行业的移动渗透率、平均速率等指标均低于东南亚平均水平，因此菲律宾国内的移动市场具有较大的增长空间。截至2017年末，据菲律宾国内电信部门的资料显示，菲律宾固话用户规模保持在310万户左右，而家庭渗透率则保持在13.0%；固网宽带用户数量达到了300万户，家庭渗透率达12.0%，但是这对于菲律宾的巨大人口来说是远远不够的。其中固定宽带速率保持在4.5 Mbps，仍然低于东南亚国家的平均水平；菲律宾国内的宽带电信中xDSL仍是最主要的宽带接入技术，光纤用户占比较低，国内宽带市场仍然具有较大的发展空间。

2018年1—11月，菲律宾的外国直接投资净额从2017年同期的94亿美元下降至91亿美元。股权投资主要投资于制造业，总额达10亿美元。其次是对房地产活动的投资(2.86亿美元)，对金融和保险活动的投资(2.659亿美元)，对艺术、娱乐的投资(1.884亿美元)和对电力、燃气、空调供应的投资(1.654亿美元)。

2.2 中国企业投资菲律宾基础设施建设现状

中国对菲律宾的基础设施投资仍处于初步阶段，相比于其他东盟国家来看，我国对菲律宾的直接投资存量位列第八位。随着中菲友好关系的不断加深，中国对菲律宾国内基础设施建设的投资也在不断增加。与2017年相比，2018年，中国在菲律宾基础设施建设上的投资增加了80多倍，总投资总额已达到487亿元。截至2016年6月底，据商务部统计，中国企业在菲律宾承包项目总额为152.6亿美元，其中营业额为119.5亿美元。中国也是菲律宾第三大投资伙伴，仅次于日本和东盟。截至2016年6月底，中国已向菲律宾直接投资8亿美元。中菲经济发展的巨大差距使两国经济发展形成了互补关系，也为两国未来的合作创造了更大的空间。2018年，中国在菲律宾援建了三座桥梁，直接投资菲律宾两家大型钢厂，并在能源、电力、港口、通信等领域与菲律宾开展投资合作。附表9-1列出了中国企业投资菲律宾基础设施的重大项目。

附表9-1　中国企业投资菲律宾基础设施重大项目

中国企业	项目名称	项目简介
辽宁宝来企业集团有限公司	菲律宾石油产业链	建设和运营石油下游项目，其中将包括零售网络、石油仓储码头、炼油厂项目等
河北钢铁集团和汇力（北京）投资基金管理有限公司	菲律宾棉兰老岛卡加延德奥罗市菲佛德克工业园钢铁厂	拟建成集港口、烧结、焦化、球团、炼铁、炼钢、轧制和深加工一体化的钢铁联合厂，铁钢配套生产规模约800万吨/年，总投资约44亿美元
大连万阳重工有限公司	卡纳塔克垃圾发电厂	规划每消耗4000～5000吨居民生活垃圾可产出近312兆瓦的电能
中国通信建设集团	大岷区监控网络建设	在大岷区和纳卯安装广泛的监控录像网络并提供200亿比索贷款协议
中国攀华集团有限公司	菲律宾东米萨米斯省（Misamis Oriental）综合性钢厂	投资35亿美元，在东米萨米斯省建设305万平方米的炼钢厂，包含港口、产能达1000万吨的炼钢厂、工业园区以及其他相关产业

续附表9-1

中国企业	项目名称	项目简介
中工国际工程股份有限公司	赤口河灌溉项目	合同金额 7304 万美元。该项目位于菲律宾东北部两个稻米主产区卡林加省与卡加延省之间，主要包括在赤口河右岸新建提升泵站、变电站、配套输电线路、隧洞及渠道等，项目工期 3 年
中国能源建设股份有限公司	利瓦大坝项目	菲律宾新百年水源计划的组成部分，拟建设一座 5700 万立方米的水库，向大马尼拉地区每日供应 6 亿升生活用水。项目资金采用中国进出口银行提供的优惠买方信贷
中国能源建设股份有限公司	克拉克工业园项目	园区占地约 500 万平方米，菲律宾政府的旗舰项目，也是中菲两国政府间产业园区合作规划纲要下的重点子项目之一
中国机械工业集团有限公司	北吕宋铁路一期二段	连接马洛洛斯市和克拉克市，全长 44 千米，共设 5 个车站，一个动车段
中建市政建设有限公司	吕宋中部高速公路第五包段-萨拉戈萨立交项目	项目位于菲律宾新怡诗夏省萨拉戈萨市，项目合同额 676860931.1 比索，折合人民币约为 8700 万元。项目工期 840 天

3 中国企业投资菲律宾基础设施建设存在的问题

3.1 菲律宾国内投资安全环境严峻

首先，菲律宾受恐怖袭击影响大。据国际和平与冲突智库统计，十多年来，菲律宾因恐怖袭击造成的死亡人数创历史新高，位居受恐怖主义影响最大的 10 个国家之列。同时在外媒发布的 2018 年全球恐怖主义指数中，菲律宾排名第十，比起 2017 年上升了两个名次。这使得我国在菲律宾的投资人员生命安全得不到保障。其次，菲律宾的地区治安同样令人担忧，据 2018 年 9 月菲律宾的社会气象站民意调查显示：61％的菲律宾家庭表示，在过去的六个月中，他们曾是抢劫、入室盗窃和身体暴力等常见犯罪的受害者。与此同时，菲律宾的医疗卫生安全同样引人担忧。世界卫生组织相关数据显示，仅 2018 年 1—11 月，菲律宾已报告 17298 例麻疹病例。基础设施的不完善、恐怖袭击的升级、社区治安的威胁等多方面因素制约着我国企业去菲律宾投资。

3.2 菲律宾国内禁毒形势依然严峻

菲律宾地形地貌复杂，国土面积由近 7000 个岛屿组成，因此就形成了其漫长的海岸线。特殊的地理样貌赋予了菲律宾毒品买卖以更大的方便。因为地形的天然优势，使得菲律宾成为东南亚的毒品聚集地和中转港口。菲律宾的毒品问题积累已久，从美国殖民时期到 20 世纪末政府的宽松监管政策，使得菲律宾国内毒品问题越积越大，导致毒品产业、毒品犯罪层出不穷，菲律宾一度成为东南亚毒品犯罪率最高的国家。积累已久的毒品问题、菲律宾政府官员的贪污腐败以及体制的不健全不断发酵着，持续影响着菲律宾国内经济社会的发展，使得国民身心健康和社会适应维度遭到了极大的影响。

3.3 域内外大国的政治博弈问题

投资基础设施建设涉及相关国家的征地与劳工雇用，而这些方面受当地政局变化影响。企业大规模的基础设施建设面临巨大的征地问题，若征地事宜处理不当会导致两国族群之间发生冲突，进而波及两国政治稳定。除此之外，美国需要通过南海问题来牵制中国发展。在杜特尔特上台后，菲律宾以杜特尔特的经济措施来发展其基础设施建设，这时中国提出搁置争议、共同开发的倡议，最终，中菲双方这项举措使得官方达成共识，也促使中菲进一步扩大贸易往来和相互投资，但是在民间仍然有反对势力在活动，他们指责杜特尔特政府弱化问题，牺牲国家利益。在此背景下，给我国企业前往菲律宾投资埋下了许多不确定隐患，需要我们进一步的警惕。

3.4 两国金融体系存在差异，影响项目投资

在我国进一步转移产能的当下，菲律宾也提出了“大建特建”基础设施建设计划，大力吸引外资来增强自身建设，但是我国对菲律宾的投资数额仍不及其他国家。从国内资本项目开放情况来说，我国国家资本开放度不

及菲律宾。菲律宾国家本币在资本项目下可以自由兑换，但是中国本币在资本项目下可自由兑换还需要一段时间。在金融制度上，菲律宾实行浮动汇率制，并且在银行体系之外，允许自由买卖外汇，同时国家取消外汇管制。在菲律宾注册的外资企业可以在菲律宾开设外汇账目，用于进出口结算。除此之外，就外资银行参与菲律宾金融系统而言，其开放程度居亚洲新兴国家前列，因此其融资的可能性主要取决于公司资质、项目收益、风险评估等方面。相比之下，我国的金融制度方面就没有那么完备，开放程度低，法律管制比较严格，很多具体的资本项目合作无法进行。两国金融制度上存在着差异直接影响和制约着两国的金融合作。

4　推进中国投资菲律宾基础设施建设的对策建议

4.1　针对地区安全投资严峻

4.1.1　标本兼治，求同存异

政府要多方面着手，注重标本兼治。在经济方面，积极支持菲律宾政府改善国内贫困人口的生活状况，为菲律宾民众创造就业机会，改善民生，促进社会稳定。在社会方面，中国政府应积极向中国企业宣传反恐知识与应对措施，并联合菲律宾政府持续加强商场、学校等公共场所的治安保护以及安全设施建设，积极推动反恐硬件设施建设与升级。在文化上，倡导多民族在不同区域要和平共处、求同存异、友爱互助，宣扬正确的多元民族价值观念，并且加强与菲律宾的文化交流与合作，实现各民族的共同繁荣、共同发展。

4.1.2　做好地区安全评估，提前做好风险防控

投资企业应在投资前对该地区进行详细的地方安全评估。由于企业自身对于风险的把控性较弱，因此，企业有必要求助于当地政府或者招收一些更为专业的人员，来进一步规避投资的风险。与此同时，企业在进行投资的同时，要收集好当地的资料，对整个投资项目进行精确、全面的风险评估，然后再根据风险进行下一步的投资。企业也应该提高自身的风险防控机制，不仅要重视职工应对风险意识的培训，提高风险防控的能力，还要建立相应的风险管理体系，降低风险，熟练运用相关的技术手段来准确识

别可能存在的风险，最大程度保证企业的财产安全。同时设置预警机制，甄别可能引发风险的因素，尽全力将风险降到最低，尽力保障企业员工的生命与财产安全。

4.2 针对域内外大国的政治博弈问题

4.2.1 加强政治对话，协调两国的政治立场和共同利益

南海问题一直是中菲合作的巨大障碍。然而，2016 年 10 月杜特尔特总统访华期间，两国领导人就妥善处理南海问题达成共识。双方希望早日达成《南海行为准则》，并准备建立双边磋商机制，使沟通顺利进行，将争端可以得到妥善解决。这也使得南海问题可以得到暂时稳定，两国可以专心于经济合作。首要的一点，两国政策的沟通是我们政府合作的保障。进一步加强两国政府之间长期有效的合作，积极寻求构建多层次、多维度、从政府到民间的政府政策交流平台，也是中菲两国在双边合作上的重要保障。在未来两国合作之中，双方政府应该尽量考虑到自身政策对彼此的影响，让菲律宾分享中国发展的红利。中国在积极合作的同时，也要警惕风险。我们应该警惕菲律宾与中国博弈、利用中美政治博弈谋取额外利益的外交策略。中国应该把合作的主动权掌握在自己手中。

4.2.2 坚持原则，提高产品质量，拓展不同市场应对风险

中国企业要坚持将质量把控放在管理的第一位，维护中国企业在菲律宾的声誉。中国企业要有长久的战略目光，做到在基础设施建设过程中不出现偷工减料等欺诈行为。只有中国的工程在价格、质量上都有竞争力，才能逐步扩大对菲律宾的投资规模和拓展投资领域。这样，在重大的政治危机面前，企业才能做到急流勇退，受到更多群众的认可。

4.3 针对两国金融体系存在差异影响项目投资问题

4.3.1 进一步推动人民币国际化，发展中菲货币直接结算体系

进一步推动人民币国际化，有助于推进我国在东南亚投资。同时推动与东盟的直接经贸合作，促进我国与东盟的经济发展，对于进出口以及跨境投资也十分重要。人民币国际化能够减少因使用第三方货币而带来的汇率波动风险，为交易提供便利并减少交易成本。同时，加强和深化中菲双边经济合作，加强两国之间的金融合作是当前我国对于菲律宾投资的主

要任务，同时也是推动两国金融合作的重要路径。因此，需要升级以往的经济贸易合作来提高双方的经济一体化水平。这样，两国才能在金融领域更上一个层次。同时，双方应加强金融交流与协作，通过交流协作来拓宽双方的贸易路径，增强彼此的互信度，深化双方融投资改革，为彼此寻找下一个发展路径奠定基础。货币结算是金融协作的重要组成部分，完善结算机制，可以节约双方的交易成本，因此，发展双方的货币直接结算显得十分重要。

4.3.2　建立规范金融制度，加强合作与监管

为防范投资风险，使企业免于大量损失，政府应当采取将可能发生的风险、预期可能产生的损失，以及相应产生的各方面后果进行转移的措施。同时，"风险转移"以及"风险对冲"策略在实践中能够起到一定的分担风险的作用，以防范企业投资风险。我国政府应该为一些可靠的投资企业的资金安全做好预防措施。同时中菲两国应积极拓宽金融合作，建立金融市场协作的规范与防范机制。中菲两国可发行中菲双边本币债券，为双方企业提供资金融通渠道，扩大融资途径，同时带动双方经济合作。在加强建立双方金融制度的同时，也要加强双方金融市场监管，防止金融债务危机的发生。

综上所述，中国与菲律宾的关系是影响两国发展的重要制约因素。中国企业投资菲律宾基础设施建设是两国发展的必然要求，在我国进一步深化改革、推动企业进一步走出国门的背景下，这对于两国都是一个巨大的契机。两国在有争议的问题上，应该搁置争议，共同开发；两国民间应该互有往来，促进中菲友谊持续有效的发展。同时，两国应该大力打击恐怖势力，这是对菲律宾国内民众生命安全的基本保障，也是一个安全、可靠的投资环境的必然要求。

参考文献

[1]　赵姝岚.2017年东南亚形势发展综述[J].东南亚南亚研究，2018(1)：11-23.

[2]　王勤.2017—2018年东盟经济形势：回顾与展望[J].东南亚纵横，2018(2)：22-27.

[3] 金瑞庭.我国与东盟五国经贸合作现状、问题及对策建议[J].中国物价,2016(7):32-34.

[4] 贾康,孙洁,陈新平,等.PPP 机制创新:呼唤法治化契约制度建设——泉州刺桐大桥 BOT 项目调研报告[J].经济研究参考,2014(13):43-51.

[5] 邱敏.BOT 项目融资方式及其风险分析[J].中国集体经济,2019(3):99-100.

[6] 王润泉.我国 PPP 模式的演进发展历程[J].农业发展与金融,2018(12):42-45.

[7] 姚景涥,丁崇泰.PPP 支持"一带一路"基础设施建设的建议[N].中国财经报,2019-02-21(5).

[8] 崔艳,樊琳琳.大型交通基础设施项目 PPP 模式投融资模式分析[J].公路交通科技(应用技术版),2019,15(1):31-33.

[9] 裴小军,李旭蓉.境外电力投资建设项目终止赔偿价值计算方法探究——以境外 BOT 电站项目终止为例[J].中国农业会计,2018(11):54-58.

[10] 盖铁婷,任青,刘贺.老挝高速公路建设融资运作模式分析[J].交通企业管理,2018,33(5):9-11.

[11] 盖铁婷,尹莉俊,赵满."一带一路"倡议下非洲国家基础建设投融资研究[J].交通企业管理,2018,33(6):1-4.

[12] 徐波霞,张峰.PPP 模式下中国参与菲律宾基础设施建设前景分析[J].时代金融,2018(30):208-211.

[13] 丁子涵."一带一路"背景下中菲经贸关系分析[J].合作经济与科技,2018(1):66-68.

[14] 唐玉浩,崔彬.菲律宾矿业及相关产业投资前景分析[J].中国矿业,2018,27(8):56-61.

[15] YIN H W, WANG L L, MA M M. Study on the risk management of PPP model in infrastructure construction[A]//IEEE, 2011:1-4.

[16] HOLLAR D A, RASDORF W. Predictive modeling for

transportation infrastructure preconstruction costs [J]. Public works management & policy, 2013,18(4):23-25.

[17] VAN D L E, BARRY M L. The expanded public works infrastructure programme: Lessons learned in transferring technical skills to unskilled workers within the South African construction industry[A]//IEEE, 2011: 1-8.

[18] AMADI C, CARRILLO P, TUULI M. Stakeholder management in PPP projects: External stakeholders' perspective [J]. Built environment project and asset management, 2018,8(4):403-414.

[19] WARSEN J R, KOPPENJAN. What makes public-private partnerships work[J]. Public management review, 2018,20(8).

[20] SASTOQUE L M, ARBOLEDA C A, JOSEZ J L. A Proposal for risk allocation in social infrastructure projects applying PPP in Colombia[J]. Procedia engineering, 2016:145.

[21] KUMAR L, JINDAL A, VELAGA N R. Financial risk assessment and modelling of PPP based Indian highway infrastructure projects[J]. Transport policy, 2018(62):2-11.

[22] 赵志浩.中国企业开拓菲律宾电力市场机会分析[J].国际工程与劳务,2016(12):25-27.

[23] 戴永红,万里红.试析亚投行参与南亚国家基础设施建设[J].海外投资与出口信贷,2018(2):3-7.

附录10　中国企业投资新加坡基础设施建设探讨

1　引言

1.1　研究意义

对外投资对中国的经济发展有重要的推动作用，研究该领域对促进中国经济健康发展、推动“一带一路”建设有重要作用。新加坡作为发达国家，对世界经济发展做出了重要贡献并且有巨大影响力。新加坡是中国企业国际化过程中一个非常重要的平台，现在已有6500多家中国企业立足新加坡。并且，随着“一带一路”建设的推进和亚洲诸多基础设施项目的开启，新加坡正被打造成为亚洲基础设施的融资枢纽[1]。中国与新加坡双方需要彼此合作，抓住机遇，推动东盟国家“海上丝绸之路”建设。大湄公河次区域经济合作领导人第五次会议上通过的《区域投资框架执行计划》表明，中国与东盟的合作将侧重于基础设施建设。加大对东盟国家基础设施投资力度，势必会提高“一带一路”沿线的经济活跃度，这符合双方的共同利益和“一带一路”倡议根本目标[2]。研究中国企业投资新加坡基础设施建设，有利于中新双方经济共同发展，可以使中国企业了解当前投资中存在的问题，吸取发展中的经验教训，为新的投资做好客观分析，这对双方的长期发展有重要的推动作用。系统梳理和理性分析中国面临的这些问题与挑战，有利于了解当前中国对“一带一路”沿线国家直接投资的现状与发展潜力，引导中国企业及时把握对“一带一路”沿线国家的投资机遇，合理规避和控制对“一带一路”沿线国家直接投资的风险[3]。

1.2　文献综述

国内对中国进行海外投资方面的研究注重整体性、系统性，并且研究范围比较广泛，集中在某地区而非具体国家。如黎清霞、孙占玮等的研究主要侧重于新时期中国对外投资的机遇与风险分析。郑蕾(2015)从整体方面研究了中国投资的空间布局。杨飞虎、晏朝飞为“一带一路”下我国对外投资实施机制的研究做出了贡献。如郝睿(2015)、李春雷(2016)、崔守军(2017)等学者对中国企业投资非洲地区、东盟国家、大湄公河次区域国家、“一带一路”沿线国家、拉美地区等基础设施建设相关方面进行了研究[4]。从宏观方面来看，我国对中国企业对外投资的研究充分且全面，但是对于中国企业海外投资基础设施建设的具体问题研究较少。目前张协奎、苏彩虹(2018)[4]通过对中国企业投资柬埔寨基础设施建设投资的研究，比较具体地阐明了投资具体某一国家基础设施建设问题。由于新加坡基础设施发展水平高，中国企业投资新加坡基础设施在中国企业投资新加坡总体资金中占比较小，所以目前研究投资新加坡基础设施的文献较少。

国外学者对跨国投资方面的研究较为充分，日本学者吉田进、筑波昌之(2006)[5]从现状和动机两方面对投往日本的中国外资进行了具体分析。英国利兹大学商学院教授巴克利和沃斯(2006)采用了官方机构发布的中国对外投资数据(1979—2011年)，系统分析了中国的社会制度和政策对中国进行投资的影响。但是对投资某国有关基础设施方面的研究仍有待填补空白。

综上所述，目前学者对一国对外投资某一具体方面的研究较少，本文将结合之前的学术成果对中国企业投资新加坡基础设施遇到的问题做探讨，具体研究新加坡基础设施建设现状，为中国的投资提供进一步的解决方案。

2 新加坡基础设施现状

新加坡位于马来半岛南端、马六甲海峡出入口，北隔柔佛海峡与马来西亚相邻，南隔新加坡海峡与印度尼西亚相望。2016年新加坡总人口为560万人，其中华人占75%左右。新加坡是全球领先的金融中心之一，也是众多跨国公司的所在地，社会治安状况总体良好，是世界上犯罪率最低的国家之一。新加坡立足东盟，致力维护东盟团结与合作，推动东盟在地区事务中发挥更大作用；面向亚洲，注重发展与亚洲国家特别是中、日、韩等重要国家的合作关系；奉行“大国平衡”，主张在亚太建立美、中、日、印战略平衡格局；突出经济外交，积极推进贸易投资自由化。

新加坡自然资源匮乏，主要工业原料和生活必需品依赖进口。新加坡属外贸驱动型经济，高度依赖美国、日本、欧洲和周边市场。三大产业中，服务业是新加坡经济增长的龙头产业。农业方面，由于新加坡属城市经济国家，因此其农产品不能自给；工业方面，制造业和建筑业是新加坡经济发展的两大支柱；服务业方面，零售与批发贸易、饭店与旅游、交通与电信、金融服务和商业服务等均是其国民经济的支柱产业。新加坡有着优越的地理位置，位于马六甲海峡南口，北隔狭窄的柔佛海峡与马来西亚紧邻，是世界一流的海运和航空交通枢纽。新加坡拥有全球最繁忙的集装箱码头，并拥有完善的城市公共交通系统。新加坡的信息技术方面极其发达，宽带网络已覆盖全国，国际交流十分便利。只要有需要，在当地开展业务的公司就可以借助其发达的陆、海、空运输渠道及电信联系将货物和服务送达世界上任何地方。新加坡还拥有亚洲最广大的自由贸易协议网络。新加坡已与多个国家签署了自由贸易协议（FTAs）。通过降低关税和非关税壁垒，提供广泛的市场联系，方便企业进军国际市场。此外，新加坡还与相关国家签署了35项投资保障协议，这些保障协议有效降低了驻新加坡企业在其他国家的非商业投资的风险[6]。

2.1 公路现状

虽然新加坡的土地资源相对稀少，但12%的土地面积用于建设道路，全国形成了以8条快速公路为主线、众多普通道路为支线的公路网络，覆盖全岛每个角落，并且通过BKE和AYE两条公路与马来西亚相连。截至2017年底，新加坡公路总里程3496千米，其中高速公路164千米。同时，为分流高峰时段主要道路的通行量，新加坡政府在1998年实施了电子道路收费制度，在主要道路入口和进入中央商务区道路上设电子收费闸门（ERP, Electronic Road Pricing），对通过的车辆自动从车载现金卡读卡器中收取一定金额的通过费。2012年末，新加坡共设了93个电子收费闸门。截至2017年底，新加坡机动车保有量96.18万辆。从2018年2月起，机动车保有量零增长。

2.2 铁路现状

2013年2月新加坡与马来西亚达成修建新马高铁初步协议，2016年7月两国签署备忘录正式启动高铁项目，2017年12月开始联合招标，原计划2018年底截标，2019年开工建设，2026年建成。2018年5月，马来西亚大选后宣布取消或延缓项目，同年9月，新马两国同意推迟启动高铁项目。新加坡轨道交通发达，截至2017年底，轨道交通线路总长228.4千米，其中地铁(MRT)199.6 千米,设 141 个站点;轻轨(LRT)28.8 千米,设 42 个站点。

未来一个时期,新加坡规划了地铁建设项目。新加坡计划到 2030 年将地铁总里程增至 360 千米。目前,新加坡有 43 千米地铁在建线路,有 100 千米线路正在规划中。待建项目包括地铁东北线延长线、环线 6 期、裕廊区域线、跨岛线、汤申—东海岸线等,预计总投资金额 218 亿美元。

2.3 港口现状

新加坡港是世界上最繁忙的港口和亚洲主要转口枢纽之一,也是世界第一大燃油供应港,20 世纪初,新加坡已发展成为世界第七大港口。新加坡已开通 200 多条航线,连接 123 个国家和地区的 600 多个港口,有 5 个集装箱码头,集装箱船泊位 54 个,为全球第二大集装箱港口,仅次于中国上海。2017 年新加坡港货运量 6.26 亿吨,集装箱吞吐量 3366.67 万标准箱,占全球集装箱转运量的 1/7,燃油销售量 5063.64 万吨。截至 2017 年底,新加坡注册船舶 4578 艘,总吨位 8880.8 万吨。

在未来一个时期,新加坡大的港口基础设施建设项目主要是大士港口。大士港口的总占地面积为 1330 万平方米,总投资额约 80 亿美元,将在未来 30 年内分 4 个阶段进行开发,建成后年吞吐量将达到 6500 万标箱,是目前新加坡港口吞吐量的 2 倍。2018 年 4 月,新加坡海事与港务管理局委任日本五洋建设公司、韩国现代集团(Hyundai)和荷兰的海事服务企业 Boskalis 组成的合资公司负责大士港口第二阶段的开发建设,合同总金额 14.6 亿新币,主要包括设计和建造 387 万平方米的填海区,并使用预制沉箱(caisson)建造全长 9.1 千米的码头岸壁结构等工作。

2.4 航空现状

新加坡是亚太地区重要的航空运输枢纽。2017 年樟宜国际机场客运量 6222 万人次,货运量 213 万吨,飞机起降超过 37 万架次,为全球最繁忙的机场之一。自 1981 年运营以来,樟宜机场共获得 560 项“最佳机场”奖项,100 多家航空公司在此运营通往全球 400 多个城市,每周超过 7200 个班次的航空网络,平均每 84 秒即有一架飞机起降。2011 年新加坡航空运输载客人数为 4654.4 万,其中到访 2277.8 万人次,出境 2265.1 万人次,转乘人数达 111.5 万。

新加坡航空网络覆盖亚洲、欧洲、北美、中东、西南太平洋和非洲。新加坡航空公司拥有最新式的机队，包括客机 A30、B747-400、B777、A340-500 等 90 多架客机机队，另外，还有 10 多架波音 747-400 货机。在机龄方面，其机队航机平均仅使用了 6 年多。新加坡航空公司具有用户至上、注重创新的特点。如今，即使在 10668 米的高空，在新加坡航空的飞机上依然可以利用宽带上网冲浪和回复邮件，这是新加坡航空公司以人为本的极致体现[7]。

受国际航空市场上双边协议规则和国外航空公司所有制的严格限制，新加坡航空为了获得发展，顺应自由贸易潮流，最早在双边协议下拥有其他国外航空公司股份。

未来一个时期，新加坡航空基础设施建设项目主要是樟宜机场第五航站楼。该项目是樟宜机场建成以来最大的扩建项目，总占地面积 1080 万平方米，投资金额约 100 亿美元，预计 2030 年前后完工，建成后客容量将达到每年 5000 万人次，将提升樟宜机场整体客容量至 1.35 亿人次。

2.5　能源现状

新加坡矿产资源极其贫乏，除岛中部武吉知马山的锡矿、辉钼矿和绿泥石的小矿藏外，其他矿产资源匮乏，锡矿也在早年被采尽。

新加坡发电以火电为主，天然气占 95.2%，石油和煤炭占 1.9%，太阳能占 2.9%。截至 2017 年 6 月底，新加坡电力总装机容量 13348.4 兆瓦。2017 年全年总发电量 522.25 亿千瓦时，总用电量 494.37 亿千瓦时，其中工业用电占 42.55%，商业用电占 36.54%，居民用电占 14.76%。

2.6　通信现状

截至 2017 年底，新加坡固定电话用户 846.28 万户，其中 4G 用户 611.39 万户；宽带用户 1307.29 万户，其中无线宽带用户 1160.25 万户。2016 年，新加坡在世界经济论坛全球信息技术报告国家排名中名列第一。新加坡邮政局内诸多业务办理也开始不断电子化、电脑化，为民众提供高效、高质量的通信服务。

综上所述，新加坡基础设施完善，拥有全球最繁忙的集装箱码头、服务最优质的机场、亚洲最广泛宽频的互联网体系和通信网络。当前，新加坡基础设施建设进入发展高峰期，将陆续推出多个大型基建项目，带动相关行业发展。据新加坡建设局预测,2019—2020 年、2021—2022 年预计发包额分别为 260 亿～330 亿美元、280 亿～350 亿美元,呈逐年上升趋势。2018 年新加坡建筑市场实际发包额 208.9 亿美元(截至 9 月)。国际评级机构惠誉旗下的 BMI Research 研究报告指出,新加坡的建筑业在 2018—2022 年之间的年均增长率预计为 2.7%,基础设施建设领域年均增长率为 3.4%,将逐渐扭转之前建筑业连续多季度萎缩的情况。

3 中国企业在新加坡投资基础设施的现状

据中方统计,2017 年中国对新加坡非金融类直接投资 32 亿美元,下降 24%,新加坡为中国对外投资第三大目的国,位居美国、澳大利亚之后。截至 2017 年末,中国累计对新加坡直接投资 366.44 亿美元。据新方发布的最新数据,截至 2016 年末,新加坡累计吸收中国直接投资 245 亿新加坡元,占新加坡累计吸收外资总额的 1.8%,中国在新加坡外资来源地中列第 13 位。中国对新加坡投资涉及所有主要行业,从累计投资金额来看,主要集中于金融保险业(占 47.9%)和贸易业(占 38.8%)。其中,中国投资占新加坡吸收外资比重相对较大的行业包括建筑业、贸易业和房地产业,比重分别为 7.1%、3.2%和 2.4%,在基础设施方面比重较小。中国对新加坡投资以并购为主,主要投资项目包括:中国银行股份有限公司收购新加坡飞机租赁公司;华能集团在新加坡的全资公司——中新电力有限公司收购新加坡大士能源、开发登布苏多联产项目和海水淡化厂项目;中国石油天然气股份有限公司投资修建油库、收购新加坡石油公司;海航集团收购集装箱租赁公司、飞机租赁公司、通信集团等。中国对新加坡基础设施建设方面的投资主要涉及交通运输方面。

3.1 中国企业在新加坡投资公路隧道建设项目

1. 上海隧道工程(新加坡)有限公司中标 23 亿元人民币新加坡深隧道工程项目

上海隧道股份 2017 年 11 月 21 日晚间公告,公司下属全资子公司上海隧道工程(新加坡)有限公司,独立中标“新加坡深隧道阴沟系统第二阶段工程 T11 标段”项目。中标价为 472168000 新加坡元(约合 23.09 亿元人民币)。本项目是该公司继 1999—2009 年期间参与承建“新加坡深隧道阴沟系统”第一阶段工程以来，再次中标的又一重大工程项目，进一步提升了公司在海外承接大型基建项目的实力和市场影响力，对公司响应国家“一带一路”倡议，积极开拓东南亚区域市场，具有重要意义。

2. 上海隧道工程（新加坡）私人有限公司中标新加坡路交局 23 亿元工程项目[8]

新加坡陆交局 2019 年 1 月 30 日发布文告，上海隧道工程（新加坡）私人有限公司获得价值 23 亿元的工程项目合同。该工程包括设计及建造新民道与宏茂桥 3 道间 800 米长的三车道双向公路隧道、地铁跨岛线德义站外壳以及相关配套设施。上海隧道工程（新加坡）私人有限公司此前在新加坡已完成了环线、滨海市区线以及大士西延长线等地铁基础设施的隧道工程，目前正在兴建兀兰 12 道到万礼车厂的隧道，以及汤申—东海岸线珊顿道、加东公园和碧湾三个地铁站。

3.2　中国企业投资新加坡邮政、物流运输方面项目

中国电商巨头阿里巴巴 2014 年 5 月 28 日宣布，该公司已以 2.5 亿美元认购了新加坡邮政有限公司 10.35％的股份，成为新加坡邮政的第二大股东。同时双方还签署了战略合作备忘录，以继续讨论组建合资公司来推进“国际电商物流平台”的建设。通过此次投资加强其物流业务，阿里巴巴便能提升其运货的速度和效率，并能在国际市场扩张中提升竞争力。同时，阿里巴巴还可享受新加坡邮政的国际邮政、物流能力、基础设施和强大的配送网络服务[9]。腾讯科技讯（孙宏超，2015 年 7 月 8 日）消息，新加坡邮政和阿里巴巴集团共同宣布，阿里巴巴集团将投资 1.871 亿新加坡元（约 1.38 亿美元）以增持约 5％的新加坡邮政股权。交易完成后，按全面摊薄基准计算，阿里巴巴集团在新加坡邮政的股权将由 10.23％增加至 14.51％[10]。

3.3　中国企业投资新加坡交通枢纽方面项目

（1）中外运-敦豪国际航空快件有限公司拟投资约 9000 万欧元在新加坡新建处理中心

中外运-敦豪国际航空快件有限公司在 2014 年宣布，计划在新加坡投资 9000 多万欧元新建一座综合处理中心，以提升技术与自动化处理水平，改善运能，减少碳排放。该处理中心名为敦豪供应链高级区域中心，将使

区域性供应链中心的新加坡处理中心提升为跨国枢纽。这是敦豪供应链在东南亚地区发展战略的一部分。

(2) 敦豪速递投资 1.4 亿元于樟宜建南亚枢纽

2016 年物流公司敦豪速递(DHL Express)投资 14000 万元在樟宜航空货运中心(Changi Airfreight Centre)建设敦豪速递南亚枢纽,打造一个 24 小时服务的速递中心。建成后,该中心的自动化系统将会提高集团的物流生产率,每天可以处理超过 628 吨的货物[11]。

4 中国在新加坡投资基础设施过程中存在的问题

4.1 新加坡老龄化社会问题,导致劳动力减少

牛津经济研究院发布的一项报告显示,到 2026 年前,新加坡劳动力将会萎缩 1.7%,并且在之后的 10 年内继续萎缩 2.5%。新加坡劳动力较少,外籍劳务需求量大,正面临着一个永久性供不应求的劳动力市场,中国投资新加坡基础设施时的劳动力成本在逐年增加[12]。

4.2 中国企业投资存在政治风险

中国对新加坡的基础设施建设投资存在一定政治风险。近年来,新加坡在野党发展迅速,在会议中获得了一些席位,人民行动党的执政理念受到年轻一代的挑战,铁腕人物李光耀的去世也影响了新加坡政权形式的发展。未来,新加坡可能出现政权更迭、政党更迭和政府政策变化,这将增加中国在新加坡基础设施建设投资的政府违约风险。新加坡的外资准入政策非常宽松,对外资的产业准入几乎没有任何限制。但是,外商投资电信、电力、交通等公用事业,行政审批会更加严格。新加坡《制造业投资限制法》主要对涉及民生方面的行业加强了监管,以保护国家产业。这些政府干预政策具有严格性和针对性,所以我国投资基础设施建设潜在政治风险比较突出。

4.3 检察标准、环保准入标准高

新加坡对进口商品检疫标准和程序十分严格,对境内企业的环保标准设定也很高,若触犯相关规定则惩罚力度极大。新加坡政府提出了“洁净的饮水、清新的空气、干净的土地、安全的食物、优美的居住环境和低传染

病率”等环境目标，通过健全的法律、周密的计划、严格的执法和到位的管理对工业化的环境后遗症进行补救。新加坡环境立法完备，对各类废物处理和排放都规定了明确的标准，使各项工程建设、工商活动和日常生活都有法可依。新加坡也设立了相应的专门机构，负责确保各项建设和社会活动不会引起不可控的健康问题、安全问题和污染问题。

4.4 中国企业经验不足，对投资环境认识不全面

《世界投资报告》中指出，受全球经济增长乏力的影响，全球对外直接投资流量下降，中国企业投资不免受到影响[13]。由于“一带一路”建设尚未完全成熟，企业投资处于初级阶段，在投资新加坡基础设施建设时经验不足，缺乏科学具体的投资计划，易造成人力资源的浪费 。中国驻新加坡大使洪小勇在发言中表示，中国将继续秉持共商、共建、共享原则，坚持共同发展。大家的事情，大家商量着办，通过双边合作、三边合作以及多边合作等各种形式，推动各方各施所长、各尽所能，打造全球互联互通的伙伴关系[14]。

4.5 企业资金不足，融资条件有限

由于基础设施类工程属于大型项目，中国企业需要拥有大量可支配资金进行投资建设，目前投资新加坡基础设施企业大部分由大型企业构成，中小企业由于投资量过大，且具有风险性和不确定性，对投资新加坡基础设施建设积极性不高。

4.6 中国企业投资新加坡基础设施建设投资方面受到局限

新加坡是世界上基础设施建设最完善的国家之一，相比东南亚的其他国家，新加坡基础设施建设市场较小，并且主要集中在交通运输建设方面，大部分涉及基础设施的维护与升级，投资内容较为集中。由于外交实力不对称，东南亚国家对中国仍充满以朝贡体系为核心的古代王朝的久远意象，而这也是问题所在[15]。

4.7 投资收益率低，投资风险大

中国对外直接投资从起步到现在，其普遍特点是投资回报率低。而基于“一带一路”倡议基础上的中国对外直接投资，同样面临着投资收益率低的风险。大多数基础设施都具有周期长、风险大、投资收益率偏低的特点，

不利于中国企业对新加坡基础设施建设进行投资[16]。国有资本投资的行业集中于能源和公共事业等领域，民营资本投资虽增速较快，但主要投入第三产业[17]。

5 中国企业投资新加坡基础设施的对策建议

5.1 适当增加对新加坡劳务输出

在投资建设新加坡基础设施时，企业可适当增加对新加坡的劳务输出，扩大中国工人的比例，利用中国劳动力数量大且廉价的特点缓解新加坡劳动力不足的问题，或者通过海外工作招聘的形式积极吸收素质较高的外籍劳动力以降低成本。增加同当地职工的沟通，培养良好的劳务关系。关注员工的工作和生活，增强人文关怀。研究新加坡劳动合同法，合理解决劳务纠纷问题，树立良好的企业形象。除此之外，可以在新加坡普及自动化以应对劳动力成本上涨的问题，努力提高企业生产力水平，加快创新步伐，对企业内部进行合理管理，尽量避免人力资源浪费的现象，并且通过对劳动者进行岗位培训、组织知识竞赛、举办经验分享会等方式提高员工的知识水平，增强员工的综合素质和工作能力。但承包商也不能忽视本地化发展，应适当聘入当地员工，以保证公司与地方经济、政治及融资机构有更好的融合。

5.2 做好可行性研究，防范政治风险

对外投资的政治风险源于东道国政治环境因素的变化，主要体现在以下几个方面：社会制度和政治体制；执政者能力及政府部门的办事效率；政局稳定性和政策连续性；政府及公众对待外资的态度；等等。新加坡是不结盟运动的成员国之一，奉行和平、中立和不结盟的外交政策，主张在独立自主、平等互利和互不干涉的基础上，同各个不同社会制度的国家发展友好合作关系，这有利于中国企业进行基础设施建设投资[18]。新加坡作为世界上最安全的国家之一，以上因素都达到了比较高的水平，各方面政策比东盟大多数国家领先很多，但仍有部分不可避免的政治风险。中国企业在签订合约过程中，应考虑充分，全面考察当地形势，全面了解当地政策导向，审慎投资，尽可能降低风险。中国企业应充分了解新加坡各方面政策，积极参加谈判，促进各环节顺利进行，尽可能明确双方的义务权利关系，友

好沟通以实现互利共赢，共享“一带一路”发展产生的普惠结果；做到严守法纪，重信履约，积极配合新加坡政府进行建设，避免产生不必要的纠纷。

5.3 注重提升中国企业自身技术及管理水平

新加坡是一个主权独立的国家，奉行“积极、直接干预”政策，它重视经济的发展和民族的振兴，因而更重视产业结构的合理性和不断的升级转型，以便顺应世界经济发展潮流。新加坡政府通过各种发展计划推动经济高质量发展[19]。中国中铁股份有限公司李长进总裁认为，在基础设施领域，铁路作为绿色运输工具具有广泛的发展前景，发展铁路这个绿色环保的交通工具已成为各个国家与广大人民群众的共识。在此潮流下，新型城市基础设施不断发展，中国企业也应时刻关注新型城市基础设施发展方向，以便形成更佳投资市场[20]；注重提高自身技术水平，促进环保型基础设施建设，促进可持续发展，保障工作质量，以达到新加坡的高标准。

在施工过程中，中国企业不仅要制订合理的施工计划，还要加强对施工质量的监管。施工质量不过关，就会留下很多后遗症，翻修工程的数量与工程建设的费用呈正相关。所以中国企业应对工程的施工质量进行管理和防范，及时消灭质量上的隐患，避免产生更大的损失[21]。中国政府也应坚持创新驱动发展战略，培养知识型人才，出台相关政策吸引高素质管理者和技术人才，培养高质量团队，为双方互利共赢的合作奠定基础。

5.4 结合中国国情，借鉴国际投资经验

“一带一路”建设处于发展时期，各方面未达到成熟阶段。中国企业在投资新加坡基础设施方面的经验也不足。新加坡作为积极吸引外资的大国，与他国经济存在密切联系，中国需要积极并且充分吸取各国投资的经验教训，在结合本国国情的基础上进行投资。中国政府也应该积极出台相应政策，增强投资的连续性、透明性，为海外投资提供法律依据，引导经验不足的企业进行新加坡基础设施建设投资[22]。借鉴国际投资经验时，需结合本国国情进行决策，因地制宜，不能照搬照抄。

5.5 中国企业应积极拓展融资渠道

中国企业应进行多方面融资，如进行银行贷款等。银行贷款作为企业最主要的融资手段之一，对企业融资产生了重要的推动作用。同时企业也

应注重国内市场的盈利,完善供应链,为企业投资新加坡提供物质基础。政府也应推出相关政策,鼓励引导企业融资,放宽融资条件,适当增加资金支持,根据实际情况调低银行贷款利率,促进"一带一路"建设顺利进行。新加坡未来会进一步开放市场,人员和物资的流动性也会进一步加快,因此,需要进一步推动基础设施的发展以适应新的经济局面。投资基础设施方面的建设风险无法避免,中国企业应争取进行多方面融资,尽可能分散风险,如采用 PPP 模式与政府进行合作[23]。PPP 模式实际上是项目融资、设计施工总承包、运营与维护这三段工作的全流程整合[24]。利用 PPP 这种新型合同可以有效改善项目实施环境,并且能更好地平衡项目的风险和收益,保证整个项目的周期是可持续性的。中国企业应研读国际法,要有全球视野和国际格局,将目标放长放远,合理规划、循序渐进。在不可避免风险的情况下,争取获得利益最大化[25]。长期的高物价水平是新加坡的经济特色,中国企业在投资过程中应注意投资成本问题,直面各个方面的投资风险,通过科学合理的事前分析以及与国家合作的有效交流,实现新时代的发展共赢[26]。

REITs(Real Estate Investment Trusts)是一种创新的金融工具,与基础设施的特点高度匹配,可以盘活存量资产、促进金融市场发展 、降低企业和政府杠杆率、提高资源配置效率[27],中国企业投资新加坡时可以尝试这种模式以减小融资压力。

此外,我们可以在新加坡建立一个基金管理中心,为那些投资布局在多个东盟国家的企业服务,并借鉴新加坡的国际金融平台进行融资和基金管理,降低融资成本,帮助企业提高在当地市场的竞争力。与其他国家或地区相比,新加坡的融资更加便利,新加坡银行可以帮助企业进行再投资。新加坡作为许多跨国企业利用资本的区域平台,可以利用新加坡与多边国家签署的经贸协议,享受这些协议的好处,如避免双重征税,降低企业成本。同时,新加坡的金融机构善于利用创新的金融产品,帮助企业更好地形成整个地区的投资资本安排[28]。

5.6 拓宽信息渠道,找准投资缺口

新加坡的经济增长属于外贸驱动型,其经济发展高度依赖于外商投资[29],面对激烈的竞争,中国企业应增加信息收集渠道,全面搜集新加坡吸

引投资基础设施建设的信息，争取在狭小的竞争市场中找准投资缺口，抢占投资先机[30]，利用地理位置或技术优势增强竞争力。

参考文献

[1] 殷小霞.借力“一带一路”新加坡将成为亚洲基础设施融资枢纽[EB/OL].[2017-09-06]. http://www.china.com.cn/news/2017-09/06/content_41538028.htm.

[2] 黎清霞.“一带一路”战略下中国对东盟基础设施投资问题的研究[EB/OL].[2017-06-05].https://www.xzbu.com/2/view-7075885.htm.

[3] 环球印象中国事业部.中国对“一带一路”沿线国家投资面临的问题与挑战[EB/OL].[2016-01-12]. http://www.zcqtz.com/news/43665.html.

[4] 张协奎，苏彩虹.中国企业投资柬埔寨基础设施建设探讨——中国-东盟国家互联互通建设系列研究之一[J].广西大学学报(哲学社会科学版)，2018，40(2)：73-81.

[5] 吉田进，筑波昌之.新形势下日中蒙交通体系建设研究[J].东北亚论坛，2009，18(3)：30-39.

[6] 王静文，应习文，任亮，等.新加坡国家概况、投资机遇及风险分析(民银智库 国别报告之十)[EB/OL].[2017-12-14]. http://business.sohu.com/20171214/n525262235.shtml.

[7] 毕世鸿.新加坡概论[M].西安：世界图书出版公司，2012.

[8] 上海隧道股份公告中标新加坡项目 响应国家一带一路号召[EB/OL].[2017-11-22].http://www.885.com/a/133880.html.

[9] 张睿.阿里 2.5 亿美元投资新加坡邮政[EB/OL].[2014-05-28]. http://finance.ce.cn/rolling/201405/29/t20140529_2890546.shtml.

[10] 孙宏超.阿里追投新加坡邮政 1.38 亿美元，持股 14.5%[EB/OL].[2015-07-08].https://tech.qq.com/a/20150708/015676.htm.

[11] 陈劲禾.耗资 1 亿 4000 万元敦豪国际快递本地设立南亚枢纽[EB/OL].[2016-10-19]. http://www.mofcom.gov.cn/article/i/jyjl/j/201610/20161001412958.shtml.

[12] HN666.新加坡面临劳动力危机应从多方面解决[EB/OL].[2012-12-26].http://news.hexun.com/2012-12-26/149486136.html.

[13] 吴琪瑶.中国企业对东南亚投资发展情况分析[J].现代商贸工业,2017(25):44-46.

[14] 刘洁妍,杨牧.新加坡区域论坛和基础设施峰会关注一带一路[EB/OL].[2019-08-18].http://world.people.com.cn/n1/2019/0818/c1002-31301546.html.

[15] 查道炯.中国的东南亚基础设施投资[EB/OL].[2019-01-17].https://chuansongme.com/n/2773722452020.

[16] 孙占玮.新时期中国对外直接投资机遇与风险分析——基于"一带一路"倡议[J].现代经济信息,2016(8):150-151.

[17] 袁源.走吧,去东南亚投资[EB/OL].[2017-10-30].http://finance.jrj.com.cn/2017/10/30051423302224.shtml.

[18] 张华,姜晨."一带一路"投资风险研究之新加坡[EB/OL].[2015-04-09].http://www.china.com.cn/opinion/think/2015-04/09/content_35273264.htm.

[19] 冯邦彦.香港与新加坡产业结构及经济政策的比较研究[J].学术研究,2001(7):42-45.

[20] 胡总,王琨.新能源汽车充电基础设施PPP模式选择研究[J].合作经济与科技,2019(18):54-56.

[21] 周江亭.东南亚地区的投资环境与我国在东南亚的投资情况分析[J].中国外资,2012(5):101-102.

[22] 汪萍."一带一路"背景下中国对外直接投资的机遇与挑战[J].当代经济,2017(20):11-13.

[23] 包丹琳,雷懿,李煜靖,等."一带一路"下我国企业对外直接投资的风险分析——基于宏观视角[J].中国商论,2017(28):59-60.

[24] 罗桂连.基础设施项目融资与PPP模式的实施要点[EB/OL].[2016-11-14].http://www.h2o-china.com/column/552.html.

[25] 王琦."一带一路"战略背景下中国企业对东盟基础设施投资的法律问题研究[D].南宁:广西师范大学,2015.

[26] 聂珊珊."一带一路"背景下中国企业对新加坡直接投资的现状与风险分析[J].辽宁经济,2019(2):16-17.

[27] 李文峥,杨云红.北京大学光华管理学院"光华思想力"新金融研究系列报告之中国基础设施 REITs 创新发展研究[R].2019-01-10.

[28] 林洁琛.一带一路上的新加坡:中国企业投资世界的新跳板[EB/OL].[2018-10-11].https://finance.sina.com.cn/roll/2018-10-17/doc-ifxeuwws5158803.shtml.

[29] 定军,赵凯,杨丽萍."一带一路"投资:新加坡风险最小[EB/OL].[2016-04-05].http://finance.sina.com.cn/roll/2016-04-05/doc-ifxqxcnp8620508.shtml.

[30] 杜军,林燕飞."一带一路"战略下中国与东盟合作中的安全风险防范[J].保险理论与实践,2017(8):8-19.

后　记

本书是中国-东盟区域发展省部共建协同创新中心科研专项及教育部长江学者和创新团队发展计划联合资助——中国-东盟国家互联互通建设研究(编号:CWZD201510)的阶段性成果,同时也是2019年度广西壮族自治区社会科学界联合会重点课题——中国企业投资东盟国家基础设施建设研究(编号:GXSKL201904)的研究成果,并得到广西第七批特聘专家科研专项——“一带一路”与北部湾城市群协同发展研究(桂财社函〔2018〕190号)及广西文化名家暨“四个一批”人才项目——中国-东盟国家互联互通建设研究(桂宣发〔2015〕30号)的资助。

本研究在资料收集、实地调研、专题咨询、会议研讨、评审鉴定、专著撰写过程中,先后得到中共广西壮族自治区委员会宣传部、广西壮族自治区社会科学界联合会、广西壮族自治区哲学社会科学工作办公室、广西壮族自治区教育厅、广西壮族自治区人力资源和社会保障厅、广西壮族自治区发展和改革委员会、中国-东盟区域发展省部共建协同创新中心、广西大学中国-东盟研究院、广西壮族自治区东南亚经济与政治研究院、广西大学社会科学处、广西大学商学院、广西大学国际学院、广西发展战略研究院、广西大学土木建筑工程学院、广西大学数学与信息工程学院、广西大学城市发展研究中心、广西房地产及住宅研究会、广西西大城市发展研究院等有关单位的大力支持、指导与帮助,广西壮族自治区社会科学界联合会和广西壮族自治区东南亚经济与政治研究院组织的重点课题评审专家提出了宝贵的修改意见,武汉理工大学出版社为本书的出版付出了辛勤的劳动,在此一并表示衷心感谢!同时,在研究过程中,参考和吸取了有关参考文献的研究成果,特向有关作者深表谢意!

本书由广西大学商学院张协奎教授负责整体策划、组织协调与具体实施、专著撰写,并对全书进行统稿、修订与审定。广西大学商学院博士研究生彭路,广西大学土木建筑工程学院硕士研究生宋威、李欣欣、霍正北,广西大学商学院胡芳博士，广西大学商学院硕士研究生陈敬安，广西大学数学与信息工程学院管理科学专业苏彩虹，广西大学商学院工商管理专业蔡锦燕、经济学专业张淑雯、工商管理专业李怡美、工商管理专业董济彰、经济学专业李保霖、经济学专业张鹤羽，广西民族大学管理学院市场营销专业卜质质等先后参加实地调研、资料数据处理、专题论文、国别研究报告与专著初稿撰写。他们为上述课题研究和专著撰写做了大量认真细致的工作，付出了辛勤的汗水，才使本书得以顺利完成。在此，谨向所有为上述课题研究、成果鉴定、论文发表、专著出版付出艰辛劳动和聪明智慧的同志以及评审专家表示衷心的感谢！

虽然我们根据课题要求不断修改完善，尽心尽力完成了课题研究工作并撰写成书，但是由于知识水平与实践经验所限，加上疫情期间收集国内外数据难度大，本书仍然存在不少缺点与不足之处，敬请各位专家与读者批评指正。

张协奎
2020 年 5 月于广西大学